好学生就该做栋梁

面向未来的育人实践

马万成　主编

HAOXUESHENG

JIUGAI

ZUO DONGLIANG

北京师范大学出版集团
BEIJING NORMAL UNIVERSITY PUBLISHING GROUP
北京师范大学出版社

图书在版编目(CIP)数据

好学生就该做栋梁：面向未来的育人实践/马万成主编 . —北京：北京师范大学出版社，2024.4
ISBN 978-7-303-29882-2

Ⅰ.①好… Ⅱ.①马… Ⅲ.①社会主义核心价值观－中国－教学研究－小学 Ⅳ.①G621.2

中国国家版本馆 CIP 数据核字(2024)第 061384 号

图书意见反馈　　gaozhifk@bnupg.com　010-58805079
营 销 中 心 电 话　　010-58802135　010-58802786
北师大出版社教师教育分社微信公众号　京师教师教育

HAO XUESHENG JIU GAI ZUO DONGLIANG:MIANXIANG WEILAI
DE YUREN SHIJIAN
出版发行：北京师范大学出版社　www.bnupg.com
　　　　　北京市西城区新街口外大街 12-3 号
　　　　　邮政编码:100088
印　　刷：保定市中画美凯印刷有限公司
经　　销：全国新华书店
开　　本：710 mm×1000 mm　　1/16
印　　张：13.25
字　　数：200 千字
版　　次：2024 年 4 月第 1 版
印　　次：2024 年 4 月第 1 次印刷
定　　价：48.00 元

策划编辑：冯谦益　齐　琳　　　责任编辑：齐文媛　刘新伟
美术编辑：李向昕　　　　　　　装帧设计：李向昕
责任校对：张亚丽　　　　　　　责任印制：马　洁
封面插图：邓书鸿

本书编委会

主　编：马万成

副主编：徐　威　王　晶　窦丽娜

编　委：李　艳　崔　艳　李　琳　王晨阳　任伟娜
　　　　曲慧妍　李　平　杜景芝　李　颖　汪　红
　　　　杨　奕　陈　坤　杨　慧　张宇燕　李　情
　　　　周雪莲　周　静　赵小波　赵喜辉　戴　欣

序 言

牢记总书记的嘱托

——把培育和践行社会主义核心价值观落到实处①

马万成

2014年5月30日，是北京市海淀区民族小学办学历史和发展历程中一个极为重要的日子。这一天，习近平总书记来到民族小学，与孩子们共庆"六一"，并面向全国少年儿童提出了培育和践行社会主义核心价值观的十六字要求，即记住要求、心有榜样、从小做起、接受帮助。聆听了习近平总书记的讲话，我们深受鼓舞、备感自豪，也深感责任之重大、使命之光荣。

几年来，全体师生牢记习近平总书记嘱托，始终把十六字要求作为培育和践行社会主义核心价值观、培养社会主义建设者和接班人的根本遵循。

一、多措并举，引导学生将社会主义核心价值观铭记于心

"记住"是入脑入心的首要环节。观看当年《新闻联播》的报道、学习习近平总书记的重要讲话成为我们每一个学生的必修课。每年"六一"前夕，学校少先队大队都会组织开展"我给习爷爷写封信"主题活动，让孩子们总结自己一年来的成长和践行社会主义核心价值观的收获、感悟。2018年"六一"前夕，五(8)中队代表我校全体少先队员给习近平总书记写了一封信，习近平总书记收到信后很高兴，委托工作人员回复了勉励语，鼓励孩子们从小事做起，从身边做起，努力争做新时代的好队员。学校还沿着习近平总书记走过的线路，建立了"习思堂"纪念展馆，树立起纪念宣传栏，布置了育人文化长廊，积极营造出了培育和践行社会主义核心价值观的文化氛围。

为了让孩子们深入学习、理解并认同社会主义核心价值观的丰富内涵，教师

---

① 本文是2019年5月29日马万成校长在由中国教科院和北京市教委联合主办，海淀区教委、民族小学承办的"中小学培育和践行社会主义核心价值观研讨会"上的主题发言，选入本书时有改动。

引导孩子们结合生活，创编社会主义核心价值观童谣。学校将优秀的童谣收集成册，编写了《快乐童心·七彩梦》童谣集，在学生中广泛开展诵读活动。2017年6月1日，中央电视台《新闻联播》报道了我校开展社会主义核心价值观童谣创编、传唱的教育活动，得到了社会各界的广泛好评。

二、开展形式多样的榜样校本活动，引导学生从小立下大志向

"心有榜样"才有前行的力量和方向。心有榜样，就是要学习英雄人物、先进人物、美好事物，在学习中养成好的思想品德追求。

学校组织开展了"百名榜样"征集活动，李大钊、钱学森、黄大年等英雄榜样可歌可泣的故事，以及他们对国家的忠诚、对人民的热爱、对信仰的坚守深深地感染着每一位师生。以这个活动为基础，学校又在中国教科院专家的指导下编写了《中小学培育和践行社会主义核心价值观心有榜样》一书，已由教育科学出版社出版发行。学校邀请蛟龙号下潜员、"歼-10"飞行员、科学家、书法家等各界先进人物走进校园开展宣讲活动。孩子们增长了见识，培养了大格局。正如我们的校歌所唱："小孩子，也有大志向；好学生，就该做栋梁！"

我校帮助学生学习榜样，坚定理想信念，培养精神不"缺钙"的孩子。在党总支的带领下，每年年末开展"寻找身边的榜样——感动民小的人和事"推选活动，寻找身边的正能量。少先队组织在学生中开展了"最美少年""小达人"等评选活动，营造了向身边榜样学习的良好氛围。榜样的精神成为学生们成长旅途的灯塔。

三、立足成长，引导学生从小做起

从生活小事做起、从小时候做起是中小学培育和践行社会主义核心价值观的关键。

在五年前的座谈会上，习近平总书记在听了学生汇报网球比赛成绩不理想后说道，有求胜的这种心态很好。但是不可能常胜，也不可能全胜。一个人能力毕竟是有限的，希望你们能集中自己的特长，在某一方面去集中发展。于是，我们将校训由原来的"做最好的我"，丰富为"做最好的我，在我最好的方面"。这句校训鼓励学生结合自己的专长，树立奋斗目标，通过不懈的努力取得进步，获得成功。如今，学校涌现出了很多优秀学生和团队，他们敢于担当，不懈奋斗，取得了很多优异的成绩。如三年级时就成为中原棋后的曹若水、北京市青少年滑雪队

队员熊楚玥，连续多次获得北京市中小学艺术节金奖的民乐团、勇于拼搏获得北京市中小学足球联赛男子乙组冠军的足球队。

此外，我校还设计并实施了培育和践行社会主义核心价值观"六个一"育人工程：一手好字、一副好口才、一笔好文章、一个好身体、一份好担当、一生好习惯，培育德智体美劳全面发展的学生。我们弘扬劳动精神，倡导"人人有事做、处处有人管"。在学生中实施项目负责制，每人都有劳动服务岗，他们在劳动中懂得了责任与担当，在为大家服务的过程中感受到了快乐。学校为孩子们搭建了七彩乐园，让学生在和谐友善的玩耍中感受践行社会主义核心价值观的快乐。

学校大力传承中华优秀传统文化，通过升旗仪式、主题活动以及课堂教学等渠道在学生心中深深地埋下爱国的种子；成立"立人书院"，开展"乐诵经典"古诗考级活动；成立"艺和工作坊"，向非遗传承人学习优秀传统技艺；开设了民乐、武术等诸多传统文化社团。学生从小浸润在浓浓的传统文化氛围中，培养了文化认同感，增强了文化自信。

学校与贵州水族中心小学，青海玉树、新疆和田的学校建立手拉手关系。每年组织学生参与爱心义卖活动，义卖所得款项都捐给手拉手学校。他们还与少数民族地区的小伙伴建立书信往来。2015 年"六一"前夕，马嘉聪同学被选为全国少代会代表，在会上介绍了她与新疆和田的一位小女孩长期保持通信往来的深厚友谊，受到习近平总书记的亲切接见。如今，民族团结的种子深深地植根在了学生们的心中。

四、坚持家校共育，帮助学生努力做最好的自己

小学阶段是学生"拔节孕穗"的关键时期。我们遵循学生身心成长规律、教育的规律，帮助孩子健康成长。

学校通过开办家长学校，让家长学习正确的育儿观，勇于直面孩子的缺点，善于纠正孩子的问题，实现家庭教育与学校教育同频共振。每周五下午，各班会邀请家长们走进大课堂担任讲师，带着孩子们了解社会、开阔眼界。每年共举办此类讲座多达四五百场。如今，学校与家庭、社区构建起了一个教育超级社区，努力实现协同育人。

五年来，民族小学的学生牢记嘱托，胸怀大志，积极进取，荣获了"全国优秀少先队集体"称号。我校教师注重立德树人，获得了社会的赞誉，被授予"全国教育系统先进集体"荣誉称号。学校还获得了"全国青少年足球特色学校""全国民族团结进步创建示范单位""全国中小学书法教育实验学校"等多项荣誉。

作为百年老校，我们将牢记习近平总书记的嘱托，进一步增强责任感、使命感和紧迫感，凝心聚力、扎扎实实做好新时代的人才培养工作，把民族小学办成落实立德树人根本任务、培育和践行社会主义核心价值观的示范窗口，让社会主义核心价值观在每一个学生的心中生根发芽。

好学生就该做栋梁

目　录

CONTENTS

第一章　记住要求　砥砺信念——"记住要求"的教育思考与实践　/ 1

一、聆听习总书记的教导　/ 1

"红领巾相约中国梦"主题队日入队仪式　/ 2

习总书记与我们的校训　/ 4

给习总书记写信，汇报我们的成长　/ 6

二、我是骄傲的中国人　/ 8

我是国旗守护者　/ 10

向"国之重器"致敬——爱国主义教育主题升旗仪式　/ 12

国防教育，磨炼意志　/ 14

同心追梦，盛典有我——曹元溪同学参加群众游行的故事　/ 16

在大山那边的好朋友——民族小学民族团结教育缩影　/ 18

做中外文明传播与交流的使者　/ 20

三、在生活中立下志向　/ 22

马校长的三封信　/ 23

两封家书　/ 28

"诚信考场"——在学生心里播下诚信的种子　/ 33

微笑是我们的名片　/ 37

四、在校园中培育栋梁　/ 39

在课堂教学中渗透社会主义核心价值观　/ 39

在书香传承中成为中华民族的脊梁　/ 41

诵读《弟子规》——知规矩　懂礼节　/ 42

创编童谣，唱响社会主义核心价值观　/ 44

社会主义核心价值观小宣传员　/ 46

第二章　心有榜样　见贤思齐——"心有榜样"的教育思考与实践　/ 49

一、学习英雄事迹　/ 49

心有榜样，从小做起——民族小学百名中华榜样征集活动　/ 51

崇尚英雄，做社会主义接班人——2013级4班升旗仪式侧记　/ 53

学英雄事迹、走英雄道路、做英雄传人——在马本斋中队中成长　/ 56

不畏艰难，勇于探索——蛟龙号"载人深潜英雄"杨波的一堂互动课　/ 57

临危受命，家国情怀——向挺身逆行的抗疫英雄学习　/ 58

二、感受师长精神　/ 61

追梦蓝天的人——王自发叔叔的故事　/ 61

用感恩的心去创作，让想象力展翅高飞——知名校友"童话大王"郑渊洁重返母校　/ 64

我的骄傲——战"疫"中的妈妈　/ 66

办一所让人看得起的学校——自强坚韧的马万成校长　/ 68

一颗星点亮一片星空——为明星教师点赞　/ 71

三、树立同伴榜样 / 77

最高荣誉奖——包罗万象的民乐团 / 78

感动民小的人和事——孝顺的小睿 / 80

图书管理小能手——负责任的小璟琦 / 82

自律达人——不迟到的石泽雨 / 83

奋起直追好少年——不断进步的曾熙 / 86

民小榜样——努力的锦天 / 88

民小达人——勤勉的小邵 / 90

最美少年——小翀的成长 / 92

第三章 从小做起 快乐成长——"从小做起"的教育思考与实践 / 94

一、坚定理想信念，培养精神不"缺钙"的学生 / 97

塑造红色班级文化，荣获全国优秀中队 / 97

学榜样、立志向，争做新时代好少年 / 99

大手拉小手，快乐一起走 / 102

二、厚植爱国情怀，培养具有中国烙印的学生 / 103

保护长城在行动 / 104

我为家乡茶带货 / 106

共绣国旗同献鲜花，缅怀先烈祝福祖国 / 107

三、加强品德修养，培养仁爱有情怀的学生 / 109

养老院里的小天使 / 109

从小做起，培养劳动意识 / 111

抗疫有我——捐赠防护衣的故事 / 116

四、开拓视野格局，培养有真知灼见的学生 / 120

我是新闻评论员 / 120

金鹏振翅　/ 122

行走在祖国大地　/ 125

五、树立高远志向，培养有奋斗精神的学生　/ 126

世上无难事，只要肯登攀　/ 127

永不言弃，挑战自我——张宇轩同学的滑雪故事　/ 130

齐心协力勇夺桂冠　/ 131

六、提升综合素养，擦亮学生人生底色　/ 134

人人都是小老师　/ 135

小记者在行动　/ 136

从小养成运动习惯，一生受益无穷　/ 139

第四章　接受帮助　琢玉成器——"接受帮助"的教育思考与实践　/ 142

一、校园文化润物无声　/ 143

处处皆是教育展馆　/ 143

校园文化，润物无声——浓浓传统味　/ 144

爱与和的教育　/ 145

传承民族精神　/ 148

了解世界文化——给学生一个舞台，他们将绽放精彩　/ 150

营造书香校园　/ 152

二、师爱师教浸润心灵　/ 154

班级文化促成长　/ 154

自助餐里的学问　/ 156

在爱中成长　/ 158

三、家校共育建立超级教育社区　/ 162

搭建平台聚力量　/ 162

整合资源谋发展　　/ 166

重塑角色促理解　　/ 169

组建成长共同体　　/ 172

四、同伴互助携手成长　　/ 174

我是你的朋友　　/ 174

特级"小淘气"升级特级"小老师"　　/ 176

我能向你学习吗?　　/ 179

特殊的视频班委会　　/ 180

管乐团里的"较量"　　/ 183

第五章　总　结　/ 186

一、民族小学培育和践行社会主义核心价值观的实施路径和方法　　/ 186

记住要求,社会主义核心价值观铭记于心　　/ 186

心有榜样,做志向远大的新时代好少年　　/ 188

从小做起,践行社会主义核心价值观　　/ 190

接受帮助,在越改越好的氛围中健康成长　　/ 192

二、民族小学取得的成绩和未来的思考　　/ 195

第一章　记住要求　砥砺信念
——"记住要求"的教育思考与实践

　　记住要求，就是要把社会主义核心价值观的基本内容熟记熟背，让它们融化在心灵里、铭刻在脑子中。由于大家还在学习阶段，社会阅历不多，对社会主义核心价值观的涵义不一定能理解得很深，但只要牢记在心，随着自己年龄、知识、阅历不断增长，会明白得更多、更深、更透。在成长过程中，要结合学习和生活等实践，不断想想所记住的这些要求，不断加深理解。古往今来，大凡很有作为的人，都是在少年时代就能够严格要求自己。①

——习近平

一、聆听习总书记的教导　>>>>>>>

　　2014年5月30日，在海淀区民族小学的发展史上具有重大的纪念意义，习总书记走进了民族小学，参加了少先队活动，参与了学校的爱心义卖，观看了学生们的书法展示和经典诵读活动，并主持召开了师生、家长代表参加的座谈会。在座谈会上，习总书记在听取了师生、家长代表的汇报后说："海淀区民族小学注重树德育人，组织开展了很多活动，取得了积极成效。刚才，听了几位同学和老师、家长的发言，很有收获。大家都谈到要加强德育工作，引导少年儿童从小就培育和践行社会主义核心价值观。这很好，我们想到一块儿了。"②习总书记的话语鼓舞人心，成为民族小学师生努力拼搏、奋发成长的不竭动力。为了树立和弘扬社会主义核心价值观，用社会主义核心价值观引领德育工作，提高学生的思想道德水

　　① 习近平：《习近平谈治国理政(第一卷)》，182页，北京，外文出版社，2018。
　　② 习近平：《在北京市海淀区民族小学主持召开座谈会时的讲话》，载《人民日报》，2014-05-31。

平，民族小学一直在用实际行动探索着，尝试着，践行着。

"红领巾相约中国梦"主题队日入队仪式 >>>>>>>

2014年5月30日，习总书记来到民族小学，参加了"红领巾相约中国梦——今天我入队 争当好队员"主题队日活动。在铿锵的少先队鼓号声里，习总书记和少先队员们一起唱起《中国少年先锋队队歌》，并亲手为一年级的王彦尊小同学戴上红领巾。仪式结束时，习总书记对少先队员们表示，感到入队是一件很光荣、很庄严的事情。今天，看到同学们矫健的步伐，听到同学们庄重的宣誓，脑子里不断闪现着一个词，那就是"希望"。少年儿童是我们伟大祖国的希望、我们伟大民族的希望。同学们要好好学习、天天向上，让今天播下的种子在将来有一个丰硕的收获。① 习总书记亲切的话语牢牢印在队员们的心中，时刻激励着队员们奋勇前进。

王彦尊同学自那一天起就牢牢地记住了习爷爷的嘱托：记住要求，心有榜样，从小做起，接受帮助。在日常学习生活中，王彦尊一直在用自己的实际行动认真践行社会主义核心价值观，学习中华优秀传统文化，树立正确的世界观、人生观、价值观。学习上，他不仅能认真主动地完成自己的学习任务，同时还非常乐于和同学们交流、分享自己的想法。生活中，王彦尊逐步成长为一个自觉自律的大男孩，除了能够规划好自己的事情以外，还会帮助家人分担一些家务。在课余时间，王彦尊会和妈妈一起走进爱心献血站，成为一名小小志愿者，为人们解答有关无偿献血的问题。能成为一名光荣的献血站的志愿者，为人们的平安幸福奉献自己的一份力量，这让王彦尊感到十分幸福。

每年"六一"前夕，王彦尊都会给习爷爷写信汇报自己的成长，他在信中告诉习爷爷："今后，我将继续努力，不断提升自己，在星星火炬的照耀下，为实现中华民族伟大复兴的中国梦时刻准备着！"

为了实现更好的队前教育，民族小学少先队大队将每年的5月定为"队前教育月"，制订了详细的队前教育计划，认真研发了队前教育课程，向准备入队的学生

---

① 《让祖国的花朵在阳光下绽放》，http://www.gov.cn/xinwen/2015-06/01/content_2871098.htm，2023-11-24。

普及少先队基本知识，帮助他们认识少先队组织，了解少先队的光荣历史；并在"六一"前夕举行隆重的少先队新队员入队仪式。2018年5月11日，北京市少工委副主任，海淀区总辅导员，海淀区万寿路青少年活动中心书记、主任崔青慧老师来到学校，为一年级学生们上了队前教育第一课——"你好，少先队"。生动有趣的课堂激发了一年级学生的学习兴趣。通过观看动画视频、有奖问答、现场示范等生动活泼的方式方法，学生们一起学习和了解了少先队的基本知识：知道我们的队名——中国少年先锋队，了解红领巾、队旗、队徽、队礼的意义，牢记中国少年先锋队的建队日，并一起学习呼号和少先队宣誓的内容，进一步了解党、团、队组织一脉相承的基本意义。

王彦尊的成长是全校少先队员的榜样。几年过去，王彦尊成了高年级的大哥哥，参与了一届又一届新少先队员的入队仪式。在队前教育课上，王彦尊对即将光荣入队的弟弟妹妹说道："2014年5月30日，习爷爷亲手给我戴上了红领巾，这是我一生的骄傲。希望弟弟妹妹们能将少先队的光荣传统和精神延续下去，牢记嘱托，在民族小学的沃土中尽情吸取营养，快乐成长，成为一名合格的接班人！"

队课后，高年级的少先队员们还会走进各班教室，教准备入队的弟弟妹妹们戴红领巾、敬队礼、写入队申请书。一年级学生还绘制了手抄报，将自己了解的少先队知识、感想以及愿望等用图文并茂的形式记录下来。

内容丰富、形式多样的队前教育，使一年级小学生产生了少先队员的光荣感与责任感，激发了他们加入少先队的强烈愿望。有了队前教育的基础，出少先队队旗，唱《中国少年先锋队队歌》，爸爸妈妈亲手为孩子戴上鲜艳的红领巾，老队员为新队员讲历史，新队员宣誓、呼号等丰富而有意义的活动也开展得更为顺利。入队仪式激发了全体队员加入少先队的自豪感和使命感，激励队员们继承和弘扬少先队的光荣传统，激励队员们从小学习做人、学习立志、学习创造，人人争做新时代好队员。

民族小学通过庄严而隆重、规范又创新的少先队入队仪式，让学生们更形象地认识到少先队是一个有理想、有纪律、有光荣传统的组织，增强了少先队员意识和共产党、共青团、少先队一脉相承的组织衔接意识，激发了对党和祖国的朴素感情：学习和实践社会主义核心价值观，努力成长为担当民族复兴大任的时代新人，做共产主义事业的接班人。

戴　欣

习总书记与我们的校训 >>>>>>>

2014 年 5 月 30 日上午，习总书记与师生、家长代表一起开了座谈会，了解了民族小学开展社会主义核心价值观教育的情况。在座谈会上习总书记与民族小学的少先队员代表——米增昊同学进行了亲切的交流。

在座谈会上，米增昊作为少先队员代表发言时，向习总书记介绍了自己的学习生活情况。他说自己非常喜欢网球、足球这些体育运动，还参加了学校的网球社团；不久前和队员一起参加了北京市网球比赛，获得了第三名。虽然第三名的成绩还算不错，但因为没有拿到冠军，比赛后还是难过了几天。习总书记接过来说，有求胜的这种心态很好。但是不可能常胜，也不可能全胜。一个人能力毕竟是有限的，希望你们能集中自己的特长，在某一方面去集中发展。①

🖋 做最好的我，在我最好的方面!

习总书记的讲话对我们的启发很大。是啊，谁可能永远全胜呢？人的精力是有限的，只要在最好的方面，争做最好的我，就是成功的。这跟我们培养学生所倡导的"因材施教、尊重差异"的理念是一致的。我们的学生都是独一无二的，我们要尊重、欣赏每一个学生，激发他们的潜力，引导他们在最擅长的方面积极进取，获得进步，做到最好。于是，学校将校训由原来的"做最好的我"，扩展为"做最好的我，在我最好的方面"。

为了帮助学生们更好地成长，学校成立了民乐、京剧、武术、舞蹈、网球等几十个社团，聘请专家到校指导，让学生们不出校门就能够得到最好的帮助，让学生们在自己最擅长的方面，做最好的自己。

三年级有一个小姑娘叫梓涵，她皮肤微黑、胆小而且内向，平时不爱说话，上课从不主动举手发言，学习成绩也一般。班主任在与家长的沟通中了解到梓涵

① 《习近平参观北京海淀民族小学都说了啥》，http://politics.people.com.cn/n/2014/0530/c1001-25088468.html，2023-11-24。

好学生就该做栋梁

特别喜欢唱歌，而且发现她声音很好听，于是就鼓励她报名参加学校合唱团。

　　在接下来的训练中，负责合唱团的汪老师发现梓涵时不时会迟到，有时还会缺勤，每次训练都躲在最后一排，个别检查时总是低着头声音很小。但是只要她参加训练，总能让老师从众多声音中找到那动人的曲调，而且每次的合唱作业都能高质量地完成。欣喜之余，汪老师又很担心，在了解了梓涵的情况后，汪老师跟她进行了一次深谈："你是一名很棒的合唱团团员，你的音色甜美，音准特别好，每次作业完成的质量都很高，老师希望你能够遵守纪律，大胆展示自己，发挥自己所长，努力做到更好，就像习总书记来我们学校时说的，做最好的我，在我最好的方面！"汪老师还与梓涵约定，保证无论是上学还是训练都不迟到，不缺勤。此后，在训练的时候，汪老师经常会让梓涵给大家做示范，伙伴们一阵阵的惊叹声和掌声让梓涵微黑的小脸泛着光彩。渐渐地，老师和同学们都发现梓涵变了。她上学、训练再不迟到了，做事积极主动了，能大胆举手发言了，课间还会主动为小伙伴范唱、指导，学校和班级的活动中也经常能够看到她落落大方的身影。

　　一学期过去了，梓涵成为声部长，在海淀区和北京市的比赛中小姑娘都沉稳带队，成为合唱团的灵魂人物。很快，三年的时光一转而逝，曾经那个羞涩怯懦的小女孩已经长成大姑娘。新学期刚刚开学，汪老师接到梓涵的电话："汪老师您好，我是梓涵，报告您一个好消息，我考上交大附中的金帆合唱团了。我太高兴了，我会继续努力，就像咱们的校训所说的：做最好的我，在我最好的方面！"

　　在民族小学，像梓涵这样的学生和学生团体还有很多：三年级时就成为中原棋后的曹若水、北京市青少年滑雪队队员熊楚玥，连续多次获得北京市中小学艺术节金奖的民乐团、勇于拼搏获得北京市中小学足球联赛男子乙组冠军的足球队……"做最好的我，在我最好的方面"的校训鼓励学生结合自己的专长树立奋斗目标，通过不懈的努力取得进步，获得成功。如今，学校涌现出了很多优秀学生和团队，他们敢于担当，不懈奋斗，取得了很多优异的成绩。

　　现在，学校关注每一名学生的成长，注重立德树人，组织开展了很多活动，取得了积极成效。学校鼓励学生在学习生活中，心中要有奋斗的目标，树立学习的榜样，认真做好一件件小事，接受别人的帮助，改正自己的不足，每天进步一点点，努力做最好的自己。

在校训的激励下，每个学生都找到了自己的长处，并努力做到最好。很多学生在各类社团活动中，不怕苦，不怕累，刻苦训练，在各级各类比赛中取得了非常优异的成绩。现在，学校逐渐涌现出了一批在不同方面具有突出成绩的"小达人"和刻苦训练、不断追求卓越的明星社团，他们用行动践行着我们的校训。

多彩的学习活动就如民族小学这片田野中富饶的土壤，滋养着学生们在各个方面发展潜能，取得成绩，引导他们在最好的方面，做最好的自己。

汪 红

给习总书记写信，汇报我们的成长 >>>>>>>

民族小学的全体师生谨记习总书记的教导，弘扬优秀传统文化，大力开展社会主义核心价值观教育活动，"我给习爷爷写封信"就是其中一项重要活动。

这个活动不仅是让学生们向习总书记汇报一年的收获和成长，更重要的是激励学生们将社会主义核心价值观铭记于心，并自觉践行。

给习总书记写信，不是一个人的事，而是全校师生都要做的。虽然最终寄给习总书记的只有一封信，但在这之前，我们每个人都要给习总书记写一封信，梳理这一年来的收获和成长。这样便促使每个人学会自我反思，找到自己努力的方面，进而树立一个努力的目标。

低年级学生的话语虽然稚嫩，但可以看出他们对习总书记的敬爱之情，他们把习总书记当成邻家爷爷一样，还要邀请他再来学校共庆"六一"。高年级的学生更加成熟些，他们信中的话语虽朴实，却饱含着浓浓的深情。他们不仅总结自己的成长、汇报自己的收获、反思自己的不足，还怀有一颗感恩的心，为自己树立更高的努力目标，立志报效祖国。

2014年习爷爷亲手为王彦尊戴上红领巾，那难忘的一刻深深印在了王彦尊的脑海中。2018年"六一"前夕，王彦尊所在的五(8)中队被评为"全国优秀少先队集体"。消息传来，队员们高兴极了，纷纷表示要将这一好消息告诉习爷爷，于是由王彦尊执笔，队员们一起给习爷爷写了一封信，汇报了几年来的成长。

好学生就该做栋梁

敬爱的习爷爷：

您好！我们是北京市海淀区民族小学五(8)中队的少先队员。我们都特别想您！

您一定还记得我们。2014年5月30日，您亲自参加了我们学校的入队仪式，亲手为我们中队的王彦尊同学戴上了鲜艳的红领巾。到现在，我们都十分激动和自豪。

四年过去了，我们从一名刚入队的小不点儿变成了学校里的大哥哥、大姐姐。在少先队这个温暖的大家庭里，我们快乐地生活，一天天进步。您教导我们的"记住要求、心有榜样、从小做起、接受帮助"，我们一直牢牢记在心里，努力去做。几年来，我们与小伙伴们编写了100多首社会主义核心价值观童谣，还跟爸爸妈妈一起读呢。

我们每学期都评选"最美少年"，在活动中我们认识了每天挑战自我、坚持训练的武术小健将卢彤欣，热心参加公益活动的小小志愿者洪樱，还有六(5)中队爱学习的"红领巾小书虫"们，他们已经出了两本书啦！他们都是我们学习的榜样。

习爷爷，我们在电视上看到，您每天为了祖国这个大家庭辛苦工作，您是我们学习的大榜样！是大英雄！

我们中队是学校有名的"动感中队"，在"红领巾小百灵"活动中，我们学唱革命歌曲，讲革命故事，还参观军营，参加军训，我们感受到了红色的力量，我们一定会传承下去。

在开展"争做新时代好队员"活动中，我们观看了电影《厉害了，我的国》，为祖国的强大感到无比骄傲和自豪。生活在新时代，我们感到真幸福！现在我们还是一名少先队员，我们要好好学习、天天向上，从小做起，从小学习做人、学习立志、学习创造，在少先队这个光荣的集体里茁壮成长，将自己小小的梦想与大大的中国梦紧紧联系在一起，长大后把我们的祖国建设得更加美丽富强！

习爷爷，有时间您一定再来我们学校看看。

祝您身体健康！

致以少先队员崇高的敬礼！

北京市海淀区民族小学五(8)中队全体少先队员

2018年5月22日

让队员们激动的是，习总书记委托工作人员回复了勉励语：

海淀区民族小学五(8)中队的少先队员们，总书记收到了你们的来信。总书记表示，看到来信，想起四年前和同学们一起参加主题队日活动的情景，得知大家各方面都取得了新的进步，感到很高兴。总书记希望同学们从小事做起、从身边做起，努力争做新时代的好队员。祝同学们"六一"儿童节快乐。

收到这些勉励语，队员们感触颇多，写下了很多发自肺腑的感受：

以前我总觉得父母每天和我说一大堆道理，特别烦。但看了习爷爷说的话以后，我懂得了要从小事做起，从身边的事做起，要耐心听完父母说的话，要认真想想父母说的有没有道理，我们要怀有一颗感恩的心去对待父母，多去换位思考。

非常感谢习爷爷对我们提出的要求，这些寄语为我们的成长指明了方向，要敢于有梦；有梦想，还要脚踏实地，好好读书，才能梦想成真。现在，我更加坚定了自己的梦想，我要好好学习，长大以后为祖国的天文研究事业贡献自己的力量！

这几年我们的学校发生了很多改变，但习爷爷给我们提的要求没有改变，我们一直在朝着这个目标努力。您教我们学习做人、学习知识等，我们一定会努力成为新一代的建设者，准备着为实现中华民族伟大复兴的中国梦贡献自己的一份力量！

…………

勉励语不仅是对五(8)中队的勉励，更是对全校学生、全国少年儿童的勉励，我们都备受鼓舞，相信每一个人都会牢记习总书记的嘱托，内化于心，外化于行，用自己的实际行动努力践行社会主义核心价值观，做个有底气的中国人！

崔 艳

二、我是骄傲的中国人 >>>>>>>

民族小学始终将爱国主义教育作为立德树人教育的重要组成部分，通过一次次内容丰富、形式多样的活动，将爱国主义扎根在每一个学生的心里。

爱国主义与实践活动相结合有利于加深学生的理解和体会。学校将爱国主义教育与体验式教育融合，让学生走出课堂，走出校园，到真实的场景中去切身体验。学校开设国防教育课程，通过军训的磨砺培养了学生坚韧不拔的意志、顽强的精神，增强了学生爱国的情感，树立了学生保家卫国的意识；开展社会实践活动，让学生参与历史重大事件纪念日的纪念仪式和活动，走进爱国主义教育基地、博物馆、纪念馆，充分利用爱国主义教育基地、博物馆、纪念馆的教育职能。我国许多博物馆、纪念馆都是在相关史实发生地甚至是原址上建立的，不仅有利于追溯历史，更有利于学生了解历史。学生通过参加仪式或参观展馆能更有效地将教学内容消化，让爱国主义思想深入心中。

　　"传承爱国之情，树立报国之志""红色故事励初心，不忘传承英烈志"主题升旗仪式，使学生们懂得要永远铭记革命先烈，不负好时光，勇于承担实现中华民族伟大复兴的光荣使命。"这是学习做人的时光，生长吧，生长吧；这是学习立志的年华，生长吧，生长吧……""童心向党"歌咏活动中，一首首优美动听、饱含深情的歌曲唱出了学生们热爱祖国母亲的美好心声。庆祝中华人民共和国成立70周年，"笔墨颂中华，笃志育英才"——民族小学师生书法作品展，用笔墨挥洒着师生对祖国、对中国共产党、对人民的热爱。"我的祖国"——民族小学音乐会，传送出学生们的心声：我们热爱自己的祖国，为祖国骄傲、自豪！我们愿意为祖国的建设和发展努力学习，不断进步！校园版《中国地名大会》挑战赛中，一个个短小精悍、熠熠生辉的地名，或是铿锵有力，承载了中华民族独有的厚重文化；或是娓娓道来，向我们诉说着古老并日益腾飞的中国。国防教育主题活动日中，民族小学的学生们刻苦军训磨炼意志，时刻准备做好接班人；2020年年初，全国上下齐心协力，共克时艰。马校长分别给家长、学生们写了信，字字句句彰显大爱；班级里师生家长们给武汉一线医护人员捐赠的物资是一份爱心，更是学生们作为新时代少先队员的一份责任与担当……

　　国旗是一个国家的标志，天安门广场的升旗仪式已成为一道不可替代的风景线，民族小学的升旗仪式也成了这所学校的一道亮丽风景线。

　　对于每天早晨校园里的升旗，有的学生这样写道："每当望着五星红旗时，我都不禁暗暗下定决心，我一定要努力学习，长大后用我的智慧和汗水把祖国建设得更加繁荣富强。"也有的学生写道："每当看着五星红旗，听着雄壮有力的国歌时，我觉得一股使命感、责任感在我的心头油然而生，这是一股无形的精神力量。虽然我还很小，但我会从小事做起，每天多帮助身边的人，把自己小小的温暖和力量传递下去，让我们的国家更加强大。"

民族小学每天早晨的升旗由少先队小干部们轮流完成。早晨，学生有的三三两两地往教学楼里走，有的在操场跑步锻炼。但是，只要听到《歌唱祖国》的乐曲声响起，所有在室外的学生都会立刻停止活动，面向国旗立正站好。当国歌响起，国旗徐徐升起时，所有学生都会庄严地敬队礼。升旗仪式结束后，大家才继续做自己的事情。

我是国旗守护者 >>>>>>>

赵翀在四年级时被光荣地选为学校的大队旗手，每天和旗手部的小伙伴们一起负责升降国旗的任务。获得这份荣誉的赵翀感到无比自豪，同时，他也深感身上的责任重大，这就意味着赵翀每天要比其他同学提前 20 分钟到校将国旗升起，每天放学后有再急的事情也要等降完国旗才能去办。

承担升旗任务的第一天，赵翀在闹铃响起之前就早早醒了，他生怕起晚了耽误了升国旗的任务。"妈妈，今天是我第一天担任升旗手，您帮我看看红领巾系好了吗？领子后边的三角规正吗？"妈妈边帮赵翀整理着红领巾边笑着说："今天是你第一次升旗，特别兴奋是吧？""当然，妈妈！昨晚我激动得都睡不着觉。"妈妈听后拍了拍赵翀的肩膀说道："你想过在今后的每一天都要早起晚回肩负起升降国旗的责任吗？"赵翀的表情从刚才的兴奋变为坚定，他使劲地点了点头，对妈妈说："妈妈，我知道一定特别辛苦，但是我有信心！我要像天安门国旗班的叔叔那样担负起自己的使命！"

赵翀到学校后迅速把书包放到班里，便迫不及待地来到大队部，双手捧着国旗向旗杆走去。把国旗系好，赵翀像之前训练的那样，望着国旗，心里默默唱着国歌，双手交替着拉旗绳使国旗徐徐升起。他的目光一直追随着国旗，因为在升旗，操场上走动的同学全都停下自己的脚步，面向国旗站好，少先队员们敬起了标准的队礼，注视国旗的升起。此时升国旗的赵翀，心里的爱国之情、自豪之情油然而生，他觉得自己的这项使命无比光荣，也更加坚定了以后认真完成升降旗任务的信心。

日子就这样一天一天地过去，赵翀为了每天早晨早早来到学校，都会给自己

好学生就该做栋梁

定两个闹钟。有一次，他稍微起晚了一点，着急得不行，匆匆忙忙穿好衣服洗漱完毕就要出门，妈妈在后边着急地把他叫住："赵翀，你还没吃早饭，在家把早饭吃了再走，不会迟到的。"赵翀回头对妈妈说："妈妈，吃了早饭对于进班上早读来说是不会迟到，但是升旗就来不及了，我不能迟到！""那你注意安全！"还没听完妈妈的嘱咐，赵翀已经冲出了家门，快速赶往学校。等他连走带跑赶到学校时，时间没有晚，能够准时升起国旗。升完国旗的赵翀已经忘记了没吃早饭的饥饿，忘记了赶时间的奔波，他只知道，自己完成了升国旗的使命任务，肩负起了这份责任。

转眼间，赵翀升入了六年级，升降国旗对他来说已经成为一种习惯，度过了早起的煎熬，克服了事情太多可能忘记升降旗的困难，赵翀和同伴们出色的表现让国旗每天准时在民族小学的操场上升起。有一天数学课上，天空阴沉沉的，突然刮起大风，没过两分钟，豆大的雨点开始噼里啪啦地掉下来。教室内大多数同学并没有太在意屋外天气的变化，数学杨老师发现原本在座位上安静做题的赵翀抬起了头，神情不安地不时向窗外张望，还没等杨老师问他，赵翀高举起了自己的右手。"什么事儿，赵翀?"杨老师疑惑地问道。赵翀语气焦急地回答说："杨老师，我得去趟操场，把国旗降下来，现在外边下雨了，不降下来国旗就会被淋湿了。"听了赵翀的回答，杨老师的心里非常感动和佩服，马上点了点头表示允许。得到老师的同意，赵翀立马起身快步走出教室，向操场跑去。"赵翀！打把伞！"没有听完杨老师的叮嘱，赵翀已经消失在了楼道的尽头。这雨来得快，下得也急，没一两分钟时间雨势已经很大，赵翀跑到旗杆前快速将国旗降了下来并做好收尾工作，此时他的衣服、头发都已经被雨水淋透了。当他双手捧着国旗出现在大队部门前的时候，大队辅导员看到全身被打湿但仍然将国旗护在胸前的赵翀，感动不已，赶忙把赵翀拉进办公室，一边帮他擦干身上的雨水，一边说："孩子，你做得太棒了，你是我们所有人的榜样！"

为了给学生们树立身边的榜样，民族小学自 2018 年起设立"民小榜样"个人奖，以表彰在某一方面成绩突出、事迹感人的优秀学生。赵翀在 2019 年被评为"民小榜样"，赵翀爱护国旗的感人事迹、克服一切困难承担责任的优秀品质深深感动并激励着民族小学的学子们。新进大队的旗手们继承并发扬前任旗手的优点，继续认真履行着自己的职责，国旗因为这些优秀的学生每天准时地飘扬在校园的上空！

杨　慧

向"国之重器"致敬——爱国主义教育主题升旗仪式 >>>>>>>

民族小学的升旗仪式办得非常有特色。大队部和德育处将升旗仪式按一定的顺序安排给各个班级完成,要求班级学生有较高的参与率,并鼓励家长出谋划策。升旗仪式主题的确定有两种方式,一是由大队部和德育处确定布置,二是由班级自主提议,经大队部和德育处的审查后最终确定。这样的组织方式既体现了民主,又体现了集中,是民主与集中的统一。

2019 年 10 月 1 日,天安门广场举行了盛大的阅兵式和群众游行。在国庆 70 周年的受阅方阵中,武器装备方队尤为引人瞩目。所展示的武器全部是我国自主研发生产的新型列装装备,有的已经达到或者超过世界先进水平。先进武器装备的展示证实了我国现代化、信息化、自主化建设的成果和取得的巨大进步,我们的军事强国之梦正在慢慢变为现实。

阅兵式中的"国之重器"是浓墨重彩的一页,怎样借助它对小学生进行爱国主义教育及培养爱国情怀呢?2016 级 3 班的学生在班主任薛老师的带领下开展了一期"传承爱国之情,树立报国之志"——向"国之重器"敬礼的升旗仪式。

在国庆 70 周年阅兵式中,武器装备的展示备受学生们关注,他们惊叹于自主研发装备的先进,骄傲于祖国装备建设取得的巨大进步。但是学生们在电视机前只能感受到恢宏的气势,并不能亲近地去感受它们。怎样才能让学生们走近这些先进武器呢?薛老师与家委会的成员商讨后决定带领学生们观看《厉害了,我的国》和"国庆 70 周年阅兵"电影和视频资料,并去中国人民革命军事博物馆(以下简称"军博")开展一次有意义的实践活动。在军博学生们"亲密"接触了一些先进的武器装备,在讲解员的介绍中大家了解了更多武器装备背后的故事,原来一件件武器装备不止有它们吸睛的外貌、先进的功能,更有很多感人的故事。在参观军博的过程中,喜欢画画的学生手绘了一些模型,热爱手工的学生运用纸板刻制了一些模型,爱好收藏的学生购买了拼插玩具并进行收藏。身临其境的参观学习极大增强了学生们的民族自豪感,激发了大家爱国、报国的信念。于是,2016 级 3 班的学生们决定利用升旗仪式,向全校师生讲述自己的所观、所感。

升旗仪式初始,小主持人带领全体师生一起回味了国庆 70 周年阅兵式中我国

好学生就该做栋梁

最新科技军事装备；接下来，同学们就观影和参观军博谈了自己的感想。同学们在感想中毫无保留地表达出对我国军事科技成就的自豪，他们立志未来为祖国发展贡献自己的力量，字字句句显示出把祖国建设得更美好的自信。

学生们更是把自己精心制作的模型带上台展示。第一个展示的是"长征七号"火箭模型，这是一名男生运用纸板、轻木和复合材料刻制而成的。紧随其后的是号称"陆战之王"的99A主战坦克模型，外媒评价其"作战能力可以与当前世界上风头最盛的主战坦克媲美"。同学们发挥自己的聪明才智，运用生活中常见材料进行绘图、雕刻、粘制、涂色，将一辆长达1米的坦克模型搬上了舞台，让台下的同学感受到了99A主战坦克的气势。第三个进入同学们视野的是我国最先进的"歼-20"隐形战斗机。它拥有高超的隐身效果、超强的机动性能、强劲的近距格斗能力，男生对它格外感兴趣。5名男生自主组成小团队进行了模型"研发"，他们打印出歼-20图片后对各个部位进行测量，按照比例放大，并刻制、拼接成立体图形。当他们托举模型上场时引起了台下一片热烈的掌声，这热情的掌声是台下同学对他们自主创作的鼓励。最后登场的是东风系列导弹东风41和东风17导弹模型。在小主持人的解说中，同学们对"国之重器"的民族自豪感油然而生。这些模型充分体现了当代少年的无限想象力，以及同学们心中强军强国的美好愿景。

军事科技的发展离不开一代又一代人的奉献，一点一滴的进步都凝聚着他们的心血。这些国之重器是在怎样的艰难情况下发展起来的呢？对一位老军人的采访视频把全场师生带进了那段艰苦的岁月。正是这些为国家强盛默默付出的奉献者，用艰苦奋斗铸就了今日中国的和平与辉煌。

最后，全体同学以一曲《少年中国说》展示了自己的武术、跆拳道特长和书法、京剧等才艺，以此展现新时代学生拥有更宽广的中国梦和更炽热的中国心。

"有文事者，必有武备。一个和平的建设环境，需要这样强大的国防。"澳门大学教授程祥徽观看阅兵后曾百感交集地说道。老先生的话语道出了中华民族百年兴衰的昭示：坚固的国防，强大的军队，始终是国家繁荣、人民安宁幸福的可靠保证。

通过这次爱国主义升旗仪式教育，学生们被祖国的强盛震撼，激发了振兴民族的责任感，增强了全体师生的爱国主义情怀。这将为民族小学深入持久地开展爱国主义教育，激发民族自豪感，增强凝聚力提供一个有力的载体。

任伟娜

国防教育，磨炼意志 >>>>>>>>

青少年是祖国的未来、民族的希望，提高和加强青少年的国防素质，是国防教育的百年大计，《中华人民共和国国防教育法》中指出：学校的国防教育是全民国防教育的基础，是实施素质教育的重要内容。国防教育是增强民族凝聚力，提高全民素质的重要途径。

民族小学通过多种多样的活动进行国防教育，既锻炼了学生们的体魄，又增强了学生们"自主、自行、自强、自立"的信心和"不怕吃苦、建设祖国、保卫祖国"的精神，有利于学生们从小养成关心国防、崇敬军人、尚武守纪的美德和坚强而勇敢的性格。向学生讲授相关国防基本知识，引导学生初步了解国防历史、当前的国内国际形势，同时，根据学生好奇心强、易接受新鲜事物的特点，向他们讲授解放军诸兵种和武器装备知识，使学生深刻认识国无防而不立的深刻道理，牢固树立学生的居安思危意识，增强他们的国防观念。

学校在开展国防教育活动过程中也努力做到"五个结合"。一是与学校德育工作相结合：无论平时还是重大节日，都结合相关工作大力普及国防知识、开展国防教育宣传活动。二是与少先队活动相结合：如开辟中队国防教育角、开设校园电视台国防教育专栏、开中队主题队会、设雏鹰奖章等。三是与课堂教学相结合：充分挖掘各科教材中爱国、爱军的教育内涵，渗透国防教育思想；利用体育课开展军体游戏及竞赛活动，强化学生的国防观念。四是与科技活动相结合：指导学生制作航模、舰模、车模，并开展"三模"演示竞赛活动。五是与课外活动相结合：让学生走出课堂参加相关的实践活动，举行军事知识竞赛、组织"红星训练营"春秋季实践活动等。

民族小学每届五年级的学生都会在新学年开始之际，进行为期 5 天的军训。学生利用每天下午 2.5 小时的时间进行训练。从拔军姿、稍息、立正这些基本动作开始，到齐步走、跑步走、蹲立，每个看似轻松的动作背后都洒下了他们的汗水，但是没有一个学生喊苦叫累。有的学生即使生病了，还想坚持带病参加训练。由于军训时间短，所以休息时间就很短。但是，有的学生为了把动作做好，休息时匆匆喝几口水，就接着自己练习，不肯休息；有的学生是班里的淘气包，可是在军训的过程中却出奇地努力，他们说要做好，不能给班集体抹黑。学生们在军训的过程中表现出了惊人的意志力和集体荣誉感，俨然从稚气未脱的少年成长为意志坚定的小军人。

每年军训结束，五年级学生都会向全校师生进行现场汇报表演。他们坚毅的神情、整齐的步伐、嘹亮的口号、充满斗志的歌声震撼了每一位老师和同学，现场响起的掌声经久不衰。国防教育活动，不仅提高了学生们的身体素质，更是磨炼了大家的意志。学生在增强国防观念和组织纪律性的同时，更是养成了良好的学风和生活作风。

军训活动赢得了家长们的一致好评。有的家长说："这次活动太好了，感觉孩子一下子就长大了，像个男子汉了。"有的家长说："感谢民族小学，感谢马校长，能够组织这样好的活动，现在的孩子大多是娇生惯养，能够得到这样的锻炼，太难得了！"还有的家长在自己的朋友圈里写道："几天军训，孩子两天都被评为了标兵，虽然每天回来都说腿疼，但是晚上却练个不停，确实感觉认真了。我觉得这个活动特别好，能让孩子很认真地做些事情。"

当然，收获最大的还是五年级的学生们。在军训日记里，他们这样写道："这次军训让我知道了军人的训练不是一朝一夕就可以完成的，而是日积月累的。希望这次训练之后，我们能继续保持通过训练学习到的好习惯，像真正的军人一样优秀！""唱着军歌我就想起了自己的祖国、自己的家，同时也感受到了军人是多么伟大。长大之后，我也想当一名军人，保卫祖国！向那些保家卫国的军人致敬！"

军训虽然只有短短的 5 天，但重要的是学生们通过国防教育活动，能够把在军训中学习到的刻苦耐劳、勇往直前的精神带到自己的学习中，运用到自己以后的生活中。

国防教育是学生们健康成长的快车道，它十分有利于培养学生爱祖国、爱中国共产党、爱社会主义、爱解放军、爱人民、爱科学的思想感情和良好的思想品德；有利于培养学生团结奋进、文明守纪的行为习惯；有利于增强学生的集体荣誉感；有利于培养学生自尊、自爱、自信，不怕困难、英勇顽强的毅力；有利于学生练就强健的体魄。我们还会把国防教育深入持久地开展下去，进一步探索新形势下小学阶段开展国防教育的途径和方法，努力为全民国防教育事业做出应有的贡献。

任伟娜

同心追梦，盛典有我——曹元溪同学参加群众游行的故事 >>>>>>>

2019年10月1日，中华人民共和国迎来70周年华诞。当天天安门广场上举行了盛大的群众游行和群众联欢，中华儿女欢聚一堂，普天同庆。民族小学的40余名师生也承担了这光荣而神圣的任务，参与到了"同心追梦"群众游行方阵和晚间群众联欢中，代表全中国少年儿童一起为祖国妈妈庆祝生日。他们身着盛装，满怀激情，高昂唱响《中国少年先锋队队歌》。他们时而变换队形，时而挥舞红旗，高难度队列变换而成的星星火炬图形格外引人注目，他们用特殊的方式告白自己的中国心、中国情、中国梦。

在暑假里，学生们牺牲了个人时间参与到集体训练中。每个学生都深知自己肩上担负的使命，战酷暑、斗骄阳，严格要求自己，用浓浓的爱国情和顽强的意志品质战胜了一切困难。这些学生是全校学生的榜样，是新时代少先队员的代表。训练的每一天都承载着学生们对祖国的深情热爱，都留下了令人振奋的感人故事。

在老师同学们的眼中，六年级的曹元溪同学是品学兼优的大队干部，这次她也报名参加群众游行，并肩负着老师家长的希望顺利入选旗舞队。

训练前，马校长特意赶来给学生们送行，他亲切地叮嘱道："你们能参加群众游行是多么光荣和幸运。'爱祖国、爱集体'不是一句空洞的口号，是每一个小学生实实在在的行动，是无怨无悔的付出，是你们的勇敢自豪的担当。今天在训练场上，你们就是民族小学的形象；明天到了天安门广场，你们就是中国少先队员的形象！"校长的鼓励让曹元溪心中充满力量，她牢牢记住了马校长的话并落实到行动上。在训练中，她严格要求自己，刻苦努力，每次都是动作示范的标杆，第一批被评为"优秀学员"，还光荣地担任了三方阵35所学校集中举行升旗仪式的出旗手。可以说，一贯优秀的曹元溪对自己充满自信，相信自己能做到最好！

不知不觉，训练已经两个月了。8月的一天，教练要从全方阵中挑选出精神状态好、笑容灿烂的学生去前排核心位置。那是整个方阵的中心，势必也是"十一"当天最受瞩目的位置。所有学生都无比渴望被选中，曹元溪也同样渴盼这样的机会，甚至有些自大地觉得自己一定能被选中。选拔开始了，每个学生都拿出了最好的状态，做出了标准姿势。曹元溪更是不甘落后，她不惧刺眼的骄阳扬起头，站得笔直，保持露出了八颗牙的标准笑容。可是教练几次从她身边经过，把其他同学调到了前排，却对热切的曹元溪视而不见。曹元溪心急火燎，感觉时间是那样漫长，就在她快要站不住的时候，却听教练说："选拔结束，原地休息！"啊？落选了？！曹元溪的大脑瞬间一片空白，心中失望至极，委屈、不解，甚至有一丝愤怒，一起涌上心头……

那天，恰巧马校长来探望受训师生。他看出了曹元溪的小情绪，在午休后悄悄找到了这个一贯自信的姑娘，语重心长地和她聊起了这次选拔："每个人都是集体重要的一部分，少了哪一个螺丝钉机器都不能运转；缺了哪一个队员，我们的星星火炬都不会完美。三方阵是要向全世界展示中国少先队员的硬核力量，在任何一个位置上，我们都要努力发挥自己的作用。"

再后来，方阵开始练习变换队形，曹元溪的位置正好在队形的箭头尖儿上，她要跟随音乐带领左半边的队伍迅速准确地跑到指定位置。这个任务可比去前区表演难多了。她认真地记住教练交代的每一个要点，生怕出什么纰漏。可是即便她学得再认真，真跑起来还是非常困难的。操场上特别空旷，训练场地还经常变换，一个身高不足150厘米的孩子根本找不到任何参照物，只能通过一次次地跑，靠肌肉记忆记住方向和位置。曹元溪没少跑错，没少挨教练的批评和同学们的埋怨，尤其是教练当着2000多个学生的面用高音喇叭焦急大喊"排头又跑错了！"的时候，她羞愧极了，恨不能变成隐形人。那段时间，这个自信的小姑娘经常回到宿舍偷偷抹眼泪。可每次开始训练前，曹元溪都会咬紧牙关，用马校长鼓励她的话给自己打气，拿出最好的精神状态来。

这个好强的小姑娘不甘心落后，下定决心一定要出色完成教练交给的任务。当同学们都去午休时，她放弃了仅有的午休时间，邀请马校长陪她一起到操场上加练。跑了几次，马校长发现曹元溪每次都会不自觉地偏左，就专门帮她纠正这个问题。炙热的阳光把操场晒得仿佛喷涌出滚滚热浪，这一老一小不断地跑啊练啊，汗水一次次地打湿了他们的衣衫，模糊了他们的双眼……就是在这样上千次的练习中，曹元溪终于可以做到在任何场地都能迅速准确地找到自己的位置。

8月15日，学生们终于结束了长达半个月，累计120小时的封闭训练。每个人都疲惫不堪，但8月17日凌晨3点又要集合训练，此时大家连抱怨叹气的力气都没有了，就恨不得马上能回家倒头大睡。但是曹元溪却接到了通知：关键点位上的学生必须放弃 8 月 16 日仅有的一天休息，去新的训练基地踩点。那时的曹元溪已把"对集体负责"的信念深深扎根于她的脑海中，她深知能参加这举世瞩目的国之盛典是一生的光荣，她要顾全大局，她要服从指挥，她要克服身体疲惫，认真完成任务！

国庆当天，当曹元溪带领队伍精准无误地跑到指定位置完成队形变换时，她的内心是激动的、自豪的、沸腾的！她觉得自己是方阵中重要的一员，没有辜负老师同学的信任。和去前区五排相比，她更爱自己的点位！

国庆后，民族小学举办了多次参与群众游行活动人员表彰大会和主题教育活动，学校揭秘了封闭训练的过程，将训练中的感人故事展示出来，通过参与群众游行活动人员的事迹告诉全校同学：民小学子是怎样用实际行动践行爱国主义精神的，是怎样以顽强的意志担负起责任义务的，是怎样以坚韧的品格在集体中发挥最大作用的。今后，民族小学将继续开展深入、持久、生动的爱国主义教育，使民小学子不断领悟爱国之理，厚植爱国之情，砥砺强国之志，实践报国之行。

李　琳

在大山那边的好朋友——民族小学民族团结教育缩影 >>>>>>>

2017 年 12 月 8 日，民族小学非常荣幸地被国家民族事务委员会评选为"全国民族团结进步创建示范单位"，这是对学校民族团结教育工作的高度认可。在学校的走廊中，"三个离不开"思想在壁灯的照耀下闪闪发光，与此同时，民族小学的每一位学子都秉承学校提出的"三气精神"——"学习中华传统文化，蕴底气；知晓少数民族文化，铸和气；了解世界多元文化，成大气"，将民族团结的种子深深地植根于心中。民族小学就是这样将民族团结教育贯穿于育人工作的各个环节，推动中华民族共同体意识深入广大青少年的头脑。

2015 年"六一"儿童节前夕，民族小学六年级学生嘉聪忙的不是收礼物，而是仔细整理远方的来信。一年来，她与新疆和田的一位小女孩保持通信，成为"信中闺密"。"六一"当天，她要在全国少代会上讲述这段经历。为了帮助嘉聪梳理记忆，这位和田小女孩又来信了。读着好朋友的来信，回忆着一年来两人从相识到

坚持书信往来，共同成长的种种经历，嘉聪的眼眶慢慢湿润了。

2014 年 7 月 13 日这天，民族小学迎来了一次特殊的民族团结教育的机会——一群来自新疆和田中小学的同学来到民族小学参观学习。五年级的嘉聪同学自告奋勇和全校 100 多名少先队员，一起参加了"和新疆朋友手拉手结对"的活动。

崇和馆内，嘉聪同学结识了一位来自新疆的好朋友——麦迪娜。麦迪娜是新疆和田第二小学一名六年级的小学生，瘦高个，一双水灵灵的大眼睛，和小嘉聪一样特别爱笑。她们很快成了无话不谈的好朋友，一起跳绳、踏板、投沙包、颠球……玩得开心极了。一天的交流活动很快结束了，分别时，嘉聪和麦迪娜手拉着手，依依不舍。她们为彼此写下了一张"心形贺卡"，嘉聪祝麦迪娜"好好学习，天天快乐"，麦迪娜也为嘉聪写下了"长大做个有用的人"的期望！纸短情长，简单的寄语饱含了两位好朋友心中浓浓的不舍，架起了友谊的桥梁，她们还约定以后要常联系。

之后的日子里，嘉聪和麦迪娜一有时间就在 QQ 上聊天、写信。班里的新鲜事、学习考试情况、新疆的变化、民小的新闻、个人小秘密……她们海阔天空、越聊越欢。2015 年元旦那天，麦迪娜从美丽的新疆给嘉聪寄来了班里联欢会的活动照片。嘉聪看到好朋友个子又长高了，班里每个人的笑容都很灿烂。嘉聪在回信中把自己策划、组织队员们写书的事告诉了麦迪娜，麦迪娜在回信中急切地说："等你们的原创故事书出版了，一定要给我寄一本！我要自豪地告诉我们班同学，这是我的汉族好朋友写的书！"就这样，两位小朋友的友谊越来越深厚，友谊的小桥也在两人的相互鼓励、共同进步中越来越坚固！

2015 年 6 月 1 日，嘉聪同学代表全国少先队员在中国少年先锋队第七次全国代表大会第一次全体会议中为习总书记致欢迎辞，并向全国少先队员介绍自己和新疆小朋友结对手拉手学习的经历。这份殊荣让嘉聪同学再次体会到了国家民族团结的重要性，"汉族离不开少数民族，少数民族离不开汉族，各少数民族之间也互相离不开"。是呀！中华民族是一个整体，各民族之间是休戚相关、命运与共的手足关系！通过和麦迪娜聊天，嘉聪对新疆这片美丽的土地更加向往了！那里阳光明媚，葡萄和哈密瓜很香甜，人们淳朴热情。嘉聪和麦迪娜相约要在新疆见面！两位好朋友要在和田来张合影，再一起读书，练习书法，还要比赛跳绳！

少代会结束后，嘉聪没有忘记向麦迪娜分享自己的参会经历，两人在收获友谊的同时更有了前进的动力。嘉聪常常和麦迪娜一起学习习总书记对青少年的教导，相互鼓励要从小学习做人、学习立志、学习创造，做一个对社会有用的人，做祖国建设者，实现美丽的中国梦！伟大的志向就此深埋在北京与和田两位小朋友的心中，这也是全国青少年心中共同的志向！

嘉聪同学与"信中闺密"的情谊，与民族小学的民族团结教育密不可分，"和而不同，快乐成长"是学校的办学主题，也是一大教学特色。在课程体系中，学校全体教师编写了 6 册的"多元文化校本教材"和一本《56 个民族风俗习惯汇编》，介绍了少数民族有代表性的服饰、住所、饮食、工艺、节日、文学等内容，帮助学生们了解不同民族的优秀人物和民俗礼仪。学生们也可以选修特色课程，学习葫芦丝、冬不拉等少数民族乐器技艺。在社会实践中，学校每年定期举办爱心义卖活动，学生们把家中闲置的文具、玩具拿到学校，让其他同学和家长自主购买，筹集的义卖款项集中寄给少数民族地区的手拉手学校。习总书记在 2014 年来到学校与学生们共庆"六一"时，也参加了爱心义卖活动。一个学生高兴地写信告诉手拉手学校的小伙伴："我们的义卖款里也有习爷爷的一份爱心。"

民族团结教育帮助我们的学生们了解了中国多民族的国情，增长了知识，更重要的是让学生们学会了包容不同、尊重他人、欣赏他人，这是青少年必须具备的人文素养。

戴　欣

做中外文明传播与交流的使者 >>>>>>>

小文同学是班级的中队委员，一直以来以广博的学识、优异的成绩、谦虚的品格赢得了老师和同学们的喜爱和敬佩。最令小文同学引以为傲的就是同学们都称他为"百科小博士"，平时有什么不懂的都来问他。这个"雅号"的由来，还要从小文一年级时开始说起。

小文第一次听说"一带一路"倡议是在他一年级时班主任邀请家长走进教室开展"家长大讲堂"活动中。在那次新奇的讲座中，对传统文化充满好奇心的小文第一次听说了"一带一路"这个概念："一带"就是"新丝绸之路经济带"，"一路"就是"21 世纪海上丝绸之路"，这是习总书记 2013 年提出的合作倡议。老师给学生们展示的古代丝绸之路地图和新的"一带一路"共建国家的地图在小文稚嫩的心里留下了深刻的印象。遥远的古丝绸之路神秘而繁华，小文难以想象千百年前的人们是抱着怎样的信念而勇于穿越漫天的黄沙传播宗教和开展贸易的。小小的疑惑在他的心里慢慢扎了根。于是，小文平时格外留心关于历史文化的知识，课间常常捧着各种新买的书籍和老师一起讨论，特别是古人在文化传播上坚韧不拔的精神格外让小文心生敬佩。

四年级暑假，小文怀着崇敬之心探寻了丝绸之路。在祖国的西北，他驰骋在河西走廊，寻觅了张骞通西域的阳关大道，体验了沙漠骆驼运送货物的艰辛。西北壮丽的鸣沙山、神秘的莫高窟、雄伟的嘉峪关、奇幻的茶卡盐湖、伟大的母亲河在小文脑海中挥之不去。小文在旅途中被古代人民的智慧与勤劳深深地震撼了，同时也更为我们祖国灿烂的文明而感到骄傲与自豪！

暑假回来后，小文找到了班主任杨老师，表示他很想向同学们介绍一下自己在假期旅行中的所见所闻。老师听完，非常高兴地鼓励了小文："你的想法特别好！在给全班同学们展示之前，先把稿子给老师看看，我帮你把关吧！"小文听了老师的鼓励更是兴奋，几天后就把初稿交给了杨老师。这份初稿叙述了小文在大西北所见的美景、吃到的美食，还有结合着历史背景对文化古迹的介绍，小文还引用了在《乐诵经典》中背过的很多首古诗，他满怀期待地等着老师的称赞。杨老师看完初稿后，看了看小文，又仔细思考了一会儿，说道："小文，作为小学生，你的初稿确实已经很棒了！对同学们来说一定是一场精彩又有趣的分享会。但是，作为民族小学的学生，老师希望在你的分享中能看到你对中华文化更深层次的理解。咱们学校的三气精神你还记得吗？"说着，杨老师带着小文走出了教室，漫步在小文从小快乐成长的校园中。前操场的小花园中，每一级石阶上都镌刻着一句古人的名言，长廊上画满了四大名著中的图画，随处可见的楹联匾额触发了小文心中对于中华传统文化和"一带一路"之间关系的思考……

21 世纪，我们的国家更加强盛发达了，现代丝绸之路正是在积极发展与沿线国家的经济合作伙伴关系，共建地球村，共同打造人类命运共同体！这是习爷爷和我们国家领导人的高瞻远瞩与英明决策！在这民族复兴的关键时期，在这文化传播的新时代起航点，作为一个小学生，我们又能做些什么呢？我想，新时代的地球村，人类的人文交流一定会广泛深入，文明互鉴将更加频繁。我们中国的传统文化源远流长，马校长告诉我们要学习中国传统文化，蕴民族复兴的底气。我在有着浓浓的传统文化氛围与民族气息的校园中成长学习。我们有民乐团、书法社、国学会、读书会、文字起源社等社团。我们在课堂和社团中诵读《论语》《道德经》《孟子》。正所谓"水之积也不厚，则其负大舟也无力"，只有学习更多的传统文化，我们才能在将来为"一带一路"的发展做出自己的贡献！

小文重新整理思路，他的分享会赢得了同学们的阵阵掌声，杨老师也不禁露出了欣慰的笑容。小文的脸上更是洋溢着满满的自豪感，家国使命在这次分享的经历中更加铭刻在了小文心中。从此之后，小文在倾心于传统文化的同时，也更加重视英语的学习，每天清晨都在英语故事的音频中醒来，午饭后也会跑到英语读书角享受美好的阅读时光。他还参加了学校的英语戏剧社，参与了全国中小学校园双语标志活动，用英语主持戏剧狂欢夜活动，用英语向外国游客介绍景点、介绍校园、介绍中国的优秀传统文化。在这些交流活动中，小文通过自己的努力将中国名片传播出去，让更多人了解了我们现在这个正在腾飞、强大的中华人民共和国。"我觉得我代表学校、代表中国，特别自豪！"小文对杨老师说。

"学习中华传统文化，蕴底气""了解世界多元文化，成大气"。小文只是民族小学众多学子的一个缩影，民族小学的学生们肩负使命，定当不负嘱托，继续好好学习中国优秀传统文化，提高英语水平，在"一带一路"的建设中做中外文明传播与交流的使者！

戴　欣

三、在生活中立下志向 》》》》》》》》

"一玉口中国，一瓦顶成家，都说国很大，其实一个家，一心装满国，一手撑起家，家是最小国，国是千万家。"有国才有家，有父母的地方就是我们的家，我们学习、成长的校园就是我们的家。爱家、爱父母、爱老师、爱同学、爱学校，这就是爱国。在学校里，学生们为美丽的校园绘制双语标志；为校园里众多的植物挂铭牌；"一枝一叶总关情""我手绘我心"，学生们用自己的笔记录、描绘出校园里的美景以及师生、同学间感人的画面，书写生活中和父母、朋友精彩的故事。

"寻找身边的榜样，争做美德少年"，有将大孝至爱装在心中的"孝老爱亲美德少年"；有能够把别人装在心里，无私为他人服务的"志愿奉献美德少年"；有能够遵守规则、自我管理、讲究诚信的"诚信自律美德少年"；有文明懂礼，将美好通过快乐的方式传递出去的"文明礼仪美德少年"……

2020 年的春天，在举国抗击新冠疫情的大背景下，马校长给全体家长写了一封信《在这不一样的春天，让孩子真正长大》，倡导家长们在家中除了督促孩子学习知识，更要积极引导孩子珍爱生命、关心社会、明辨是非，在亲子的互动交流中，将生存与生活的智慧，将共赴时艰、舍身忘我的气节，将作为中国人的责任与担当，植入孩子的精神基因。

马校长的三封信 >>>>>>>

🐛 在这不一样的春天， 让孩子真正长大——给孩子们的一封信

我亲爱的孩子们：

读到这封信的时候，你可能已经宅在家中很长时间了，也许很怀念在室外无拘无束玩耍的日子，也许很羡慕小鸟能够在大自然的怀抱中自由地飞翔，也许很盼望能够早日回到美丽的校园见到可爱的小伙伴……

我真的很理解你们的心情。的确，这个寒假与以往的假期不太一样，没有了过年的走亲访友，没有了外出游玩。新型冠状病毒这个敌人突如其来地侵袭，让很多人受到了感染。所以，为了你们的健康安全，只能让你们乖乖在家中学习玩耍了。但是，你们不要恐慌，不要害怕，现在全国人民万众一心，共克时艰，相信这个敌人终将会被我们赶跑的。

虽是寒冬，但是我们备感温暖。习总书记对疫情防控给出了重要指示，国家成立了以钟南山院士为组长的专家组攻克难题。医院里灯光彻夜不息，战斗在抗击病毒前线的医生们不眠不休、争分夺秒地工作。新建的火神山、雷神山医院见证了中国速度。各行各业的叔叔阿姨们携手共进，共担风雨。"苟利国家生死以，岂因祸福避趋之！"你们的爸爸妈妈中有的是医生、有的是警察、有的是社区工作人员……他们挺身而出，坚守一线，迎"魔"而战。

习总书记曾对我们说过，要心有榜样。而现在，我们通过新闻看到的以及我们身边的那些"最美逆行者"，就是一往无前的英雄勇士，是我们这个时代当之无愧的榜样！希望未来的你们，也像他们那样心中有家国情怀，岗位上有责任、勇担当。

这个寒假中，老师们全员上阵，一直在忙碌着。为了保障学校师生的安全，校领导们的视频会议不断。他们轮流到学校值守，处理着各种各样相关的工作。他们商讨制定了一系列的方案，为你们居家的学习、生活、锻炼做着很多准备。他们还去参加社区值班，参加海淀区线上课程的录制，各尽所能，为抗击病毒做着自己的贡献。

老师们也纷纷行动起来了，他们有的录制了线上的课程，发给你们学习；有的满怀深情地给你们写信，鼓励你们坚强、阳光地面对困难；有的在群里和你们交流互动，指导你们更好地学习、锻炼……特别是我们的班主任老师们，他们非常辛苦，每天都和你们的爸爸妈妈保持联系，时时关心着你们的健康，关心着你们在家的学习和生活。如果你们在学习上有疑惑或是不开心，需要心理疏导，老师们都会在电话的另一头与你们交流。只要你们一切平安，就是老师们最开心的事情了。

前几日下着大雪，海淀区委和教委的叔叔阿姨们也来到了咱们民族小学调研，他们都在关心你们的健康，得知老师们各项工作都在平稳有序开展，你们在家都健康平安，特别欣慰。

这些日子，通过老师们的分享，我看到了你们都能充分利用这段宝贵的时间，在家里每天坚持阅读、习字、锻炼，将民族小学的这三门必修课落实到每天的生活学习中。与此同时，很多孩子还主动帮助父母做家务，时时关注新闻，通过各种方式为战斗在一线的叔叔阿姨们加油鼓劲。你们是心中有爱的好孩子，为你们点个大大的赞！

希望现在的你们继续做好防护，保持良好的学习和生活习惯，把这些小事做好就是对祖国的热爱。

立春已到，春就是希望，相信中华大地在不久就会健康安泰。民族小学，在春暖花开之时等你们回来！

你们的校长朋友：马万成

2020 年 2 月 5 日

好学生就该做栋梁

在这不一样的春天， 让孩子真正长大——写给家长的一封信

亲爱的家长朋友们：

大家好！首先，向战斗在一线的医护人员以及各行各业坚守岗位的工作者致敬！向在家中陪伴、指导、督促孩子居家学习的家长朋友们表示感谢！现阶段，新冠疫情阻击战尚未全胜，孩子们在老师和您的指导下已经开启了自主学习模式。在这一段时间里，两千多个家庭与学校同频共振，共同为了孩子的成长而努力着。

近期，我们发现各种形式的网络学习把很多人的注意力都吸引过去了，大人和孩子们都投入了热火朝天的"知识"学习中。静下来想一想，在这个特殊的时期，我们应该有更多的东西需要重视，更多的常识需要知晓，更多的情感需要内化和升华，更多的短板需要补齐。

我们很多人经历过 1998 年抗洪、2003 年"非典"、2008 年汶川地震，以往的经验告诉我们，一次次与灾难的勇敢斗争，凝聚起的是中华民族复兴崛起的勇气和决心。当前，新冠病毒与人类的遭遇战又是一场空前惨烈的灾难，但我们不会惧怕，更不会被灾难征服！

多难兴邦，不屈不挠的中华民族每经历一次困难就会成长一次。我们也是一样，危机时刻正是教育的宝贵时机。在举国抗疫的大背景下，我们除了督促孩子学习知识，更应该关注的是，将生存与生活的智慧，将共赴时艰、舍身忘我的气节，将作为中国人的责任与担当，植入下一代人的精神基因。

人们常说，家庭是人生的第一课堂，家长是孩子的第一任教师。当下，我真心希望您能和我们一起，积极引导孩子珍爱生命、关心社会、明辨是非，帮助他们树立正确的世界观、人生观、价值观，培养深厚的家国情怀。

在此，我倡议，您带着孩子一起，可以从以下几个话题入手，进行一些思考与讨论。

一、我们应该如何正确认识人与自然的关系？如何与其他物种和谐相处？

17 年前的"非典"和这次新冠疫情都与野生动物有关，我们是自然的一部分，所以我们人类不能失去对自然和物种的敬畏之心，"枪响之后，没有赢家"，我们怎么看待这个问题？

二、哪些生活习惯与习俗需要改变？

这次情况警示我们，有一些习俗和习惯成为传播疾病的途径，很多平时不注

意的生活细节不利于身体健康。那么，我们平时怎样做就能减少对健康的伤害？我们身边还有哪些陋习需要改掉？

三、吃什么、怎样吃才健康、安全？

对于小孩子来说，吃什么对身体健康有好处？对于所有人来说，哪些东西是不健康、不卫生、不安全，所以不能吃的呢？

四、我们应该怎样做一个合格的公民？

结合当下的新闻报道以及身边的人和事，帮助孩子分辨一下，怎样做才是尽到公民的责任，是对国家、对社会有益的？

五、当下，哪些职业让我们特别敬佩和崇敬？孩子未来想成为什么样的人？

当前，有很多伟大的逆行者，他们之中有战疫一线的医护人员、科研人员，有仅用 10 天建造起火神山医院的设计、施工人员，我们身边也有很多一直坚守工作岗位的普普通通的平凡人。这个世界之所以是美好的，正是因为有无数人在守护着我们。结合具体事例和孩子一起说说我们的感动吧！问问我们的孩子，未来想成为一个什么样的人？为祖国做哪些贡献？

六、全国人民共克时艰，众志成城，你是否感受到了祖国的强大呢？

党和国家始终把人民群众的生命安全和身体健康放在第一位。习总书记多次亲自指示，领导小组亲赴一线指挥，国家还出台了一系列政策和举措，举全国之力，有效组织防控，为人民生活提供日常保障……我们感受到了制度的优越、祖国的强大；在严峻的形势面前，万众一心、众志成城，无数平民英雄走进人们的视野，他们的事迹和精神，让我们感受到了群众的力量、人民的伟大。此时此刻，我们更应该和孩子一起讲好中国的故事，激发起孩子对英雄的敬仰，对祖国的热爱！

家长朋友们，我们的孩子应该是未来社会中的合格公民，他们应该拥有幸福的人生。未来的幸福一定源自今天的培养与成长。所以，让我们帮助孩子，好好利用这段时间来思考、来成长吧！

"沉舟侧畔千帆过，病树前头万木春。"灾难总会过去，但一切都不应被遗忘，也不该被忽视。愿我们有所思考，有所感悟，有所行动。让孩子们在这个不一样的春天中真正长大！

您的朋友：马万成

2020 年 2 月 22 日

好学生就该做栋梁

在这不一样的春天， 让孩子真正长大——写给老师的一封信

亲爱的老师们：

你们好！因为这场突如其来的病毒，我们迟迟不能见面，我非常想念大家。虽然我们不能像往常那样快乐地工作在一起，但是我知道，大家一直没有停下工作的脚步。

新冠疫情牵动着全国人民的心，也牵动着我们每一位老师关心、爱护学生的心。刚放假不久，老师们就启动了战"疫"模式！每天早早守候在电脑和手机旁，严阵以待，接收重要的工作信息，与家长保持密切联系。每天的沟通、填表、上报从未中断。很多干部和老师坚守岗位，到校值班；为了让孩子们宅在家而不"荒"，老师们用心制作微课，精心设计学生自主学习材料，在微信和电话中耐心指导。虽不能见面，但病毒隔不断老师们对学生的爱和责任！得知孩子们在大家的关爱下有所收获和成长，我十分欣慰，也由衷感谢老师们的付出！

当前，在举国抗疫的大背景下，很多抗疫一线的医护人员正在加班加点、争分夺秒地与病魔做着殊死搏斗，作为教师的我们，也应该切实担负起教育工作者的社会责任。

现在，抗击病毒的战斗还未取得全胜。我们与学生的交流方式改为线上，虽不能见面，但是我们对学生的关爱不能减少，我们要做一缕阳光照射到每一个孩子的心中，为他们带去温暖。

孩子们太久没有出门了，他们不能尽情奔跑，不能和小伙伴开心玩耍，不能到大自然中去寻找春天的足迹……他们一直压抑着活泼好动的天性，每天在家长和老师的指导下，在有限的空间内开展自主学习，对他们而言，着实不易。我们眼中看到的不能只是孩子的学习任务完成了没有，更应该去读懂孩子们的心，应该把孩子们的身心健康作为最重视的事情。所以，我建议老师们多和孩子们聊聊天，关心他们的生活，给他们解一解心中的烦恼，给予他们力量和阳光。我们还可以结合自己的学科特点和个人所长，为孩子们提供丰富多彩的实践学习资源，多加强与他们的互动，让他们在交流展示中感受到成长的快乐。他们心中感受到老师的爱，面对病毒、面对成长中的困难，就会无所惧怕。

家长永远都是与我们并肩前行的朋友，朋友间就更应该多些关心、多些理解、

多些相互支持与帮助。尤其是现在，孩子不能来学校，家长要担负起更多的责任和工作，他们非常需要我们的理解与帮助。

家长们有的白天要上班，晚上才能辅导孩子进行线上学习；有的因无法正常工作而着急；还有的因复工而不得不留孩子一人在家……我们不知道他们会面临怎样的生活压力和烦恼，但是我们能做的就是抱着一颗温暖善良的心，对家长多一份关心、多一点帮助。我建议，大家在和家长的交流中，少一些公事公办，多一些嘘寒问暖；少一些任务要求，多一些理解包容。

亲爱的老师们，让我们在这段特殊的时期，成为学生温暖的守护者吧！老师、学生、家长，我们始终是一家人，希望这之后，我们的心会靠得更近！

最后，希望老师们保护好自己和家人，让我们以积极健康的身心，投入当前的工作之中，共同迎难而上，与社会各界一起，打赢这场攻坚战，一起迎接美好的"春天"！

你们的朋友：马万成

2020 年 3 月 4 日

两封家书 >>>>>>>

马校长的信引起了家长们的思考和回应。

2019 级 7 班思彤的爸爸给女儿写了一封信。

亲爱的女儿：

爸爸已经回到办公室上班，你和妈妈还在外地，对你们甚是思念。爸爸平时总跟你说要观察生活，记录感受。在这段极为特殊的时期，年幼的你一直被局限在家里，爸爸就把自己的感受记录下来，与你分享。

这次是由一种新型冠状病毒引发的肺炎，这种肺炎可以在人和人之间相互传染，有点儿像前年冬天咱们得的甲型流感。不同的是，那时我们吃了专门消灭甲流病毒的药，甲流就会被治愈，而专门消灭现在这种新冠病毒的药，全世界都还没研发出来，因此如果被传染，治疗起来就非常复杂。这就是为什么我们要封闭在家，避免与别人接触以防被传染的原因。关于传染病的知识，我们可以以后专门了解。现在爸爸主要想说说通过这次事情，我们普通人应当学到什么。

我们应当学会自我保护和科学防疫。面对这种传染性强的疾病，我们首先要做的就是学习自我保护的知识，比如老师、家长和电视上讲的认真洗手、佩戴口罩、及时消毒、避免聚集、严格隔离等多种方式，并认真执行。同时，还要注意锻炼身体，好好吃饭和睡觉，增强免疫力，但一定要记住，拒绝吃任何野生动物。另外，一直玩手机、看电视，吃饭挑食偏食等都不利于科学防疫。我们应当试着独立思考和随遇而安。你能看到，大人们一会儿在网上抢口罩，一会儿抢双黄连，每天都会就着网上的各种消息展开讨论。遇到紧急复杂未知的局面，人们有些慌乱是正常的，如果能尽快地掌握和理解权威信息，不盲目地跟从别人的行为，对自己和整个社会都是一种保护。

　　本来我们计划好的春节期间的各种活动，也都泡汤了。不过借这个机会，我们一家人每天在一起也很难得和愉快啊。你的生日不巧赶在这期间，懂事的你既没要求礼物也没表现得急躁不安，果然是长大一岁更懂事了。我们应当懂得悲天悯人和感恩惜福。爸爸对于疫情中一些人和事感到非常气愤，但我们更应当被那些冲在第一线的白衣天使、人民子弟兵温暖和感动。像你的舅妈是一名医生，也是咱家的骄傲；那些一方有难、八方驰援捐款捐物的各地民众，特别是一些七八十岁的老爷爷老奶奶，仍想着奉献他们的爱心。还有各行各业通过做好自己的工作来抗击病毒的人，比如学校和老师每天打卡，掌握每个学生的健康情况。他们都给我们带来温暖和安全感！我们应当为病人数量最多的湖北省加油，为生病的人们早日康复祈祷。因为我们都有一个家，名字叫中国，国好家才好。

　　宝贝，你出生在春天里，所以春天成为我最喜欢的季节。爸爸盼望着，新的春天和你一起回来，我们一家人在朝阳公园和煦的春风和明媚的阳光中，搭帐篷、去野餐、抓小鱼、背古诗……

爱你的爸爸

2020 年 2 月

　　2018 级 2 班郑佳杰的妈妈给女儿写了数千言家书。

亲爱的女儿：

　　落笔家书，未必因为隔千里。朝夕相处，依旧想对你诉说。新冠病毒来袭，举国上下，齐心抗疫。我想在这样的时期，为你留下一些文字，虽然文字还不太成熟……对你我来说，却很有意义。

　　那天听到你和姥爷通电话，你用稚嫩的声音认真地嘱咐姥爷外出一定要戴口罩，不可以用手触摸脸。那时候，我觉得我的女儿长大了，已经可以懂得爱，表达爱了。妈妈给你起的小名佳爱，就是希望你可以拥有美好的爱，亲情、友情、师生情和成年后的爱情等，与爱相随、相伴的日子，必定美好。

　　然而，妈妈对你的期望，并不仅仅如此。

　　孟子说"天下之本在国，国之本在家，家之本在身"。有言道：家是人生开始的地方，国是人生理想的源泉。虽然你的年纪还小，但是妈妈希望你从小就是一个拥有大爱的小女孩。正如你们的马校长对家长语重心长地提出——"希望培养孩子的家国情怀"。妈妈听后，深以为是。

　　钟南山，李兰娟……这些熠熠生辉的名字，让我们看到了什么是舍我其谁的底气与义不容辞的担当。全国各地的医护人员驰援武汉，让我们看到医者仁心，大爱无疆。社区工作人员、快递小哥、售货员、司机……这些普普通通的工作者，身体力行，为我们能够安心居家，与病毒隔离，筑起了坚固的壁垒……

　　这期间，有太多的人与事，让妈妈更加明白一些道理，也有了大量的时间去思考一些不曾认真思考的问题。我想把这些都分享给你听。

　　家国情怀是世间最美好的情感。当下，所有奔赴一线的工作人员，他们除了职责所在，更多的是一份植根于心的家国情怀，支持着他们不顾自己的安危，奋斗在一线。人活一世，如果无视他人的疾苦，无视国家的安危，可能会暂时保全了自己，却终将迷失在那份私欲中，无法获得无私大爱带给自己的高尚与幸福的情感依托，又怎么可能一直岁月静好置身事外而无恙呢？

　　宝贝，你会背那么多的古诗词，其中能够体现家国情怀的古诗词比比皆是。《夏日绝句》《春望》《过零丁洋》《从军行》……妈妈希望你不仅仅会背诵古诗词，更希望这些或悲壮或昂扬或决绝的古诗词，能够在你幼小的心灵里播下家国情怀的种子，时刻记得：有国，才有家！这是世间最真的真理。

　　敬畏自然，才能安享未来。"敬畏自然"应该是2020年的这个春天，我们最大的领悟。但这又是多么痛的领悟啊！一座城的哀伤，诉说无言。冰冷的数字背后，是一个个支离破碎的家庭。而这一切，皆因人类对自然的践踏。

　　宝贝，你知道地球存在多少年了吗？46亿年……而我们人类，不过300万年。

人类并非浩渺宇宙的主人，我们需要心存敬畏，与地球、与自然界和平共处。文豪雨果说过："自然是善良的慈母，同时也是冷酷的屠夫。"当我们不尊重自然规律，肆意破坏时，就会受到残酷的惩罚。

这次新冠疫情的暴发，据专家说，可能是因为人类吃了野生动物，而野生动物是携带病毒的。这真是所谓"无知者无畏"啊！因为一些人的口腹之欲，殃及千千万万个无辜的人。我们的祖先，早已兢兢业业为我们筛选了能吃的美味——家畜、家禽。而这些人，非要去品尝为了抵御外敌而生长得皮糙肉厚的野生动物。野生动物不是我们的盘中餐，它们和我们一样，是自然界的一分子。我们需要和它们和平相处。

我们为什么要学习知识？很重要的一个原因就是要避免成为愚蠢的人。有些人在猎奇的同时，也将自己的无知显露无遗。他们觉得野生动物不是大多数人能吃到的，吃野生动物就成了一种显摆。这样的愚蠢认知，何其可悲。

保护自然，更多的是在保护我们人类自己。宝贝，让我们从自身做起，节约水资源，做好垃圾分类，旅行时不破坏旅行地的自然环境，爱护野生动物，远离野味……时刻牢记：道法自然，清静无为，心存敬畏，行有所止。

善良，是人生的底色。妈妈知道你从小就是一个特别善良的孩子。还记得你三岁多时，你听妈妈说，一家慈善组织帮助一个身患先天性白内障的藏族小妹妹来京接受免费治疗，而小妹妹需要一些漂亮的衣服时，懵懂的你主动拿出很多衣服送给她。当这位小妹妹穿着你送她的衣服，第一次看见镜中的自己时，我相信，一份善念必定在小妹妹幼小的心灵扎了根。她会记得带给她光明的医生，全力相助的慈善组织，和你这样一个小姐姐。

宝贝，还记得那次愉快的拍卖吗？你和妈妈一起做了一个大大的提拉米苏蛋糕，妈妈在小区业主群里把蛋糕拍卖了，请购买蛋糕的邻居直接把应付的钱捐助给网络的慈善平台，整个过程你都好开心，妈妈也很开心，因为我们做了自己喜欢的烘焙，邻居也品尝到了我们的手艺，同时又帮助到了需要帮助的人。

这些都是很小的事情，不足言道，但妈妈希望你能够一直记得这些小美好，去做力所能及的善事，时刻谨记"勿以善小而不为"。

同样，在这段时间，妈妈希望你可以认真思考一下，你除了和妈妈一起为疫区捐助之外，还可以做哪些力所能及的事情。希望不久之后，我们走在艳阳高照的户外，尽情呼吸着清新的空气，你可以自豪地说："我在这期间做的这件小事，帮助到了需要帮助的人。"也希望在遥远的将来，你和你的女儿谈起新冠疫情这段时期时，她通过你为别人提供的帮助，能有切身的参与感。普通人和历史的联结，往往是出于善心、善念、善举。

勤学，才有报国的资本。妈妈总是叮嘱你，一定要好好学习。曾经和你讲过：唯有此，面对未来的人生路，你才能有更加从容的选择。但现在妈妈想对你说，唯有勤学苦读，你才能够像你所崇拜的钟南山爷爷那样，用自己所学，救人于水火，救国于危难。正如钟南山爷爷这段时间给中小学生的一封信中写道："用知识缝制铠甲，不远的将来，各行各业都将由你们披甲上阵。"

是的宝贝，各行各业都有杰出的优秀人才。无论你将来选择做哪个行业，妈妈都支持你。妈妈希望你以梦为马，不负韶华！只有掌握了真才实学，当你有心为他人、为国家贡献力量的时候，你才有底气亮出你的锋芒。若只有心而无力，岂不悲哀！

投桃报李，是为人之道。妈妈以前很少和你讲很深的道理，但妈妈愿意用行动让你明白一些为人之道。每一次收到小朋友送你的礼物时，你都是那么开心，最开始妈妈会有意识地对你说："你收到的礼物好漂亮！那么，我们送什么礼物给对方呢？"后来已经不需要妈妈说了，你自己就会考虑，准备什么回礼给小朋友。这样的小小变化，妈妈视为你大大的成长。投桃报李，礼尚往来，这是我们中国人的为人之道。

最近，日本、韩国等国家为中国积极捐助了防护物资，当这些国家同样受到威胁，物资短缺时，中国彰显大国风范，积极为他们捐助物资，分享宝贵经验。他说"山川异域，风月同天"，我说"青山一道，同担风雨"。有这份共情与互助，世界必将祥和一片。妈妈希望你在未来的人生路，可以一直明白这个道理。其实人与人的交往就像照镜子，你对镜子笑，镜子也会对你笑。

当然，妈妈不想隐瞒，世间有恶。就如同有阳光的地方就会有阴影。那是妈妈以后想对你说的。你现在只需要明白，真正的善良，是经历风雨后依旧可以保持的那份纯真。

不攀比，风轻云淡过一生。钟南山爷爷，是一个生活特别简朴的人。他们那代人，经历过苦难，懂得幸福来之不易。对物质没有过高的要求，更加注重内在

精神的丰盈。这是你，也是妈妈应该好好学习的。

妈妈知道，女孩子都爱美，妈妈也爱美。而且妈妈认为女孩子从小就应该喜欢美，懂得美。这不仅仅是一件漂亮的裙子那么简单，你眼中的美，应该更加宽泛。美是诗，是画，是跳跃的音符，是灵动的舞姿，是山，是水……你要知道，心灵和外表的美，同等重要。

物质，可以带给我们更加舒适、从容的生活，可以带给我们漂亮的衣衫、可口的饭菜、舒适的旅行……这些在我们可以支撑的范围内就好，物质永无止境，欲望不加以克制，人往往就会肆意而为，懂得节制是一种美德。同时，不要去和别人攀比，这是最没有意义的行为，妈妈认为这样的行为很丢脸。

"若衣服，若饮食，不如人，勿生戚。"妈妈特别喜欢这句话，也时刻谨记，也希望你记住。女孩子一定要自信，相信自己无论是华服在身，还是芒屩布衣，你依旧是最美的你。苏轼说"腹有诗书气自华"，这句诗，千百年来被众多优秀的人所印证，童叟无欺。

宝贝，其实生活中的美，有时候和物质无关，和你如何对待生活有关。生活的滋味需要自己去寻觅：一袭并不华丽的衣裳，一杯余香缭绕的清茶，一缕偷偷爬进窗的阳光，抑或是我们手忙脚乱种植的蒜苗它真的发了芽……这些都是生活中的美，你去发现它，感知它，它自然会带给你一份愉悦，你如果对它熟视无睹，不理不睬，就会少了一份生活的馈赠。

生活对待每个人都是一样的，只是有些人只顾低头赶路，忽略了途中的风景。妈妈希望你能去感知生活的细碎美好，体味个中滋味。妈妈其实就是这样去感受生活的，所以每天都会很开心，我可是你的傲娇老妈哦！

妈妈爱你，但我知道你更爱妈妈。你是我生命中的光，照亮我来时的路，你是我耳边永远的呼唤，让我渴望遇见更完美的自己。宝贝，我们一起努力吧！

永远爱你的妈妈

2020 年 3 月 8 日

"诚信考场"——在学生心里播下诚信的种子 >>>>>>>

诚信是中华民族的传统美德，是社会主义核心价值观的重要元素。我国古代大思想家孔子曾曰："人而无信，不知其可也。"现代著名教育家陶行知先生也指出，教育的本质是"教人求真""学做真人"。

如何把学生培养成诚信的人？马校长常说："学校的诚信教育不能脱离学生的生活，要善于抓住教育的契机，通过具体的事例，使学生领会、反省、心有戚戚，这样才能将德育落到实处。"学校因此开展了"做诚信学生，创诚信校园"主题活动，将诚信教育融入学生的日常生活，内化于心，外化于行。

"诚信考场"就是展现民小学子诚实、自律的舞台。期末考试无人监考，考试纪律全凭自觉。学校刚一提出期末"诚信考场"这个方案，很多老师都心存疑虑。马校长耐心解释道："尊重是相互的，我们多信任一点学生，多给他们一点空间，我相信他们能给我们更多惊喜。从他律到自律，诚信的道路才能走得更稳。"就这样，高年级的期末"诚信考场"在老师们将信将疑中施行起来了。

没想到，"诚信考场"犹如一颗重磅炸弹把学生们"震"得够呛。什么？还能自己给自己监考？！太新鲜了！学生们跃跃欲试地报名，希望能被幸运选中。孩子总是渴望长大，对他们来说，进入"诚信考场"就像拿到了一张长大成人的标记牌，终于能够证明自己是一个懂得自律、诚实可信的"大人"了。"您给我们一个机会，我们将还您一个惊喜！"所有走进"诚信考场"的学生们庄重而自豪地写下了这句考前承诺。

在此次活动中，小王给班主任李老师带来了惊喜。

在老师和同学的眼中，小王是个性格内向、不善言辞的腼腆男孩，成绩不是班里最拔尖的，纪律也不是班里最好的。最初，听到这个消息，他特别兴奋，可一看评选条件又有些泄气了：要想进入"诚信考场"可不那么容易，要经过层层筛选。想到前几天发生的那件事，他内心十分不安。

那天，数学单元测试结果发布了，小王成绩为优。翻看试卷时，他的表情突然变得凝重起来，原来有一处错误老师没有发现。如果主动告诉老师，这次的实际考试成绩就会影响"诚信考场"的评选资格。如果不告诉老师又是不诚实，这可怎么办？经过一番激烈的思想斗争后，他决定保持沉默。几天过去了，没有人知道此事，可小王内心却非常纠结，怎么也高兴不起来。

细心的班主任李老师看出小王有心事，放学后主动找他聊天。在李老师的询问下，小王向李老师讲述了那个不合格的"优"。李老师笑着说："卷子有错我没有

好学生就该做栋梁

检查出来，是我的责任，对不起。你能主动告诉我，老师替你高兴。'诚信考场'的选拔不是只看学习成绩，还要对品德进行综合评定，我对你有信心，相信同学们也会给你评选的机会。"听了李老师的鼓励，小王如释重负。

李老师觉得这是一次难得的诚信教育契机，在班里召开了以"做诚信学生"为主题的班会。在会上她把小王的困扰讲给大家听，让同学们思考对诚信的理解。有的同学说："诚信是诚实不说谎话。"有的说："诚信就是答应别人的事要做到。"有的说："诚信就是知错就改……"同学们你一言我一语表达了对诚信的理解，更找到了行为的准则：诚实守信，不说谎话，有错就改。最后，小王不好意思地站起来，深深地给大家鞠了一躬说："谢谢同学们对我的帮助。不真实的好成绩只是自欺欺人，只有做个诚实的人，才能有脚踏实地的进步。"热烈的掌声在教室里响起，小王的眼中闪烁着激动的光芒。他暗下决心，一定对得起老师和同学们这份沉甸甸的信任。经过努力，小王以自己诚恳的态度赢得了同学们的信任，如愿以偿进入了"诚信考场"。

考试那天，小王签下承诺书后，走进了心中的"圣地"，他满脸兴奋又有一丝丝紧张，腰板挺得笔直，两眼注视着前方，碰巧被正在巡场的马校长看到了。马校长走到他身边，轻轻拍了拍他的肩膀，微笑着说："孩子，别紧张，相信自己，你是最棒的！"马校长亲切的鼓励让他充满了信心，更充满了成就感和使命感。铃声响过，负责老师将试卷分发给学生们后，就悄然离开了考场。90名考生经历了一次独特的考试。考场上学生们坐姿端正，表情严肃，或凝神思考，或奋笔疾书，安静的考场上只有翻阅试卷和笔尖与纸张摩擦发出的轻微声响。虽然没有监考老师，但在考试过程中，没有人偷看，没有人说话，学生们显示出超强的自控能力。他们经受住了考验，真正把诚信当成了一种自觉。

考试结束后，小王激动地说："感谢学校给我这次机会，感谢老师和同学们对我的信任，以后我要一直做一个诚信的人，诚信做人，诚信做事。"

紧张过后的学生们纷纷写下了参与诚信考试的感受，其中一位学生这样写道："我之所以参加这个活动，是因为我想考验一下我的自制力和自信心，并体验一下不一样的学习环境和考试环境，增长我的见识、提高我的适应能力……"另一位学生写道："当我第一次迈进这个'诚信考场'时，一种从未体验过的气氛突然涌了出来，是一种放松而又陌生的气氛。仿佛这里的人没有一个不是充满自信的。在这里，人与人之间相互信任、互相理解。在这里我们自觉自律，严格遵守学校纪律。不因为自己的一些小事影响别人答题，以大局为重。我想，这就是自觉自律的空间吧！"

参与了"诚信考场"的学生收获良多，他们的家长也同样发表了感言，有位家长说："孩子参加诚信考试，是学习自律的重要一课。这是老师对孩子的信任，是孩子对自己行为自我约束、自我管理的实践活动，也是培养人生中自律行为的一次基础课。考试前，孩子对待这次诚信考试表现出了自信；考试中，孩子践行了自己诚信的诺言；考试后，孩子表达了今后要做一个诚信的人。作为家长，会教育孩子在考场上诚信，在生活中诚信，在社会上诚信。"

"诚信考场"的成功，让之前老师们的疑虑烟消云散，也启发老师们用一种更加平等的目光看待朝夕相处的学生们。只要我们相信学生，给他们一个展示的机会，他们就会在这种正向的信任中，真正地体验讲诚信、自觉自律的快乐！

在结业式上，马校长亲自给这些学生颁发了"诚信考生"证书，并勉励大家："从平常事做起，从一点一滴做起，传承文明行为，践行诚信美德，在心里播下诚信的种子，在阳光雨露的精心呵护下，让诚信之花扎根生长绽放。"

民族小学会继续将德育融入学生的日常生活，潜移默化、润物无声，开展诚信教育，弘扬和培育中华民族的传统美德，为学生的一生发展奠基。

陶行知曾说，生活即教育。说教式的教育只能灌输给学生一种理念，距离理解、认可到落实这一理念还有很大距离。真正做到社会主义核心价值观入眼、入脑、入心，必须将其理念渗透于生活，通过隐性教育，让学生们在无形中认识、记住、践行社会主义核心价值观。学校将社会主义核心价值观的理念与学生的日常生活相结合，营造了浓厚的氛围。

上课的时候，我们引导学生文明讲礼貌，懂得倾听，举手回答问题，营造和谐的课堂氛围，建立良好的师生关系；课间活动的时候，引导学生不在楼道内追跑打闹，游戏的时候懂得礼让、合作、相互帮助，能够记住要求、遵守规则。学生们相互监督，不需要老师提醒他们该怎样做。因为，他们在这个过程中形成了是非观，明白了对错，也知道怎样要求自己。在校用餐的时候更是如此，怎样排队、怎样取餐、怎样用餐都有具体的要求，学生们心中都有明确的标准。

好学生就该做栋梁

曲慧妍

微笑是我们的名片 >>>>>>>

走进民族小学的客人和老师们，如果在校园中遇到学生，一定会被他们的热情所感染。他们总会热情地走到您的面前，微笑着摆摆手说："老师好!"走在队列里的学生们也会挥手向客人们问好。

有些客人刚来到学校还会有些不适应："为什么你们的学生都这么热情呢?"有的客人还会提出这样的疑问："为什么我们学校也在要求学生主动向老师问好，却没有这样的效果呢?"

↘ 微笑·伊始

聚焦礼仪教育，我们要怎样才能让学生都做到主动问好，文明懂礼呢? 他们知道看见长辈要问好，但是怎么问好呢? 其实有很多学生是不会的，因此学校不仅提要求，更细致地去指导。

入校规则多，我们这样做

从学生们踏入小学校园，我们就对他们进行专门的礼仪培训，让文明礼仪成为一种习惯，伴随他们的一生。学校将校园文明礼仪录制成宣传片，通过观看宣传片、讲解、互动提问和表演展示的形式，让学生们自己感悟在校园中怎么问好。比如，见到一位老师时，要问"老师好""×老师好"；见到两位及以上的老师时，直接说"老师们好"；见到老师带着客人在校园中走时，要先说"客人好"，再说"老师好"，表示对客人的尊重。问好不仅仅是说出来，还要表达出自己的热情、礼貌、友善等情感，表情和动作必不可少。问好时，眼睛要看着对方，微笑问好。同时，也可以大方地向对方摆摆手或鞠躬问好。当有几位老师聚在一起交谈时，不能从中间穿过去，而是应该从旁边悄悄经过，挥手示意即可。

通过相互交流、试一试、演一演等方式，每一个学生在反复实践中学会了礼貌问好的具体做法。我们把对学生的要求转变成学生之间的演示、讨论交流，让他们在演示中感受快乐，在讨论交流中收获成长，寓教于乐。

落实有困难，我们要坚持

教育从来不是一蹴而就的，我们会用相机记录下美好瞬间，及时对学生进行正面教育。比如，发现学生在校外见到老师，没有问好，我们就把主动问好的学生拍下来，记录班级姓名；见到上学时没有与爸爸妈妈说"再见"的，我们会拍摄那些主动向父母道别的镜头；进校门，主动向保安叔叔问好的学生，我们也会记录下他的表现和姓名。我们会定期将这些照片在集体会上播放出来，当学生们在屏幕上看到自己的笑脸和身影时，内心无比兴奋与自豪，会更加注重自己的文明礼仪。同时，在评价与反馈中，引导没有做到或做得不到位的学生积极向他们学习。我们不会直接批评做得不好的地方，而是从正面树立榜样，保护学生的自尊心。正向的激励比说问题、提要求更有效果，通过正向的引导，影响每一位学生的行为习惯。

 微笑·硕果

就这样，从刚进校门开始，学生们就在细心呵护与引导下，变得热情大方了，变得懂礼了。在这种氛围中，一旦有学生违反了规则，就会被其他学生提醒，每个人都是小老师，帮助他人及时调整行为习惯。

过程中，学生们的小主人翁意识不断增强，每位学生都能做到微笑礼貌问好，明白自己的一言一行不仅代表了个人，还代表了集体的形象。引导学生将个体行为与集体荣誉联系起来，做到时时处处为集体着想。只有每个学生都去关心、维护集体的利益，自主管理才有了驱动力，学生才会按集体的要求来调整自己的言行，最终使自主管理变成学生的自觉管理。

学生们成了学校的小主人，他们的热情、微笑、自觉、责任心感染校园中的每一个人，每一位走进民族小学的客人……他们的微笑与成长见证了学校礼仪教育的实效性。我们会继续将社会主义核心价值观融入学生日常学习生活中，将这些植根于学生心灵，将民族小学学生最好的名片——微笑，传递下去！

李 情

好学生就该做栋梁

在课堂教学中渗透社会主义核心价值观 >>>>>>>

弘扬中华优秀传统文化，培育和践行社会主义核心价值观，是落实立德树人根本任务的重要基础。2014 年，习总书记在民族小学主持召开座谈会，提出了培育和践行社会主义核心价值观要从少年儿童抓起。对于少年儿童来讲，各个学科的学习就是他们理解和学习社会主义核心价值观的主阵地。所以，在课堂中，民族小学将各科的教学内容进行了深入的挖掘，时时渗透社会主义核心价值观教育，并且开展了一系列实践活动，既传授知识，又传授美德。

在语文课上，教材中有很多富有教育内涵的内容，渗透着社会主义核心价值观的要求。例如，《金色的鱼钩》讲的是老一辈革命者过草地的故事，《当代神农氏》讲的是杂交水稻之父袁隆平的事迹，《企盼世界和平的孩子》是以孩子的视角诠释了对和平的理解和渴望。《用目光倾听》《献你一束花》这两篇课文告诉学生们怎么友善地对待别人、尊重别人。另外，我们开展阅读小讲师活动，用小榜样的无穷力量带动全体；开展辩论赛，将规则意识的种子在一颗颗心中埋下。

在数学课上，讲到平均分的知识时，老师引导学生理解"公平"；讲到元角分时，老师又组织学生们进行爱心义卖，给边远山区的小朋友们送去温暖；讲到认识时间时，老师又畅谈守时、守信。

在音乐课上，老师渗透社会主义核心价值观教育，教育学生树立崇高理念、激发爱国热情，教育学生热爱家乡、热爱自然、热爱劳动、热爱科学，教育学生尊重老师、友爱同学，帮助学生从各个角度形成高尚的道德品质。例如，一年级的音乐课学习《国旗国旗真美丽》这首歌时，一上课，李老师说："老师唱一首歌曲，大家听一听歌曲唱的是什么？"随即教室里响起老师甜美的歌声："国旗国旗真美丽，金星金星照大地，我愿变朵小红云，飞上蓝天亲亲你。"听完了歌曲，学生们异口同声回答："国旗！"接着李老师问他们在什么地方或哪些时候看见过国旗升起。学生们争先恐后举手回答："爸爸妈妈带我在天安门广场上看过升国旗。""咱们学校每周一举行升旗仪式会升旗。""奥运会，中国的运动员获得冠军，颁奖典礼时会升国旗奏国歌。"……接着学生们的回答，李老师告诉他们国旗是国家的一种标志性旗帜，是我们祖国的象征，我们每个人都应该热爱国旗、尊敬国旗。接着李老师拿出一面小国旗带领学生们做"传递国旗"的音乐游戏。歌声响起，从第一个学生开始，全班的同学在歌曲声中开始传递国旗。当看到一个小男孩单手接过国旗，歪拿着国旗很随意地传递给其他同学时，李老师马上让学生们停下来，问他们："怎样传递国旗才是爱国旗，尊敬国旗？"学生们纷纷说"眼睛要看着国旗""拿国旗不能让国旗歪斜""要认真面带微笑看着国旗""要双手拿着传递""要自豪地拿着"……李老师告诉小男孩："就像参加升旗仪式，我们严肃认真，立正站好，向国旗行注目礼，这些都是热爱国旗的表现。传递国旗也是一样啊，刚才同学们都说得特别好，你能不能像同学们说的那样，再做一次传递国旗的动作，表达出对国旗的尊敬和爱？"看到学生们那可爱的样子——带着微笑、带着自豪、双手将国旗传递给下一位同学——李老师也笑了。课堂上，李老师以学生为主体，努力创设多种活动情景，引导学生在活动中体验，在体验中感悟，培养学生对祖国的爱。音乐教学不仅是传授技能和知识的过程，也是实施道德教育和美育的过程。音乐学科，老师们引导学生在欣赏、歌唱中，懂得友善，懂得爱国，潜移默化地把社会主义核心价值观教育融入音乐教学中。

在体育课上，学生们在训练和趣味比赛中，感受团队合作的力量，感受公平、公正的重要性。

在美术课上，老师们带着学生通过剪纸、泥塑、绘画等形式展现每个人心中理解的社会主义核心价值观。

还有科学学科、书法学科以及英语学科中，都有很多值得挖掘的内容，老师们在课堂上引导学生结合自己的生活谈感想，通过课堂教学把社会主义核心价值观的内容潜移默化地传递给了学生。

任何事情都不是一蹴而就的，学习了解社会主义核心价值观的丰富内涵需要经历一个认识、记忆、理解、践行的过程。培育和践行社会主义核心价值观的第一步应该是先让社会主义核心价值观入脑、入心，被少年儿童牢牢记住，才能最终在行动中体现出来。

崔艳

在书香传承中成为中华民族的脊梁 >>>>>>>

在我国，诗教传统源远流长。所谓"诗教"，本指《诗经》"温柔敦厚"的教育作用，后来也泛指诗歌的教育宗旨和功能。"温柔敦厚"的诗教思想推崇的人生境界是修身与治国的高度统一。基于此，诗教在培养青少年全面和谐发展的过程中，尤其是在青少年思想道德建设中和爱国主义教育中能起到积极的作用。一切优秀的诗词中必然蕴藏着丰富的精神营养，它对青少年成长有着不可低估的作用。

恰逢基础教育改革提倡中国传统文化的学习，培养学生的核心素养，因此从入学伊始，学生们就开始了古诗词的积累。我们主要采取了两种形式：一是日常的积累，利用平时早读的时间，每周定期进行古诗词的诵读；二是借助中国传统节日，通过情景学习帮助学生积累古诗词，如元宵节背诵《青玉案·元夕》，清明节诵读《清明》等。通过这些日常的积累，再适时地进行班级读诗会等活动，让学生们喜欢古诗词，研读古诗词，交流古诗词。对古诗词的热爱现在已成为校内的一种文化，学生们经常在参观、游览、嬉戏时随口吟诵出应时应景的诗句，做到熟读成诵。

居家学习期间，学生们除了听网课，更加思念的是学校的古诗考级活动。于是我们召开了线上诗词大会，以"江山秀美，风景如画""孝亲思乡，故土难忘""保家卫国，壮怀激烈""少年壮志，筑梦起航""总结深化，延伸拓展"五个篇目为主题，重新激发了学生们学习古诗、背诵古诗的热情和兴趣。

在"江山秀美，风景如画"篇，学生们通过对《绝句》《江南好》《望庐山瀑布》《望洞庭》等古诗的吟诵、对诵等，饱览祖国的秀丽山河；通过配乐朗诵《沁园春·雪》沉浸在大自然的勃勃生机及壮美河山的美景之中，感受毛主席的家国情怀。

在"孝亲思乡，故土难忘"篇，学生们为大家带来《回乡偶书》《游子吟》《送元二使安西》等诗句，又通过《三字经》《弟子规》的诵读和同学们交流如何在生活中报答父母。有的学生有感而发，觉得自己在生活中处处依靠妈妈是不对的，应该尽快学会独立，早点长大，让自己也成为妈妈的依靠。

在"保家卫国，壮怀激烈"篇，由老师为学生们带来《诗经》中的《无衣》，通过历史故事的讲述让学生们感受浓浓的战友兄弟情，感受中华民族自古以来坚定不屈、兄弟同心、保家卫国的一脉相承的情感。学生们聆听着千古传诵的爱国名篇《满江红》，在祖国雄伟河山和历史风云人物的激发下，从"驾长车，踏破贺兰山缺""待从头，收拾旧山河"等诗句中，感受到古代英雄名将豪气冲天、奋发向上的英雄本色。

在"少年壮志，筑梦起航"篇，学生们提前绘制好"诗词志向卡"，通过《少年中国说》的齐诵，学生们明确了自己的责任，虽然是小学生，但"天下兴亡，匹夫有责"的古训要牢记心中，"人生自古谁无死，留取丹心照汗青"的爱国精神要融入血液，一声声"故今日之责任，不在他人，而全在我少年"在一颗颗拳拳报国心中久久回响。学生们通过这样一次活动树立起了远大的理想，在中国优秀传统文化的熏陶下形成了独特的民族情怀、家国情怀。

诚如国学大师季羡林教授所说："中华古诗文经典诵读工程，正在将文化的种子撒播在孩子的心里，撒播在希望的田野上，春华秋实，它的作用在不久的将来必会凸现，为这项工程所做的任何努力，都会使安放我们灵魂的精神家园更加美好。"具体到这次活动，是对之前"书香浸润诗韵悠扬"活动的阶段性总结与提升，又是同主题系列活动中承上启下的关键所在，旨在帮助学生梳理活动的过程，重温活动中的趣闻逸事，感受和体悟古诗词给予我们的精神上的愉悦感和成就感，进而体会到古诗词的独特魅力，激发学生热爱古诗词等中华优秀传统文化的情怀，鼓励学生向着更有品位和质量的学习、生活目标迈进。让诗韵陪伴成长，在书香的传承中成为中华民族的脊梁！

戴 欣

诵读《弟子规》——知规矩　懂礼节 〉〉〉〉〉〉〉

《弟子规》作为中国优秀传统文化书籍已流传了 300 年的时间，它列举了为人子弟在家、外出、求学和待人接物应有的礼仪和规范，曾经是启蒙养正，教育子弟敦伦尽分、防邪存诚、养成忠厚家风的传统读物。当今，诵读《弟子规》，并落实在生活当中，可以帮助少年儿童建立正确的价值观、养成良好的生活习惯、培养敦厚善良的心性，它对家庭的和谐、社会风气的净化，也有很大益处。可以说，《弟子规》具有强大的时代意义。学校一直坚持让学生从一年级就开始诵读《弟子规》，学习里面的规矩。选取《弟子规》，不仅因为它是中国优秀传统文化的精华，更是因为这本书指导学生做人的生活规范、待人礼仪和做事的规矩。

2014年5月30日，习总书记参加民族小学"六一"庆祝活动时，参观到立人书院时，他认真听了学生诵读《弟子规》和《少年中国说》。习总书记非常高兴，告诉同学们，你们就是要从小精神起来、抖擞起来。国家进步靠青出于蓝而胜于蓝。文化软实力是国家综合实力的重要体现，同学们要多背诵一些优秀古诗词，长大以后才能文思泉涌。①

得到习总书记的鼓励和肯定，我们将诵读《弟子规》的活动变得更为丰富，包括诵读、交流、展示等。

诵读——每天养成好习惯

学校把诵读传统文化优秀篇目作为一门必修课：每天早上7：40到7：50是学生们的诵读时间，一年级各个班级内的领读员采用轮换制，按照学号依次在讲台前带大家一起诵读。学生们都很期待和珍惜这个机会，轮到自己时都会早早到校，笔直地站在讲台前大声朗读。

其他学生在琅琅读书声中走进教室，也会迅速地坐到座位上大声读起来，几十个学生同一个声音，整齐而洪亮。入室即坐，入座即学，学生们在诵读声中开启一天的生活。

交流——在互动中学习

我们希望，学生们在交流中，相互教育，相互促进，更加深刻地领悟到其中的真谛。在一次交流会上，学生们结合自己的生活实际发表自己学习《弟子规》后的感想。

一位同学针对"勿厌故，勿喜新"说了自己的看法。他说，自己用东西时不能厌故喜新。比如，有一根签字笔，这根笔的笔芯用完后可以换根笔芯接着用。不要看到别的花样的，就把旧笔扔了，又去买支新的，这样很浪费。交朋友也是如此，不能有了新朋友就不理旧朋友了。既然都是诚心对待的朋友，为什么还要喜

① 《习近平参观北京海淀民族小学都说了啥》，http://politics. people. com. cn/n/2014/0530/c1001-25088468. html,2023-11-24。

新厌旧呢?

一位同学针对"借人物，及时还，后有急，借不难"说出了自己的理解。他说，一次，同班同学向另一个同学借东西，说好了第二天就会还回来。结果第二天却没有带，而借出物品的同学第二天还需要那个物品。借出物品的同学没有拿到需要的东西，非常着急，以后再也没有借东西给那位同学了。信任，就如一面镜子，一旦它被摔碎了，就算再拼到一起，也会有裂纹了。

在这热烈的讨论中，学生们相互成为小老师，在启发交流中懂得了很多做人、做事的道理，这些话也真正地入心入脑了。

展示——给每个学生一个机会

读书周、诗词朗诵会、校园小话剧等一系列活动，都融入了《弟子规》的诵读内容，朗诵、歌舞、配乐、表演……每个学生在活动中都有自己的任务。

排练的时候，学生不仅要排练好自己的内容，还要照顾整个节目的节奏，彼此互相照应，互相包容。有时在表演中需要演出服，学生们会主动把自己以前的服装借给其他同学。这样的展示活动，不仅树立了学生的自信心，也让同学之间的友情更加深厚了。

我们借助《弟子规》，不仅教学生们学会了书中做人、做事的道理，也让他们在诵读的活动中体验到：和谐、公正、诚信等社会主义核心价值观其实与我们的生活学习息息相关。古为今用，学习《弟子规》，让每个学生都成为知规矩、懂礼节的好少年。

"欲知平直，则必准绳；欲知方圆，则必规矩。"优秀传统文化是一个国家、一个民族传承和发展的根本，如果丢掉了，就割断了精神命脉。一个国家和民族如果丧失了根脉，丢掉了灵魂，就无法在世界上立足，何谈成长与壮大。在新时代，民族小学还将传承和弘扬中华优秀传统文化与涵养社会主义核心价值观、建设中国特色社会主义精神文明有机统一，紧密结合，不断参与铸就中华文化新辉煌。

任伟娜

创编童谣，唱响社会主义核心价值观 >>>>>>>

童谣，以其浅显易懂、语言活泼、富于音韵、饶有情趣的特点，最容易被少

年儿童接受、牢记并传唱。好的童谣能滋润少年儿童的心灵，帮助他们健康成长，通过传唱童谣，少年儿童既可以学到知识，又可以得到快乐，有利于他们思想品德和行为习惯的塑造与培养。因此，传唱童谣可以成为传播社会主义核心价值观的一种重要形式。

学校有一个"小诗人班"，从一年级开始就进行童谣创作，学生用笔将这些事情生动地记录下来。殷家乐结合同学们讲的一个个敬业的小故事串编成童谣，写道："敬业人士可真多：邮递叔叔王顺友，公交阿姨李素丽，掏粪工人时传祥……成为大家好榜样，长大我也要这样。"诸如这样朗朗上口的童谣举不胜举。在升旗仪式上，我们面向全校的老师、学生和家长，发布了征集原创歌唱社会主义核心价值观童谣的信息，学生们都跃跃欲试，老师和家长们也都积极行动不断投稿。我们陆续收到了几百首童谣，每一首都凝结着学生、家长和老师的心血。这些童谣从不同角度诠释了社会主义核心价值观的丰富内涵。经过评委们的不断讨论和艰难抉择，我们从中精心挑选出一百首童谣，编成童谣集。

姜欣雨同学的《生日树》写道："鸟儿叫，花儿俏，我的生日已来到。讲节约，要勤劳，不再宴请买蛋糕。爸爸忙，妈妈笑，帮我一起种树苗。"学生结合自己想要生日礼物这件小事，写出了对节约、对热爱劳动的深刻认识。这样的童谣多生动、多贴近学生的生活啊！

李瑜薪写道："和谐社会真是好，同学之间好朋友，哪个同学有困难，全班同学显身手。"短短的几行诗歌，就写出了班级同学之间深厚的友谊、和谐的氛围。

有了文字还不够，我们还缺少精美的小插图呢！我们贴出了由学生制作的海报，在全校招募小插画师，为童谣画插图。因为学生们只有读懂了童谣，感受到了其中所体现的精神，才能画出与童谣匹配的插图。学生们踊跃报名，这一百首童谣很快被小插画师们分别认领。他们仔细阅读，认真思考，精心描绘，只花了几天的工夫，整本书的精美插图就被创作出来了。一本精美的社会主义核心价值观童谣集就诞生了，我们将它命名为《快乐童心·七彩梦》。这本书包含了学生们对社会主义核心价值观的理解，也包含了他们一个个美好的梦想。学生们拿到这本童谣集时都爱不释手，因为这是他们自己创作的作品。校园里，时时传来学生们的琅琅诵读声，学生们将社会主义核心价值观的要求深深地记在了心里，并且践行到了自己的生活中去。社会主义核心价值观在儿童心灵中生根发芽，开花结果。

小童谣，大道理，开启生活大智慧；对于树苗般的儿童而言，传播人生正能量，奠定人生大基石，指引人生大航向！现在，民族小学的学生们个个彬彬有礼，受到社会各界人士的高度赞扬，我们感到无比的欣慰。民族小学的老师们用自己的学识、阅历、经验点燃学生对真、善、美的向往，使社会主义核心价值观润物细无声地浸润学生的心田、转化为日常行为，增强学生的价值判断能力、价值选择能力、价值塑造能力，把学生培养成为健康、文雅、灵气、阳光的少年儿童。让学生们绽放生活的芬芳！

杜景芝

社会主义核心价值观小宣传员 >>>>>>>

青少年阶段是世界观、人生观、价值观逐渐形成的关键时期，如果人生第一粒扣子扣错了，那么整个人生将会偏离正确的方向。民族小学希望学生们无论年龄大小，都能够主动承担学校、社会的责任，有担当的意识，他们不仅要学习和践行社会主义核心价值观，更应该成为随时随地宣传社会主义核心价值观的小宣传员。小宣传员在宣传、讲解的过程中，不仅自己再次受到教育，更是将社会主义核心价值观的种子播撒到每一个人的心中。所以，我们常常会在组织的各类活动中，招募并培训小宣传员、小志愿者。

学生们通过参与这些有意义的宣传活动，在社会中主动担当起了小宣传员的角色，他们借助各种途径宣传社会主义核心价值观，在人与人之间传递着正能量。与此同时，学生们在宣传中，也对社会主义核心价值观有了更加深入的认识，这都对他们的人生观、价值观的形成起到了重要的正向引领作用，还锻炼了语言表达及临场反应能力，增强了自信心。

学校来了客人和参观团，我们的小宣传员们就热情地引导客人们沿着参观、体验路线前行。走进校园首先映入眼帘的是影壁墙上欧阳中石先生亲笔题写的八字校训"和而不同，快乐成长"，小宣传员会给客人讲解道：这是我们学校的办学理念，学校努力为我们创建和谐的成长环境，尊重宽容不同；教育我们，面对他人要以博大的胸怀去包容欣赏，以积极阳光的心态感受成长中的快乐。当走到"习思堂"前时，他们会细致讲解"习思堂"的由来，2014年5月30日习总书记正是在这里向全国少年儿童提出了培育和践行社会主义核心价值观的十六字要求，我们牢记习总书记的嘱托与厚望，将此处命名为"习思堂"。小宣传员们不仅礼貌地进行指引，还热情、大方地介绍习总书记与师生共庆"六一"时的情景，让人感觉一句句教导犹在耳畔。古色古香的民族小学楹联匾额随处可见，有13处之多，小宣传员们每到一处都会耐心讲解楹联的出处及含义，学校这种把优秀传统文化与校园环境相得益彰的结合得到了客人们由衷的赞许。

别看他们年纪小，可工作起来像模像样，一本正经。炎热的夏天，他们的微笑和耐心讲解给客人们带来了丝丝凉风；寒冬时节，他们热情的问候和友善的引导让大家感到温暖。尤其是那些一二年级的小同学，奶声奶气的讲解、沉着的表现让人越发喜爱。他们传递给客人们的是民族小学的精气神，传递的是一份浓浓的爱校之情，一种暖洋洋的友善之举。

校园外，学生们也积极参与到志愿宣传的活动中。比如，电梯安全日到了，几十名小宣传员利用周末时间，进行安全文明乘坐电梯的宣传。在公园中、社区中，他们主动走向叔叔阿姨、爷爷奶奶进行宣传，并把自己学到的知识讲给大家听。小宣传员们通过模拟"牵宠物进轿厢""意外被困轿厢"突发状况等形式，为大家普及电梯安全知识及文明乘梯注意事项，讲解偶遇突发电梯故障情况时该如何正确处理；同时，纠正大家在日常生活中一些不良的乘梯习惯，并对电梯错误使用行为所产生的危险后果进行详细分析讲解。他们自信大方，表达清晰，人们在听完宣传后不禁竖起大拇哥，夸奖道："这些孩子真够棒的！小小年纪，满满正能量，能力真强！"

有的班级，由家长组织学生参与开展了很多宣传活动。比如，"世界红十字日"来临之际，志愿者组织学生们到红十字献血流动车前担任小宣传员，宣传献血、献爱心的意义，呼吁更多的市民加入无偿献血行列中，进一步弘扬了"人道、博爱、奉献"的红十字精神。小宣传员们的善举传递了正能量，引起了更多人的关注。

社会主义核心价值观从字面上来看离学生生活较遥远，怎样才能让学生们深刻地理解与领悟，怎样才能使其根植于学生们的内心世界，怎样才能使学生们在实际生活中外化于行？要从发现身边的小故事开始。班会课上教师会引导学生："同学们，在你们身边有哪些小故事能让你感动不已呢？"同学们纷纷举手讲述一个个感人的小故事。有的说真诚地向老师问好、与同学有礼貌地交谈；有的认为说话要算话，保证过的事情一定要做到；有的同学说好好学习，长大报效祖国；有的同学说老师们起早贪黑，辛苦批阅作业……就这样学生们讲述了身边很多感人的小故事。在师生的讲述与讨论中，学生们明白：真诚就是讲文明；说话算话就是讲诚信；努力学习报效祖国就是爱国；起早贪黑就是敬业……就这样，不知不觉中学生们了解了社会主义核心价值观的内容，还明白了社会主义核心价值观离我们并不遥远，对社会主义核心价值观有了初步的认识。

要想真正让学生们内化于心、外化于行，还要有不停的引导与实践。学校倡议学生们收集社会上反映社会主义核心价值观的小故事。很快，他们收集了很多催人奋进、感人泪下的小故事。每个人收集的故事都不一样，我们就把这些小故事装订成册，学生们互换故事集来阅读。每天午读他们都捧着自己收集的小故事手不释卷，读完之后还会分享。每天利用课前 5 分钟的学生发言时间，学生们有声有色地讲述关于社会主义核心价值观的小故事，讲完之后谈自己的感受以及对社会主义核心价值观的理解，他们从内心体会怎样做才是爱国、敬业、诚信、友善……并把故事的主人翁作为心中的榜样来学习，对社会主义核心价值观有了更深一层的认识。

学生们深刻地理解了社会主义核心价值观的内容后，慢慢明白：可以从一点一滴的小事做起，将自己理解的道理在生活中实践，做到知行合一。

任伟娜

第二章 心有榜样 见贤思齐
——"心有榜样"的教育思考与实践

　　心有榜样，就是要学习英雄人物、先进人物、美好事物，在学习中养成好的思想品德追求。我国历史上有很多少年英雄的故事，在中国共产党领导人民进行的革命、建设、改革事业中也涌现了大批少年英雄，他们中不少人的名字同学们可能都听说过。过去电影《红孩子》《小兵张嘎》《鸡毛信》《英雄小八路》《草原英雄小姐妹》等说的就是一些少年英雄的故事。今天，好儿童、好少年就更多了。你们学校也有被评为"最美少年"的。另外，各行各业都有很多值得我们学习的榜样，包括航天英雄、奥运冠军、大科学家、劳动模范、青年志愿者，还有那些助人为乐、见义勇为、诚实守信、敬业奉献、孝老爱亲的好人，等等。榜样的力量是无穷的。大家要把他们立为心中的标杆，向他们看齐，像他们那样追求美好的思想品德。这就是孔子讲的："见贤思齐焉，见不贤而内省也。"①

——习近平

一、学习英雄事迹 >>>>>>>

　　榜样是一个时代的象征，代表着美好事物和优良品质，代表着时代精神和核心价值取向。每个时代都会有一些榜样深深地留在人们的记忆中，成为一代人共同的精神财富。榜样的力量是无穷的，习总书记希望当代少年儿童能够以英雄榜样为标杆，向他们看齐，像他们那样追求美好的思想品德。

　　为落实习总书记提出的十六字要求，民族小学在各方面开展了实际行动。如何让一些距离当代孩子相对遥远的英雄人物成为学生心中的榜样，民族小学进行

---

　　① 习近平：《习近平谈治国理政（第一卷）》，182～183页，北京，外文出版社，2018。

了充分的理论学习和方法研究。

社会在发展，时代在进步，环境在改变，但英雄榜样身上所具有的精神品质是持久不变的，他们所展现出的价值是永恒的。他们有的用智慧和贤能点播开化，开启中华文明的先河；有的文韬武略、气壮山河，为了民族的存亡舍生取义；有的心系百姓疾苦，用鲜血和生命捍卫心中的理想；还有的用坚韧与担当为21世纪中国的腾飞插上翱翔的翅膀。这些美好的精神品质是值得一代代人追求效仿的。

2018年秋天，民族小学在自己的公众号上开展了百名榜样谱征集活动，调动学生、家长和老师们发掘和寻找心目中的中华榜样，把他们的行动和精神推荐给大家。征集一发出，学生们就开始了行动：查阅书籍、上网搜索。收集资料的过程同时也是学生们了解英雄榜样的事迹、学习榜样身上优秀品质的过程。各个班级还为此开展了一堂堂班队会，让每个学生都上台讲一讲自己推荐的榜样故事，大家一起分享、共同学习，学生们在推荐的过程中再一次学习榜样先烈们追求卓越、无私奉献的精神，这些高尚的精神品质深深触动了学生们的心灵，在他们心中播下了一粒粒正直、勇敢、有担当的种子。

通过辅导员、少先队员、家长群策群力进行征集工作，一封封榜样推荐信纷至沓来，学校掀起了学榜样做榜样的热潮。在国家召开的庆祝改革开放40周年大会中被表彰的100位改革先锋，其中有30余位被民族小学推举入榜样谱中。后来学校与中国教科院合作，把百名榜样征集稿作为"中小学培育和践行社会主义核心价值观丛书"中的一本出版发行，这本书既是纪念习总书记来校五周年活动的献礼，更是记录民族小学践行社会主义核心价值观的重要一笔！

民族小学开展了众多活动让学生们了解民族英雄的事迹：2014年9月30日少先队员代表参加了为人民英雄纪念碑献花的活动，缅怀英烈；学校利用社会资源，找寻到少数民族抗日英雄马本斋的后代，在学校挂牌组织成立了马本斋中队，纪念抗日民族英雄马本斋；学生排演话剧《英雄王二小》，以形象生动的形式向小观众们演绎了放牛娃王二小舍生取义的故事。观剧的学生全情投入，心情跟着剧情的发展跌宕起伏，当看到王二小被杀害后，很多学生流下了伤心的泪水。在纪念中国人民抗日战争暨世界反法西斯战争胜利70周年之际，民族小学开展了"缅怀历史 纪念英烈"主题党团队员集体宣誓活动。除了学校层面的组织，各中队也利用班队会或者周一升旗仪式开展了不同形式的缅怀英烈的主题教育活动。结合中国优秀传统文化进校园的契机，民族小学开展泥塑、面塑革命英雄人物的活动。

在动手制作作品前，学生充分了解英雄人物的事迹，做出的泥塑、面塑作品栩栩如生。当有客人到校参观时，小作者就化身为讲解员向来宾讲解自己制作的英雄人物背后的故事。这些丰富多彩的活动让学生走进英雄人物的世界，了解他们的生平事迹，学习他们的宝贵精神。

为了让学生们更多地了解英雄人物，民族小学特意在古诗考级读物改版时加入了很多歌颂英雄或伟人撰写的诗词，让学生们通过诗词走近他们，了解他们的故事，感受他们的胸怀胆量。因为我们深知，我们不仅仅是要培养能够背诵很多诗文的学生，更是要通过背诵了解诗文背后的故事，培养心胸宽广、站位高、格局大的社会主义接班人！

民族小学的榜样教育贯穿于学生道德养成教育的全过程。榜样教育不是空喊口号就能让学生感同身受而起到教育效果的，方法上要具有可操作性，时间上要具有连续性和持久性。学校提出"无处不德育"的理念，我们将榜样教育应用于各科教学之中，将具有学科特点、学科背景的榜样人物穿插于教学之中。例如，语文课上，在品读毛泽东诗词时，老师会介绍当时中国所处的时代背景以及毛泽东所面对的种种困难，带领学生感受在那种情况下毛泽东依然能够藐视强权，顶天立地带领中国人民走向解放的精神；科学课上，老师介绍"两弹元勋"邓稼先作为世界顶尖核物理学家放弃国外优厚的待遇报酬，义无反顾地投身于祖国的核物理事业中，不顾自身安危最终研究出中国自己的核武器的事迹；等等。

榜样，给予人精神的力量，激发正能量。民族小学将继续对学生进行榜样教育，传承榜样精神，引导学生成为有担当、有想法、有作为的好少年，在榜样的引领下健康成长！

杨　慧

心有榜样，从小做起——民族小学百名中华榜样征集活动 >>>>>>>

为了配合学校开展"百名榜样谱——民族小学中华榜样征集活动"，杨老师在班里组织了一次以"心有榜样 从小做起"为主题的班会。小铭同学也积极参与其中，可他思来想去，实在不知道选择谁作为自己心目中的榜样。杨老师了解情况后，便细心指导他："你长大了想成为什么样的人呢？"这个问题可难不倒小铭，他信心十足地回答道："我想成为一名军人。平时，爸爸和我喜欢去玩真人射击游戏，每当穿上一身迷彩服，我觉得自己帅极了！"听着小铭的回答，杨老师发觉他虽然在心中树立了正确的榜样，可并没有真真实实地挖掘到榜样的精神内核。

于是，杨老师顺势提议道："既然你想成为一名军人，何不找一位军人叔叔作为自己的榜样呢？"小铭若有所思，频频点头。看来这个建议得到了他的认同，杨老师立刻拿来电脑，把近期的一则新闻展示给小铭看："云南省麻栗坡县老山西侧坝子雷场，山高坡陡，灌木丛生，本是个风景秀丽的地方，却处处游荡着死亡的幽灵。10月11日，杜富国在扫雷行动中发现一枚加重手榴弹，他立即让同组战友艾岩退后，独自上前查明情况。突然，一声巨响，手榴弹爆炸了，杜富国下意识地向艾岩方向一侧身，挡住了爆炸后的冲击波和弹片。艾岩得救了，他自己却失去了双手、双眼。"①

小铭默默地看着电脑屏幕良久，问道："老师，杜富国今年多大啊？""他是1991年出生的，今年27岁。"小铭听了，一下子从椅子上站起来："才27岁！他是怎么做到的！"杨老师语重心长地说："孩子，我们中国军人与生俱来就有一种责任感和使命感。他们从艰苦的环境中走来，一日从军，终身是兵。在他们身上绽放着的是比常人更加顽强刚毅的意志和品格，更加坚韧和挺拔的身躯，更加值得我们敬重和学习的精神。你虽然年纪小，但也应学习这种军人精神，因为你们是祖国的希望！"老师的一番话让小铭心中充满力量，他牢牢记住了"杜富国"这个名字，下定决心把这位中国军人作为自己心目中的榜样。

为了更好地了解杜富国的感人事迹，当晚小铭就借来了爸爸的笔记本电脑。夜深了，他一个人坐在书桌前，一字一句地读着网络上的相关新闻报道。他时而按下暂停键，记录自己读后的心得；时而看着视频，默默地思考。十分钟过去了，二十分钟过去了……一小时过去了，小铭没有感到丝毫的疲惫，心中反而燃起了一团热火：我要好好准备，把杜富国的感人故事讲给班里的每一位同学，我要成为像他一样的勇敢无畏、舍身忘我的中国人！

第二天一早，小铭不经妈妈的催促早早地起床了。他无比激动，因为今天是班会召开的日子！午读过后，班会课如期而至。当主持人问大家想把谁推介为心中榜样时，小铭高高地举起手，目光坚定地走向讲台，开始了自己的发言："老师

① 《"你后退，让我来！"》，http://cpc.people.com.cn/n1/2018/1125/c64104-30419938.html，2023-11-24。

们、同学们，大家好！我推荐的榜样是中国军人——杜富国，云南扫雷大队的一名战士。2018年10月11日下午，在人工搜索排雷时，作为作业组组长，他让同组的战士后退，自己来做进一步处理。作业过程中，手榴弹突然爆炸，他被炸掉双手，双眼的眼球也被摘除。在杜富国的身上，我看到了一名中国军人保家卫国、勇敢无畏的精神，感受到了男儿当自强的英雄气概。虽然我的年纪小，但他的事迹已经深深地打动了我，他是我学习的榜样！请大家和我一起看一段视频……"

看着看着，小铭的泪水不禁流了下来，他再也抑制不住内心的感动："同学们，我们生活在幸福的和平年代，没经历过苦难，没见过军人们艰苦的生活。这两天，我每天都在收集班会所需的资料，越来越深地了解到中国军人的坚毅与不屈。以前的我不知道集体的重要，也不懂得男儿当自强的道理，现在我下决心要改变自己。希望同学们监督我！"话音刚落，班里响起了雷鸣般的掌声，同学们纷纷被小铭的发言激励。

班会后，小铭主动找到班主任杨老师承担了"收发作业小组长"的工作，从此，每天都可以看到他认真收发作业的身影。不仅如此，他在家里还主动帮爸爸妈妈干洗衣服、擦地等力所能及的家务活。"榜样"一词已不再是空洞的称谓，而是扎扎实实地根植在他的心中。学校得知这次班会活动成功开展，还特意搭建平台给予2015级1班一次承担升旗仪式的机会，组织全校学生学习我国不同时期涌现出的革命英雄、道德模范、先进人物，学习他们的先进事迹和思想精神，使学生们沐浴榜样的光辉，传承榜样的精神，在榜样的引领下健康成长。

杨　奕

崇尚英雄，做社会主义接班人——2013级4班升旗仪式侧记 >>>>>>>

"老师，咱们学校正在组织百名榜样谱征集的活动，我和爸爸妈妈都参与了，昨天晚上我们在网上查到了好多人物，我最喜欢袁隆平。我想下下周咱班的升旗仪式就讲讲袁隆平爷爷吧。""老师，我这几天也在看英雄人物的文章，我看到一个叫林俊德的爷爷，研究火箭的，但是现在已去世了，我看着材料都哭了，我爸爸也冒眼泪花儿了呢！""谁叫林俊德？""不知道啊……嘿，你知道吗？""我也不知道哇——"同学们开始小声地相互议论起来……这是2013级4班一次班级讨论会的现场。这次讨论会的议题有两个：第一是谈谈自己参加学校开展的百名榜样谱征集活动的情况；第二是确定两周后2013级4班升旗仪式的主题。

班主任赵老师在充分了解了学生的自主学习情况后决定：第一，继续查找有关英雄榜样的材料，了解人物事迹，了解他们的精神品质；第二，升旗仪式主题定为学习中华民族英雄人物精神，具体的内容由班主任先琢磨出一个方案，第二天午间的时候，再集体提意见讨论修改。

无数英雄先烈是我们民族的脊梁，是我们不断开拓前进的勇气和力量所在。我们要记住他们，我们还要知道为什么要记住他们，更要知道向他们学习什么。社会主义核心价值观在学校教育中要施以浓墨重彩，教师要发挥教育智慧在学生的心底刻下深深的印痕。学生正处于打底色的年纪，对他们思想的塑造会影响他们一生的发展，进而影响国家下一代中坚力量的主流意识。立德树人是教育的核心任务，也是教师的光荣职责。教会学生学习是重点，教会学生做人是关键，教会学生成为未来社会的合格公民是核心。

第二天的午间班会讨论很顺利，同学们很快推选出主持人，敲定了2013级4班的升旗仪式方案(表2-1)。

表2-1 2013级4班升旗仪式方案

环节	时长(分钟)	参与人及负责内容	PPT制作	总负责
一、开场：主持人介绍本次主题活动"赞英雄 学榜样 做有理想、有担当的接班人"	4	主持人：赵翔(男)，尹宣文(女) 快板串场：王新笛	赵老师	赵老师
二、古往今来，谈谈"我心中的英雄"	10+4	(一)学生部分，现场形式 1. 唐仲旭：谈谭嗣同 2. 张博月：谈周恩来 3. 凯文：谈袁隆平 4. 胡荣、李雨：谈杨利伟 5. 曾曦、段文：谈林俊德 (二)家长部分，视频形式 1. 宋骐爸爸：谈钱学森 2. 曾倩倩爸爸：谈邓稼先 3. 胡景妈妈：谈收获和希望	学生自己制作，赵老师最后组合调整	

环节	时长（分钟）	参与人及负责内容	PPT制作	总负责
三、结合实际谈成长和收获	3＋3	1. 小榜样陶姝谈成长和收获 2. 小榜样朱筱谈理想和行动	学生本人	
四、升华：集体诗朗诵《中国梦，英雄的梦》	3～4	全班同学诗朗诵《中国梦，英雄的梦》	王新笛妈妈	

在讨论主持人的环节出现了一个小插曲。当同学们对推选出来的主持人进行举手表决时，王新笛同学提出了意见。他似乎鼓起了很大的勇气，举起了重似百斤的手臂："老师，我想提个建议——"全班同学都被这突如其来的声音吸引过去，几十双眼睛盯在他的身上，王新笛马上表现得更加不自然。班主任赵老师看到这样的情景，鼓励他："没关系，继续说下去。"老师又强调："老师特别欣赏你的勇气，大家都要向新笛学习，有不同意见就要勇敢地表达。习总书记到咱们学校来，号召全国青少年都要学习社会主义核心价值观，大家一起背一下——"全班特别齐地高声唱诵起来："富强，民主，文明，和谐，自由，平等，公正，法治，爱国，敬业，诚信，友善。"声音响彻教室，传到窗外。"对啊，"赵老师继续说道，"班级讨论就是这样啊，民主、文明、平等、自由，这样的讨论非常好！新笛继续说下去！"王新笛同学挺起了胸膛，清了清嗓子，继续说道："我同意这两个主持人，但是我也想做主持人，我会打快板，我妈妈会写串词，您看看能不能把我用上！"赵老师随后说道："这是很好的建议，我与大队部负责老师沟通一下，晚上给你和你妈妈回复。"

就像马校长经常说的一样，教育学生学习优秀的品质，不能只采用灌输的形式，那些抽象的词语要经过实践才能内化。要在学生日常生活中去切切实实地做，做得多了学生自然就会具备那些品质，然后再回头反思就能更好地理解那些品质的内涵。民主、文明、平等、自由这样的词语，在学校日常生活中处处得以体现，学生自然从小学就植入了这些观念。

新笛如愿地参与了主持。当天，新笛身穿长衫，手打快板，有板有眼地唱道：哎——槐树下，金风爽，红领巾迎着国旗长。六(4)班，心气扬，要谈谈中华的好儿郎。国庆节，刚刚过，心中豪气正激荡。学生谈，家长讲，交流碰撞见思想。成就大，品德高，谈一谈——人民的英雄有担当，有担当！

当学生们讲到用鲜血唤醒沉睡的中国人的谭嗣同、睿智而朴素的周总理、中国太空第一人杨利伟、深入农田劳作的杂交水稻之父袁隆平的时候，现场所有人都被深深触动。当大屏幕上放映当代英雄——爆炸力学与核武器试验工程领域著名专家林俊德，尤其是林俊德在生命垂危的时刻坚持要坐着工作，并说"不敢躺，躺下就起不来了"的时候，好多师生看到他以一直冲锋的姿态跨越了生死交界潸然泪下，会场非常肃静，那一刻所有人的精神世界都在接受着洗礼。爸爸妈妈的视频更是让孩子们知道祖国大家庭的每一个成员，对待英雄心中永远都要感恩和敬佩，这些英雄是真正的祖国脊梁。

升旗仪式的最后环节，班上所有学生共同上台表演诗朗诵《中国梦，英雄的梦》，宏大的音乐背景中，诗朗诵震撼收场，全场响起了热烈的掌声。马校长激动不已，与同学们合影，同学们高兴极了。

经过刻苦排练和精雕细琢，2013级4班的升旗仪式严肃认真，形式生动活泼，博得了老师们、同学们的一致好评。当天，恰遇来自广东省教育系统的领导和骨干教师来校参观，他们纷纷表示这样的升旗仪式非常震撼，让人感动、振奋、鼓舞。

赵小波

学英雄事迹、走英雄道路、做英雄传人——在马本斋中队中成长 >>>>>>>

民族团结教育是民族小学育人工作中的重要部分。学生们在了解少数民族文化的时候，发现少数民族中也有很多名人："人民艺术家"老舍和书法家启功是满族人，明朝七次下西洋的郑和是回族人，舞蹈演员杨丽萍是白族人……其中，回族英雄马本斋引起了学生们的兴趣。抗日战争期间，马本斋骁勇善战，带领回民支队痛击日寇，取得赫赫战功，令日军闻风丧胆，是中国人民的骄傲，这令学生们敬佩不已。

学校抓住这个教育契机，在各级领导的帮助下，利用社会资源，找寻到抗日

好学生就该做栋梁

英雄马本斋的后代马国超将军，在民族小学组织成立了马本斋中队。后经大队委员会研究，决定将"马本斋中队"这个光荣称号授予当年在各方面表现优秀的六(1)中队(2010年入学)。就这样，民族小学有了这支以英雄命名的特殊中队，引领学生们学英雄事迹、走英雄道路、做英雄传人。

六(1)中队的学生们在辅导员的带领下开展了一系列主题队会活动。升旗仪式上听党员老师讲述英雄马本斋的故事，利用课余时间师生共同观看电影《回民支队》加深对英雄事迹的了解。放学后，学生们把这一天了解的英雄事迹讲给家人听，与全家人共同感受民族精神的伟大力量。

学校还为马本斋中队安排了一系列校本课程。语文课诵英雄、数学课讲英雄、音乐课唱英雄、美术课画英雄、实践课塑英雄……队员们通过诗歌、文字、绘画、绘本等方式纪念马本斋爷爷，深入学习英雄气概，表达对英雄的怀念与敬意。

一系列的活动使队员们不仅知道英雄怎样做，而且知道英雄为什么会这样做，更知道我该怎样做。队员们把学习英雄落实在行动上，学习英雄从小事做起，爱老师、爱同学、爱红领巾，自觉做好每一件事，把对英雄的敬仰之情逐步转化成刻苦学习报效祖国的巨大动力。

李　琳

不畏艰难，勇于探索——蛟龙号"载人深潜英雄"杨波的一堂互动课 >>>>>>>

"敢上九天揽月，敢下五洋捉鳖"，近年来我国航天和深海潜水技术都取得了突破性的进展，为祖国和全人类做出了宝贵的贡献。"载人深潜英雄"蛟龙号下潜实验员杨波参与了蛟龙号全部冲击新深度的下潜试验，共计40多次，最大下潜深度7020米。杨波叔叔被请到了民族小学，为学生们讲述自己的经历。

杨波叔叔坚毅地说："没有人生来就是强者，所有的成功都需要汗水的堆砌。2009年，蛟龙号载人潜水器开始1000米级海试，那是我首次出海，要挑战的第一个困难就是晕船，那是一次让我刻骨铭心的经历。海面上风浪很大，我一连躺了七天，每天只能吃一包方便面，最终靠自己顽强的意志战胜了困难，出色完成了下潜任务。……作为蛟龙号载人潜水器声学系统主任设计师，为了实现潜水器在水下的通信、定位、导航、探测、测绘以及目标搜寻等功能，每次下潜任务都要顶着狂风巨浪，忍受着剧烈摇晃和颠簸。……2016年年底，我在攀爬深海勇士号载人潜水器直梯时，不慎右脚脚踝软骨骨折，医院给我开出手术住院单，但是我克服了脚踝肿痛，继续在一线全力拼搏，一次次实现突破，1000米、3000米、5000米、7000米。蛟龙号每一次冲击新深度，我都是探路者之一。"在杨波叔叔讲述这些惊心动魄的经历时，民族小学的学生们神情专注，目不转睛地盯着他，他们被杨波叔叔不畏艰险、坚持不懈的精神所折服。

一分耕耘，才有一分收获。杨波叔叔告诉同学们，自己永远不会忘记，2012年6月24日，北京时间9时7分，蛟龙号成功下潜到马里亚纳海沟7020米深度，创造了我国载人深潜的新纪录。更令人振奋的是，在潜水器载人舱中，他通过水声通信系统从7000米海底向神舟九号航天员送去祝福，祝福神舟九号与天宫一号对接顺利，祝福我国载人航天、载人深潜事业取得辉煌成就。

"为了表彰我们团队为中国水声事业所做的贡献，2013年5月，我们7名蛟龙号载人潜水器潜航员获得党中央、国务院授予的'载人深潜英雄'称号，蛟龙号载人潜水器7000米级海试团队被授予'载人深潜英雄集体'称号……"礼堂响起了雷鸣般的掌声。

通过杨波叔叔的讲述，一幅幅激动人心的画面呈现在学生们面前，大家深深体会到了我国深海潜水科研人员的艰辛，被像杨波叔叔一样的人的坚持不懈、不畏艰难和勇于探索的爱国精神所震撼。

听完杨波叔叔的故事，民族小学的学生们纷纷表示要以杨叔叔为榜样：离家再远也不迟到，功课再多也要去锻炼，任务繁忙也要练琴，学习再累也要练习书法……不管在学习中，还是在生活中都要发扬杨叔叔那种不畏困难、勇于探索的精神，时时刻刻丰富自己的科学文化知识，立志长大后也为祖国和全人类做出自己的贡献。

杜景芝

临危受命，家国情怀——向挺身逆行的抗疫英雄学习 >>>>>>>

说起抗疫英雄，大家至今也忘不了这感人一幕：2020年2月，有关新冠疫情的坏消息和阴沉的天气直把人压得透不过气来，电视播放着国家首批援鄂抗疫医疗队员即将奔赴武汉的新闻采访，面对未知的病毒，队员们的壮举让人数次落泪。他们是一群无所畏惧的勇士，不顾个人生命危险冲到前线，给寒冷的冬日带来光明和希望。突然，镜头定格在一位美丽的白衣天使脸上，口罩也遮不住她眼眸中闪亮的光芒，她一次次回头，眼里分明是对家人的不舍与牵挂。这位"最美逆行者"就是宝骥同学的妈妈马骏！原来，抗疫英雄就在身边啊！可让人忧心的是，妈妈支援武汉，小宝骥能接受吗？

一说起宝骥，那个乖巧的小男生仿佛就在眼前。他是个性格内向、不善言辞，还有点儿爱哭鼻子的孩子。平时在班里，如果他犯了错，还没等批评，他那忽闪忽闪的大眼睛立马噙满泪花，批评就得变成安慰，也让人有些无奈。这个柔弱的小男孩，从来没有离开过妈妈，他真的能行吗？

在这场没有硝烟的战争中，没有人能当旁观者。马校长得知情况后，特地嘱咐班主任老师要关注孩子、守护后方，让宝骥妈妈安心在前线工作。班主任马上联系学科老师为他定制了专属微信群，鼓励他克服困难，像英雄妈妈一样坚强勇敢。老师们一有空就和宝骥视频聊天，关心他的生活和学习情况。视频通话另一端的宝骥，虽然仍是那个稍显腼腆的孩子，但每次聊到妈妈就眼睛放光，能感受得到他在为妈妈骄傲、自豪！

妈妈不在身边的 70 多个日夜里，在学校、老师和同学们的鼓励关心下，曾经略显脆弱的小宝骥也在悄然变化。宝骥除了自己主动学习外，还开始尝试着帮助爷爷奶奶做力所能及的家务，变得越来越自信和坚强了。原先那个爱哭的小男孩，已经成长为有责任、有担当的小小男子汉。妈妈不顾安危、舍小家为大家的精神，已经在他幼小的心里留下了深深的烙印。

病毒肆虐，正是对学生们进行爱国主义教育和榜样教育的最好时机。班级号召同学们以白衣天使马骏阿姨为榜样，学会担当、懂得感恩，长大了为祖国做贡献。同时嘱咐大家减少外出活动，注意卫生保护好自己，用读书、练字、做运动、帮家长做力所能及的家务劳动等有意义的形式"宅"在家里，和祖国共同渡过难关。

武汉抗疫进入关键时期，身在前线的宝骥妈妈，百忙之中挤出时间写日记，记录这段难忘时光的点点滴滴。为了让学生们了解马骏阿姨和一线战"疫"的情况，班主任常常有选择地在班级分享这些文字，同学们时而为马骏阿姨的身体不适焦急，时而为她成功抢救危重病人欢呼雀跃，小小日记变成连接英雄阿姨和同学们的纽带。

通过身边英雄的亲身经历，学生们终于懂得，哪有什么岁月静好，不过是逆行的白衣天使们，用自己的知识、用自己的生命构筑生命之坝，守护人民的安全。班级还组织了"与马阿姨在线过元宵""给宝骥同学过生日"等班级活动，一张张绘画作品、一行行文字、一句句问候和祝福，略显稚嫩却满含真情，有同学们对马骏阿姨的牵挂和对前线医务人员的崇高敬意，也有他们对祖国、对武汉的美好祝愿。马骏阿姨也会从武汉一线发来照片和视频鼓励同学们。同学们与马骏阿姨的心贴得更近了，感受到了抗疫英雄们为祖国、为人民无私奉献的大爱。

学生们在向榜样学习的过程中一点一点成长。元韬同学读了马骏阿姨的抗疫日记以后，特地给班主任打电话，稚嫩的声音在班主任耳边回荡："马阿姨在武汉怎么样？""阿姨回来了吗？"要知道，平日在班里，他可是大家眼中经常违反纪律的调皮孩子。每次被老师批评他都是一脸的无所谓，好像说的不是他；他对班级的事也漠不关心。现在的他也知道关心别人了，榜样的力量真大啊！

"停课不停学"的日子里，元韬积极参加班级线上活动，还把自己居家期间的收获跟大家分享。当得知湖北崇新司法鉴定中心刘良法医团队急需防疫物资时，元韬主动拿出自己的压岁钱跟同学们一起购买了医用防护服，让前线的工作者在齐备的防护条件下安心开展工作，他们用实际行动贡献力量。在收到来自武汉刘教授的感谢信后，元韬激动不已，对生命的价值有了更深刻的认识，立志长大以后也要成为一名救死扶伤的医生。

一次次爱心传递活动让同学们感受到温暖，也让他们懂得了珍惜和感恩。班主任还给学生们写信，讲述身边默默奉献的英雄事迹。信中写道："孩子们，病毒流行尚未结束，我们身边还有许多人在默默地付出，保安叔叔们每天在小区门口测量体温，保障我们的安全；保洁阿姨们每天消毒，保障我们的健康；医护人员和解放军战士不顾个人安危，奋斗在一线……我们班明洋的妈妈赵阿姨、宝骥的爸爸陈叔叔是医生，他们一直坚守在北京的一线治病救人；涵玉的爸爸都叔叔是一名军人，一直在部队值勤，保障着大家的安全；力中的妈妈马阿姨也是军人，她参与了北斗卫星导航系统的技术工作，为火神山、雷神山医院的建设提供了精准定位，保障了无人机的空中巡逻，引导了应急物资运输车及时抵达……用科技在守护我们。他们不能回家和家人团聚，默默地做着贡献……"学生们读信后都不

由得思考：我长大后要成为什么样的人？

我们也欣喜地看到，英雄的精神激励着班里其他学生，在"抗击病毒我们在行动""停课不停学，成长不延期""在春天里共同成长""致敬英雄"等班级活动中，大家积极展示自己学习、锻炼、读书、写字、劳动等丰富的居家生活，班级公众号33篇文章见证了学生们的成长。逆行的白衣天使是他们眼中最美的形象；"武汉加油，中国加油"是他们心中最想喊出的声音；"勤洗手、戴口罩"是他们最好的习惯；保护野生动物是他们最想做出的承诺……学生们用自己的方式表达最简单、最真挚的爱国之情。海淀教育和学校公众号也多次报道了班级的活动。班级正能量满满，家校携手，引领学生成长。

正如马校长所言，面对时情，要引导学生珍爱生命、关心社会、明辨是非，帮助他们树立正确的世界观、人生观、价值观，培养深厚的家国情怀。在这段特殊时期，班主任更要做好学生温暖的守护者，引导他们向身边榜样学习，引领他们在学习榜样的过程中有思考、有感悟、有行动，用爱在学生幼小的心中点亮一盏懂得责任、担当、敬畏的心灯，为国家培养更多栋梁之材。

曲慧妍

二、感受师长精神 　>>>>>>>

民族小学很多校友和家长朋友们都是社会各行各业的佼佼者，他们爱岗敬业、一心报效祖国，他们就是我们身边的榜样。学校从寻找学生身边的榜样开始，邀请他们来学校宣讲自己的故事，在学生心中树立了学习的榜样，在学校形成了向榜样学习致敬的良好氛围。

追梦蓝天的人——王自发叔叔的故事 >>>>>>>

在民族小学有一位特别受小朋友欢迎的家长，他是热心参加学校活动、知识渊博的王叔叔，他参与了 2008 年北京奥运会、2014 年亚太经合组织领导人非正式会议、抗战胜利 70 周年阅兵、"一带一路"国际合作高峰论坛等国家重大活动的空气质量保障工作。他就是中国科学院大气物理研究所研究员王自发叔叔——一位为科研工作默默奉献，用坚守和拼搏诠释共产党员的责任与担当的"蓝天捍卫者"。

从民族小学北望，就能看到健德门桥西南方向有一座高高的铁塔。这是中国科学院大气物理研究所实时获取风速、气温、湿度及通量等各类数据的检测平台，它为研究城市大气污染和大气边界层气象提供支撑。王自发叔叔的团队就在这里工作。

1972年，中国科学院大气物理研究所建议国家建一座300米以上的气象塔，以便找到造成边界层中气象和污染的变化规律。王叔叔也在这一年出生，父母给他取名"自发"，盼望他"自强自立，奋发有为"。他们不会想到，自己的期待竟印证在北京城里一座正在兴建、他们却一无所知的铁塔上。

1979年，325米高的气象塔建成使用。同年，王叔叔的家乡太湖县遭遇了罕见的干旱天气，久不下雨。大人们发现家附近从不断流的山泉溪水见了底，整日紧锁眉头，隔三岔五就要翻山越岭四处找水。7岁的王自发小小的心中开始琢磨一个问题："这天气到底是怎么了？"

10年后，17岁的王自发参加高考，填报志愿时，南京气象学院（2004年更名为南京信息工程大学）的简介吸引了他："可以接触卫星、气象雷达等高科技，学习洞察风云的本领。"幼时的疑惑终于有了探究的可能，王自发果断填报，并顺利被录取到大气探测专业。大学毕业后，他考入中国科学院大气物理研究所，成为大气物理学与大气环境专业的研究生。

1993年的秋天，王叔叔进京求学。直到现在，他还清晰地记得，那天的北京碧空如洗，车一出德胜门，就见一座铁塔高耸入云……"冥冥之中，我感觉那座铁塔在召唤着我。"王叔叔说。

2002年，王叔叔毅然放弃国外高薪工作，回国入职中国科学院大气物理研究所。当时，北京已经成功申奥，正下大力气治理空气污染问题。环保部门当时是用"统计"概念进行空气质量预报，比如多少风速时曾经出现过怎样的空气质量，从而得出一个未来的空气质量概率，但这套方法预报时效短、准确率低，北京奥运会期间这样预报空气质量肯定不行。由于国情、气象条件、污染排放均不相同，国外已有的空气质量预报系统也并不适合中国。如何观测，如何预报？直到北京奥运会召开的前一年，国际奥委会还设想由国外团队来主导奥运会赛期空气质量的预报，这大大伤害了中国大气环境科研工作者的自尊。

时年36岁的王自发叔叔力排众议，牵头挑起了"北京空气质量模型预警预报"这个担子。他的头脑中只有一个信念：中国的事情要由中国人独立承担！

王叔叔想到在日本做科研时，曾用到套网格的概念：地域上以水平距离、空间高度为尺度划分网格，大的区域用粗网格，城市用细网格，收集每一个空间网格在每一个时间点的天气情况、污染排放情况，抽丝剥茧形成数据，然后纳入统一的计算机大平台进行计算预报分析。由此构建嵌套网格空气质量预报模式系统，既可计算污染物大范围的传输，又可考虑复杂气象、地形以及局地排放，还可以节省计算机资源。

构想有了，接下来就是一次又一次枯燥地观测、计算、分析……王自发叔叔和他的团队，在铁塔上密集安装了各类观测仪器，他们守在铁塔之下的实验室中，夜以继日地分析海量数据，验证系统预报质量……

2008年8月8日晚8时，夜空如幕，烟花璀璨。北京奥运会盛大开幕。当时，王叔叔站在距离鸟巢不远的气象塔下。他身后的实验室里，凝结了他和团队6年多心血的北京市空气质量多模式集合预报系统正在高速运行，汇总各项观测数据自动运算，未来72小时内北京各区域的空气质量预报逐一显现。

北京奥运会期间，北京市空气质量多模式集合预报系统每日发布预报信息，准确率90%以上。此后不久，王自发叔叔在欧洲西班牙马德里气候论坛上介绍了这套系统。欧洲气候论坛主席高度赞誉王自发团队自主研发的系统，并将此作为欧洲气候论坛近两年的重要推广项目。

北京奥运会后，王叔叔的团队将目光锁定在灰霾等细颗粒物污染问题上，他们创新地将嵌套网格空气质量预报模式与国外多套空气质量预报系统进行改进与整合，组建了覆盖全国的空气质量多模式集成预报系统。该系统每天都在收集全球气象观测数据，优化参数、进行污染溯源和追踪，从而准确判断气象条件是否有利于污染生成和传输，实现空气质量7天精准预报和10天趋势预测，为空气重污染过程研判、防控、预警及应急响应提供了重要的技术支撑。

目前，京津冀、长三角等地大部分地区都在应用这套系统。通过精准预报，中国的大气重污染预报预警系统在世界上处于领先水平。

王自发叔叔及团队近20年的心血，如今已在全国各地的"蓝天成绩单"上显现。2019年，首次全年未出现严重污染日，北京空气中细颗粒物（PM2.5）年平均浓度值为每立方米42微克，创历史新低，北京空气质量达标天数达240天！王自发叔叔并没有说大话，因为蓝天的确多了起来！中国科技工作者为国家、为人民打赢蓝天保卫战做出了重大贡献。

王叔叔愿意把自己贡献给蓝天，他也愿意到学校把自己的力量传递给民小少年。在工作之余，他利用自己的专业知识给民族小学的老师、同学们开展讲座，大家为科技工作者强烈的责任感和使命感而感动；还和社团同学们一起搭建了三座简易气象台，通过采集大气中的数据，带领爱好科技的同学们探索自然的奥秘，真可谓是：

> 空气检测设备安装，亲自忙。
>
> 科技社团指导研究，亲手帮。
>
> 家长讲堂蓝天知识，幽默讲。
>
> 孩童积极探索自然，靠力量。

今天，这些在显微镜前观察的好奇少年，未来也许就是中国新一辈的科技工作者，那时，他们一定会记得在孩童时代为他们打开科学大门的榜样——王叔叔。

杜景芝

用感恩的心去创作，让想象力展翅高飞——知名校友"童话大王"郑渊洁重返母校 >>>>>>>

感恩和想象力，是"童话大王"郑渊洁最常对同学们说起的优秀品质，这也体现在他的每一部作品中。郑渊洁说："教师节最有意义的事是去看望启蒙老师。"他还曾回到母校参加开学典礼，为同学们讲述自己成长的故事。他说正是启蒙老师的鼓励滋养了他的自尊和想象力，使他最终成为一名作家，成为大家喜爱的"童话大王"。

"1962年，我就在咱们民族小学读书，二年级的时候，班主任赵俐布置了'我长大了干什么'的半命题作文，当同学们都在写渴望成为科学家或者艺术家时，我却写下了题目为《我长大当掏粪工》的作文。"讲到这里台下哄堂大笑。他继续说道："当年同学们也是这样笑我的，但让我没有想到的是，作文不仅得到了赵俐老师的

好学生就该做栋梁

大力表扬，还被推荐到学校的《优秀作文选》上刊登。我也因此在全班同学面前走上讲台，领取了人生的第一份奖品——两份民族小学作文校刊。"

"那一刻到现在回忆起来还历历在目，当时我就觉得在这个世界上我的文章写得最好。"他几度哽咽地说，"赵老师对我日后的写作起到了决定性的影响，我的想象力得到了鼓励和释放，对写作越来越有兴趣。"

"'文化大革命'发生时，我正读小学四年级，只能随父母到河南农村'五七干校'生活，无奈结束了自己的小学生活。现在很多人依然不敢相信我的最高学历只是小学四年级，但正是启蒙老师保护激发了我的想象力和好奇心，使我备受鼓舞，我才最终走上写作的道路，走向了成功，有了现在被大家喜爱的'童话大王'。"话音刚落，郑渊洁转身和赵俐老师紧紧拥抱在一起。

"时至今日，我仍然十分感激赵老师给予我的鼓励，为我从事童话创作播下了一颗快乐的种子。每年教师节我都会去看望赵老师，赵老师都会紧紧握住我的手说：'每一年我都等着你。'今天我不仅看望我的老师，还想告诉你们：多读书，培养自己的学习兴趣，像我们校训说的那样，做最好的我，在我最好的方面。"

他还深情地说："我们每个人都要感恩父母，我坚持每日为母亲洗脚，陪父母吃饭，陪父母散步。《童话大王》刚刚创刊时，我用钢笔写作，最怕写在兴头上钢笔没有墨水，中断了灵感，有一段时间我奇怪为什么钢笔里总是有写不完的墨水，后来我才发现原来是父亲每天深夜里悄悄地为钢笔灌墨水。父母的爱让我有了源源不断的创作动力，我也要把自己感恩的爱回馈给父母。"

健康的爱是相互的，不是单向的，郑渊洁对父母、对母校、对恩师的爱，为民族小学的学生们树立了榜样。他的感恩之心、他的成长经历和教育理念激励了很多学生。他还把自己的写作心得与大家分享，鼓励更多热爱写作的学生大胆创作。很多同学展开想象的翅膀，对写作充满兴趣，学校中不断涌现出一位又一位小作家，他们把自己编写的童话故事书、诗歌集，与大家分享。给少年儿童树立一个健康向上的榜样会生成神奇的力量！

这些成就的背后，是杨波、王自发、郑渊洁的默默的付出、辛勤的汗水；是他们对自己热衷的事业始终坚持不懈，保持着一颗恒心。他们讲述各自人生中的学习历程，并将那些艰难奋进、不怕吃苦的精神传递给学生。学生在学习中树立榜样，向他们看齐，向榜样学习的热情在学生中传递，使学生终身受益。

杜景芝

2020年春节前后，突如其来的新冠疫情席卷全国。武汉告急！湖北告急！一场没有硝烟的战争就此全面打响：一位位白衣天使写下请战书，冲锋在前；一大批科研工作者争分夺秒，分析病理，研制疫苗；人民解放军闻令而动，攻坚克难；无数平凡人挺身而出，从四面八方驰援武汉，火神山医院、雷神山医院以"中国速度"拔地而起……其间涌现出来的英雄成为师生学习的榜样，学生们在这场与病毒抗争的战役中成长。

我的骄傲——战"疫"中的妈妈 >>>>>>>

2015级8班小馨的妈妈李大夫在北京大学第三医院感染疾病科工作，从事感染专业17年，致力于感染性疾病诊治的临床、教学和科研工作，长期工作在临床一线。2020年新冠病毒袭来，李大夫一直奋战在抗击病毒的第一线，担负着艰巨的诊疗任务，为实现早诊断、早隔离、早治疗努力着，为保卫首都北京做着自己应该做的事情。她是孩子的骄傲，是所有人的骄傲。

从妈妈接到值守一线的任务以来，小馨连续多天没有见到妈妈。她给妈妈写了一封信，倾吐了对妈妈的牵挂和思念之情。

亲爱的妈妈：

您好！恐惧、疾病肆无忌惮地蔓延着，天空阴云密布，大街上只有零零星星几个行人。口罩，已经供不应求。新型冠状病毒正在迅速传播着，已致九千多人感染，两百多人死亡。这一组令人心惊胆战的数字不禁让我惊讶地瞪大了眼睛。

为了消除人们的痛苦，您也参加到了抗击病毒的一线战斗当中。新年到了，当"全家人"坐在餐桌前吃着年夜饭，围在电视机前看春晚时，您还在自己的岗位上默默付出。提笔写信时，我与您已经八天没有见面了，我非常想念您。

听说，在2003年的那次同样可怕的SARS病毒暴发时，您还没有从医学院毕业，所以没出上力，但您特别敬佩您的那些老师以及师兄师姐们，所以您和爸爸说您要向他们学习，全力投入这次和新型冠状病毒的战斗中。我们计划好的春节旅行，您也在春节前早早就让爸爸把所有机票都退掉了。

妈妈，我知道病人们在这个时候更需要您，我和爸爸都支持您，为您自豪。但我也非常担心您，爸爸说这个病毒和SARS病毒一样可以人传人，听说SARS

病毒肆虐的时候有很多医护人员都被感染了，我好担心您也会感染新型冠状病毒，所以您一定要做好防护。我多希望您能早日打赢这场战争，患者们都能健康出院，这样我和爸爸就再也不用担心您了。您也不用担心我哦，我会听爸爸的话照顾好自己的，妈妈加油！

小 馨

2020 年 1 月 31 日

李大夫接到女儿的信激动不已，女儿温暖的话语消除了几天来彻夜工作的疲惫。她利用休息时间，拿起手机，给女儿录制了一段视频。

小馨：

你好！我看了你写的信，特别感动。这封信我发给了你的朋友丫丫，她现在是"教育圆桌"小记者，正在征集当下的感人故事。如果能发表，也是一种纪念。

我在医院很安全，工作也很充实。这里的工作区和生活区都做了优化。今天的工作环境更好了，休息区更整洁了，面积也更大了。肝炎诊室被改成了茶室，还贴着温馨的语句"您辛苦了，快坐下歇一歇吧！"你不用担心妈妈。我们现在的防控工作做得严密而周到，病人可以得到有效治疗，都在向好的方向发展。

妈妈还要表扬你，妈妈不在你身边的日子，你能照顾好自己的学习和生活。希望你继续保持，等待妈妈抗"疫"工作结束回家与你团聚。加油，小馨！

虽是春节期间，母女却不能团聚，只能凭借手机互道思念之情。

一天，李大夫值白班接诊了一例感染新冠病毒的患者，这已经是她经手的第 6 例确诊病例了。下午，李大夫又遇到两个患者属于疑似病例。一个病例是父母从武汉来京探亲，一个病例是航空公司当值航班的乘客。李大夫要把他们的个人信息和多日的行踪都写清楚，希望可以减少疾控人员的工作量。做好相关工作后，李大夫把他俩分别送到二楼进行专家组会诊，专家组最后把两名疑似患者留院观察了。春节过后，到医院就诊的患者比春节前少了很多，但这时候来的患者都需要高度重视，一线大夫的请示也比往常多了一些。每次当班，李大夫都是科室里的主心骨，工作紧张且忙碌。一个个梳理病情，有的安排进一步检查，有的请其他科室会诊；遇到病情危重的患者，就要以最快的速度排查完，赶紧送到急诊抢救室。医护工作者为了节约防护服，连水都不敢喝，工作非常辛苦。后来，有了内科同事的支援，工作强度比原来降了不少，而且各种流程更顺畅了，抗疫工作迈上新的台阶。

李大夫在抗疫一线的坚守牵动了身边人的心。小馨的班主任赵老师，以及班级的同学、家长都在关心着李大夫。班级微信群中经常会有大家关心、慰问李大夫的话语。小泽妈妈说："小馨妈妈，您辛苦了，请做好防护，期待您早日回家团聚。"小宇妈妈说："小馨妈妈，您的敬业精神让人感动。祝您工作顺利，一切顺利！"……一句句感人的话语温暖人心，让小馨妈妈又充满了力量，全情投入救护之中。小馨给妈妈的信不仅在教育圆桌公众号发表了，还在孩子班级公众号"童音八班"上发表了，浏览数每日攀升。关于李大夫和同事们事迹的新闻稿《感染科医生的一天》也在北医三院的公众号上发表了。每天总能收到同事、亲友、同学、老患者们的祝福，让李大夫感觉工作虽然辛苦，但心是暖的。

2020年5月初，抗疫工作稳定下来，李大夫与班主任赵老师联系，想为班里的孩子讲讲病毒，增强孩子的防护意识。提议很快受到班主任老师、家长和同学的积极响应。5月25日晚8：30，李大夫带着对班级同学的大爱，带着对病毒传染研究的执着，走进了2015级8班的腾讯家长讲堂，全班同学如约而至，无一缺席。同学们在课堂上与李大夫积极互动，畅谈感受，在医学知识的盛宴上充实自己。

2020年，不平凡的开始。在抗击新冠疫情的战斗中，"天使"们白衣当甲，逆旅出征。那忙碌的身影，陪伴着患者从黑夜直到天亮，用细致温柔的医疗护理，让无数人看到希望。是他们用坚守的信念，践行着医护精神，夜以继日，从未停歇。李大夫的医护故事一直在续写，她就是大家心目中的白衣天使。榜样的力量是无穷的，小馨和班里的同学们早已把李大夫视为心中的榜样，要像她那样有自己的职业追求，争做有爱心、有进取心、有正义感的新时代美德少年。

"教育的本质是一棵树摇动另一棵树，一朵云推动另一朵云，一个灵魂召唤另一个灵魂。"榜样，就是那一棵树，那一朵云，那一个灵魂。他们用自己的大爱、智慧与坚毅，为学生的成长铺就一条条星光大道。

赵喜辉

办一所让人看得起的学校——自强坚韧的马万成校长 >>>>>>>

《国家中长期教育改革和发展规划纲要（2010—2020年）》提出："鼓励教师和校

长在实践中大胆探索，创新教育思想、教育模式和教学方法，形成教学特色和办学风格，造就出一批教育家，倡导教育家办学。"民族小学就有这样一位充满教育理想和人文情怀的教育工作者——马万成校长。

民族小学建校于 1890 年，距今已有 130 年的悠久历史，但谁能想到如今具有优美教学环境和浓厚文化底蕴的民族小学也曾有衰落的低谷时期呢？20 世纪 90 年代末的马甸小学（民族小学前身）为了创收出租校舍，学校里到处私搭乱建，校园破败不堪。这所学校是附近居民眼中的"破学校"，人们不愿把孩子送来读书。

在危急存亡之际，马校长受命来学校主持大局。他看着那时的学校，感慨万千，立下志愿："我要办一所让人看得起的学校！"在接下来的日子里，他不断朝着这个目标努力，腾退租户，清理校舍，寻求教委部门政策和资金上的支持，改善校园硬件条件；引进专业教师，提高学校教学质量，创设特色课程，提高学校软实力……经历了十几场官司、几十次"打架"，付出了近百万元的赔偿，还有几百万元的欠款，伴随着数不清的喜怒哀乐、说不尽的绝望与希望，记不清多少个不眠的夜晚，马校长带领学校走上了一条正确却充满艰辛的道路。

2003 年，马校长为了改变学校破旧、混乱的状态，开始清理学校周围的租户。学校关闭了周围多个出租的商店、饭馆，把破烂的围墙改成了通透、漂亮的铁艺围墙。除此之外，学校还需要完成装修楼宇、建设食堂等多项基础设施建设，当时最大的困难是缺乏建设资金，学校已经欠着施工方上百万元。民族小学的发展，怎样才能得到有力的资金支持？这些实际问题让马校长发愁。

有一天，《北京晚报》上的一则新闻吸引了马校长的目光，"北京市每年为市民办六十件实事……在教育方面将要为二百所学校改善办学条件"。在马校长眼中，报纸上的这则消息就像黑暗中的一丝亮光，他要紧紧地抓住。他马上写了一份建设学校食堂需要上级资金支持的申请报告。第二天一早马校长就直奔海淀区教委，他把在报纸上看到的消息向主管领导汇报了一遍，然后郑重地递上了学校的申请报告。没多久，马校长就接到了海淀区教委的电话，资金批下来了，而且比预期的还要多！电话那端，领导徐徐地说："教委对你们的报告很重视，想把学校建成海淀区唯一的民族小学，后期还将投入更多的资金来支持学校的建设……"

就这样，在海淀区教委领导的扶持下，在马校长不懈努力中，校园干净了、漂亮了，更增添了自然的味道、孩子的味道、教育的味道。学校的管理变了，校园的文化变了，学生的课程变了，学生的社团变了，家长也变了。最主要的，也是最根本的是学生变了：学校从最初的 12 个班，410 名学生，到如今的 53 个班，2000 多名学生；校园中再也看不见"像小黑球一样"的学生了，取而代之的是阳光、自信、见多识广、彬彬有礼、多才多艺、充满朝气和活力的学生。学校里的老师无一不佩服马校长的长远眼光和抓住机会的魄力，决心要在马校长的带领下成就一番大作为。

2004 年 12 月 2 日，海淀区教委正式决定将马甸小学更名为海淀区民族小学，学校成为海淀民族教育的"独生子"。办好"民族"小学，对马校长来说又是一次新的挑战。一方面，学校联系北京市民委，走访了北京市的各种民族学校交流、取经；另一方面，学校也请市区民委的领导来为学校的干部教师普及民族政策法规，探求民族学校应该怎样开展民族团结教育活动。马校长决心开创一条属于民族小学的具有民族风格之路。

民族小学原址是藏传佛教寺庙——黑寺，马校长在丰富的石碑石刻遗存的基础上，运用代表中华民族传统建筑风格的雕梁画栋，并将民族风格融入学校的会议室吊顶、建筑墙面，以及四合院和学校的整体设计中，与校园中石碑上的古朴文字、建筑上的楹联匾额相得益彰，学校里流动着浓厚的中华文化气息。

每年春天，马校长都要和校工们在校园里植树种花。校园里种上了葫芦、丝瓜、葡萄、竹子、紫藤、海棠、石榴等植物，绿化好学校的每一寸土地。慢慢地，学校变成了一所花园式校园，观鱼、萝亭、慧园、葡廊体现着人与自然的亲近与和谐。

全校开设了多个社团，书法、乐诵经典、国学、文字、诗歌、茶艺、国画、武术、舞狮、陶艺、面塑、脸谱、风筝制作、颖拓、民乐等社团成就了现今民族小学的模样。每个走进学校的人，都能感受到浓郁的民族气息。民族小学将民族团结教育融入文化教育之中，形成了独有的文化——"三气精神"：学习中华传统文化，蕴底气；知晓少数民族文化，铸和气；了解世界多元文化，成大气。

马校长狠抓教学不放松，他常常和老师们说："要把有意义的事做得有意思。"在这个思想的引导下，学校开始了不断探索。学校组织老师组编了《乐诵经典》校本教材，内含古诗、古词、经典古文，已经从 1.0 版本进化到 3.0 版本。语文老师把经典诵读变成一个"通关游戏"。游戏规定学生每背诵 40 首诗，即可过一关，

如果能一年过多关就可获得奖励。这大大增加了背古诗的趣味性，有些学生甚至一个月就过了高年级的关。学生们怀着玩游戏的心情背古诗，快快乐乐地背诵中国经典的诗词，很多低年级的学生已经会背诵上千首古诗，真令家长老师刮目相看！自古诗文考级后，数学、英语、科学等多个学科都创设了考级制度。学生们在愉快的学习氛围中牢牢掌握了知识。在海淀区七年级检测中，民族小学送出的学生多年来学业水平和非学业水平都稳居第一象限，远高于区平均线！

2014年"六一"前夕，习总书记视察了民族小学，对学校给予了充分的肯定。2016年，学校入选了海淀教育系统的"新优质学校建设工程"项目，成为百姓心目中的优质学校；同年，学校获得全国优秀大队中队等多项国家级殊荣，学校办学成果获得社会各界赞誉，民族小学这所百年老校得以传承和延续……在马校长的带领下，民族小学大踏步前进！他为民族小学献出自己的青春和心血，缔造出学校从弱到强，从衰败到腾飞的神话。他的坚持、坚韧、坚守的精神催人奋进，激励着一代又一代的民小人。

李　琳

一颗星点亮一片星空——为明星教师点赞 >>>>>>>

在民族小学，每年教师节前夕，都会评选明星教师。"学生喜欢、家长满意、同行佩服、领导赏识、自我认同"，就是这样的一批批师德高尚、爱岗敬业的优秀教师，发挥引领、示范的作用，成为老师、学生们的楷模，用榜样的力量照亮民族小学的每一处角落。

低年级的"教育专家"——李颖老师

民族小学的明星教师中，有这样一颗"星"：她扎根教育二十余年，严中有爱，脚踏实地，在平凡的教育工作中，做出了不平凡的成绩。她就是低年级班主任——李颖老师。李老师长时间任教低年级，因此经验丰富，有了自己一套独到的班级管理方法。她对班级严格管理，对学生严中有爱。什么样的班级在李老师手中，都被带成"榜样班""模范班"。她教的学生们永远那么讲规矩、懂自律、爱读书。她究竟怎么会有这么大的魔力呢？

李老师管理细致，带班严格。有一年，她新接了一个一年级班，学生们活泼好动，个性鲜明，普遍缺乏规则意识，男生有攻击性的较多，女生任性的比较多。由于家庭教育出现问题，这个班出现了一种怪象：在一周的七天里，周一至周五是习惯教育日，周六周日是习惯回归原点日。尤其是一个寒假回来，全班的习惯又回到入学初。李老师没有抱怨，她知道教育没有捷径可走，李老师用她所有的时间跟着学生。科任课、午休、书法或阅读时间……她随时观察学生、发现问题。李老师跟自己班的学生上科任课时，坐在后面仔细观察着每一个学生：哪些学生整节课都在认真听讲，哪些学生后半节课坐不住了，哪些学生做小动作了，哪些学生走神了，哪些学生坐姿端正，哪些学生举手发言了……甚至连做小动作和举手发言的次数都关注了。课后，李老师拿着一张记录得密密麻麻的 A4 纸在班级进行总结，表扬认真听讲的学生；对于纪律出现问题的个别学生，让他们自己找出原因，然后回忆老师提出的要求，想出自己改进的办法，教育学生及时改正。对于重复犯同一个错误的学生，李老师会提出批评、讲清道理、不断提醒、反复练习，并联系家长配合。这一切，为的就是给一年级才入学的学生树立规则意识，让他们懂得在学校里要守纪律，在公共场合要懂规矩。经过一个学期，她所带的班有了很大的变化——学生会自我管理了，班级稳定了，学业也进步了。

李老师做事麻利，干净利索。每天放学后，学校都要集中一部分学生参加 530 托管班，可收拾书包、换教室、认识值班老师这些事对一年级的学生来说可是比登天还难的事。尤其是放学，拖拖拉拉总也不能按时离校。再看李老师呢，每到她值班，她总是一脚门里、一脚门外站在班门口，时而在门外接待其他班的托管同学，时而在门里为已经到的同学点名安排座位，事情被李老师安排得有条不紊；放学时，李老师提前发通知让家长排队按顺序接孩子，孩子们在校门口看到家长举手示意，走到家长面前与老师道别；放学工作两三分钟就全部完成，家长也不住啧啧称赞。

李老师以身作则，言传身教。每日早读，李老师都是早早进到班里，她的学生也按时到校，大声朗读；每日上操，李老师都是第一个带班进到场地，她的学生也安静有序，站姿挺拔；每日午读，李老师再忙也专时专用，带头看书，她的学生也能坐姿端正，认真阅读……李老师总是用自己的言行潜移默化影响着每一个学生。

好学生就该做栋梁

李老师特别注重学生的习惯培养。每接一个班，为了培养学生们良好的行为习惯、卫生习惯、学习习惯，都会经历"教方法—扶一程—放手练—成习惯"的过程。李老师很早就实行了班级管理项目负责制。在班级设立卫生、纪律、体育锻炼、读书等项目负责人，并设立项目小组组长，制定了检查、评比、奖励的标准和方法，对各级负责学生进行培训指导。通过他们的榜样示范、监督检查，在提升学生能力的同时，实现了学生的自主管理。每当看到学生的优点、班级进步，李老师比谁都高兴，她经常对学生们说"李老师真为你骄傲"！

李老师为人师表，严中有爱，像妈妈一样细心地呵护着孩子们。冬天到了，天气渐渐寒冷起来，想到学生们喝的酸奶冰凉冰凉的，李老师总会提前一节课把酸奶一盒一盒地放在暖气上，这样等学生们中午喝的时候就是温的。家长们都说：孩子们能遇到这样一位好老师，真的是他们的福气！

李颖老师热爱着这份教育事业，所带班级多次被评为市区级优秀班集体，本人也被评为海淀区"四有教师"、海淀区教育系统"三八"红旗手等。面对成绩，她自己却只有一句话：平平淡淡做人，踏踏实实教书。

李 琳

🪂 民乐团的"灵魂人物"——赵志敏老师

提起民族小学馨星民乐团，那可是学校里名副其实的金牌社团，社团成员 300 多人，连续三年获得北京市中小学艺术节金奖，并多次代表学校远赴其他国家参与演出，是令专家交口称赞的北京市一流的乐团。可在十多年前，民族小学可以说是艺术的荒漠，没有一个学生会演奏乐器，更没有一个学生艺术社团，校长老师看在眼里，急在心中。那时，他们心中萌生了一个想法，克服困难办一个属于学校的音乐社团。

2007 年，学校任命青年教师赵志敏负责民乐团。乐团成立的前一天，马校长语重心长地和她说："志敏，看看周围学校，各个学生社团像雨后春笋一样，有的更是被评上了金帆艺术团，而我们却什么都没有，现在我们也做一个像样的社团给大家看看，民族小学不比别人差！"当时只有二十几岁的赵老师热血沸腾，郑重地点点头。从此她开始了和乐团的专家、学生、家长在荒漠中努力跋涉，砥砺前行，这一走就是十余年。

建团初期，一穷二白，乐团还是个只有三十多人的吹打乐团，学生们基础薄弱，只能演奏《小星星》这样的简单作品，无法参加展演比赛；训练更是困难重重，吹打乐训练时声音很大，周围居民忍受不了，到学校来理论，打电话投诉；学校教室紧张，乐团见缝插针，哪里有教室他们就搬到哪里，曾经一学期换过五六个训练厅；更有家长觉得训练耽误学习而纷纷退团，人员流失严重。乐团举步维艰，一个个难题接踵而至，赵老师咬紧牙关不言放弃，坚持走下去。

在这样的坚持下，乐团迎来了第一次演出机会——在学区晚会上演奏儿歌《两只老虎》。但那次演出并没有取得好的效果。那一刻，赵老师决心打破单一的吹打演奏模式，增加弦乐和弹拨类乐器，提高乐团级别，为乐团寻找新的出路。

带着这样一个目标，乐团开始了新的征程。从那一刻开始到2011年，赵老师从没有休过寒暑假，连"五一""十一"的长假都带着学生在集训。哪怕怀孕期间，她依旧站在指挥台上，为提高学生们演奏水平忙碌着。训练结束后，她还会带着作品去拜访专家，请求他们提出宝贵意见。管理乐团的这些年，晚上九十点钟回家是常态。高强度、快节奏的训练工作，让赵老师一干起活来就什么都忘了，什么都顾不上了，乐团的专家叫她"地主婆"，学校老师叫她"赵疯子"，她大有"不疯魔不成活"的架势。

在学生眼中，赵老师虽然可亲可敬，但是较起真儿来还有些令人害怕。为了一个不和谐的乐段，她会和谱曲专家沟通，进行合理修改，也会与声部老师商量，指导学生们练了再练，直到演奏出优美的旋律。她还注重在细节中育人，要求学生们把自己的物品随时整理干净，摆放整洁；教给学生们外出观看演出的礼仪；与学生们谈心，告诉他们如何处理个人与团队的矛盾；教育学生们心怀感恩，努力学习……她还是个极负责的负责人，对乐团里的每一个学生都了如指掌，那些调皮的小捣蛋鬼都和她成了朋友，愿意听她的话。

在家长眼中，赵老师是无话不谈的朋友、伙伴，她不只是关注学生的专业提升，还主动帮助家长筹划孩子未来的发展，学生考级、升学的事，她都放在心上。很多家长在孩子毕业升入中学以后，只要得知乐团有演出，还都要跑回来继续做志愿服务。用家长的话讲："我们舍不得在民乐团六年培养出的这份情谊，更心疼赵老师啊！"

时光飞逝，经过十余年的努力，现在民族小学的馨星民乐团已经由吹打乐团

好学生就该做栋梁

成功转型为全编制民族管弦乐团，拥有演出团学生 150 人，预备队学生 170 人，并在北京市中小学民乐演奏艺术舞台上占有一席之地，连续三年获得北京市艺术节器乐合奏及室内乐金奖，当年的小赵老师也获得优秀指导奖及优秀指挥奖，2015 年被评为海淀区中小学优秀艺术辅导教师。同时，乐团也走出国门，一次次与著名指挥家合作、与艺术名家同台，参与国际演出及交流活动。乐团的精彩演出赢得了民乐大师的赞扬，他们多次用"震撼、完美"来形容这支乐团。

辉煌成绩的背后是不为人知的辛酸。在家人眼中，赵老师是一个指不上的媳妇儿和不靠谱的妈妈。2016 年，赵老师的孩子要上小学了，家人婉拒了民族小学给教师子女提供的入学机会，而是把孩子送到了家附近的一所小学。家人觉得她的心都给了乐团、给了学校，孩子如果在学校会增加她的负担、影响她的工作。每当赵老师看到其他孩子欢快地徜徉在校园里，享受着这么美的环境、这么多的资源，想到自己的孩子却不能，心中不免生出一丝丝歉疚。

有人说："爱自己的孩子是人，爱别人的孩子是神。"赵老师就是这样一位心中装着几百个别人的孩子的"神"。问她还有什么要求，对未来有什么打算，她真诚地说："作为学生们的音乐老师，他们每一步的成长和蜕变都能令我快乐，从中我能感受到极大的满足。今后乐团要走的路还很长很长，我要学习的也还有很多，我要和学生们、老师们一起成长！"赵老师十余年来的无私付出、澎湃激情、坚韧担当都汇聚成"向着目标永不停歇，面对困难锲而不舍"的民小精神。

李　琳

春风化雨的"引路者"——邢立刚老师

民族小学足球社团是学校知名度很高的王牌社团，该社团实力强大，多年来获得了北京市中小学足球联赛男子乙组冠军、海淀区三大球男甲亚军等诸多荣誉，葡萄牙足球运动员 C 罗也到校与学生们开展足球游戏。社团关注队员们的发展，每年积极向足球特色初中及各级各类足球运动队输送人才，多名队员从民族小学毕业后走上了专业学习之路。最重要的是，社团训练不仅提高了每一位成员的球技，增加了他们对足球知识的了解，同时更使他们享受到了快乐，是他们健全人格、锤炼意志的大课堂。

刚刚参加足球社团时的小罗，年纪小、脾气大，做事冲动、任性、毛躁，经常与人发生矛盾，一不顺心就大吵大闹，任谁也拿他没办法。这不，在球赛中，他又"爆炸"了！

"嘟！"随着教练邢老师的一声哨响，如火如荼的比赛不得不停止了。

"小罗，住手！你在干什么?"邢老师拉住了和队员扭打在一起的小罗。

"邢老师，刚才小罗向我传了一个特别不好接的球，我没接到，球被对方带走了。小罗突然向我扑过来，还骂我笨接不住球。"小伙伴一边用手抹着眼泪一边委屈地回答。

邢老师了解了事情的经过，安排好场上的比赛。再看小罗，他仍呼呼地喘着粗气，满脸通红，小胸脯不住地起伏，像一只发怒的小牛。邢老师把他带到了操场的一旁，同他边散步放松身体边聊天。

"你刚才打队友了?"邢老师边走边问。

"哼，谁让他接不到球！"说起这事，小罗咬牙切齿。

"那他是故意放你球的?"邢老师接着问。

"那不管，就是他踢得臭！要是他接到了，哪会让对方截球? 哪会让对方得分！我再也不想和他一队了！"小罗蛮横地狡辩着。

邢老师了解小罗的个性，并没有把这件事当成一次简单的小孩子打架闹矛盾，而是耐心地拿出了场外录像，视频中小罗传的球角度偏、离小伙伴的距离又远，虽然小伙伴拼命朝球跑，但还是半路被对手截走了。

有图有真相，面对这个事实，小罗像个泄了气的皮球，一句话也说不出来了。

"足球是个对队员要求很高的体育项目，队员不仅要有勇敢拼搏的精神，更要不断提高自己的准确度和全队的配合度。这靠的不只是热情，还有艰苦科学的训练，这样才能成为一名好的球员。"邢老师的话一字字地落在了小罗的心上，小罗认真地点了点头。

比赛结束了，邢老师并没有离开，而是陪着小罗在操场上一个球一个球地练习。小罗发球，邢老师接球，凭经验找出小罗发球角度和力度的不足，不断练习，慢慢改进。三九寒冬的傍晚，气温已经降至零摄氏度，不停奔跑的足球训练特别累，邢老师训练完大汗淋漓，他没顾得上换衣服，用毛巾擦了把脸后就送小罗放学。见到了小罗爸爸，邢老师没提球赛小罗闹脾气的事，而是表扬小罗练习很有进步。

好学生就该做栋梁

小罗心中羞愧不已，他回望邢老师的背影，泪水不禁模糊了眼睛。"老师的衣服上的汗水怕是结冰了，他一定很难受吧?"小罗心中感动，暗暗加油，一定要努力练好球，给邢老师争光。

酷暑中挥汗如雨，寒冬中顽强拼搏。在邢老师的带领下，小罗的球技有了很大的进步，更重要的是，他再也不是爱闹脾气的毛头小子，而是学会沉稳理智地面对问题了。在海淀区男子足球赛中，小罗担任前锋，中锋把球传给他，小罗独自一人面对对方的守门员和一个后卫。他是该射门还是过人? 小罗迅速地进行分析，做出判断：射门有两个人防守，进球率只有30%，如果过人后射门进球率可以增加两倍。于是小罗铆足了劲，按过人射门的方法过了后卫，猛地一提脚，足球带着风向对方的球门冲去。"进球了!"队友们兴奋地呼喊着，心中别提有多高兴。捧起心爱的奖杯那一刻，小罗心中激动不已，只想把它送给最爱的邢老师。

寒来暑往，冬去春来，邢老师迎接一个个刚刚加入球队的一年级小苗苗，又送走一批批进入理想中学的毕业生。不变的是，每天下午两小时雷打不动的球队训练时间。邢老师在绿茵场上巡视指导，忙个不停。他甘于平凡，却又不平凡，他用二十余年的教育经历诠释着一名小学教师的"春风化雨、爱岗敬业"。

以上仅仅是几位老师"星路"历程的点滴片段，在民族小学这个团队中这样的明星教师不胜枚举：

幽默风趣、恪尽职守的卢丹老师。

温婉坚韧、默默无闻的王晶书记。

谦虚好学、热情开朗的刘克老师。

…… ……

一位又一位的明星教师将点亮璀璨的星空……在这背后，是民族小学兼容并包、和而不同的办学理念所给予的无穷力量。用发展的眼光看待学生进步，用慈母般的爱呵护学生成长，用广博的眼界拓展教育宽度，这便是"星路"的根基。

李 琳

三、树立同伴榜样 >>>>>>>

榜样的力量是无穷的，树立榜样有助于学生树立正确的人生理想。民族小学开展了多种榜样教育活动，学校进行最美少年、民小榜样、感动民小的人和事、最高荣誉等多种评选，很多获奖学生学习成绩并非名列前茅，也不是班队干部，甚至不善言辞，但是每个人身上都有很多闪光点。他们有的将大孝至爱装在心中，用无言的行动践行着中华民族的传统美德；有的能够以大局为重将集体利益放在首位，放弃小我成就大我、舍己为人；有的能够自理自立，用自己的实际行动告诉我们"自己的事情自己做"，做家长的小帮手；有的是正能量的传递者，文明懂礼、自信好学、积极向上，将美好的东西通过快乐的方式传递出去……他们充分展现了民族小学的学生在恪守学生道德、信守家庭美德、遵守社会公德等方面表现出的良好精神风貌。

学校会为这些榜样少年举行颁奖典礼，并把他们的事迹通过校园广播、网站、校报、微信平台进行宣传，会通过海报和多媒体屏幕在校内随时进行宣传，还组成最美少年宣讲团，请他们把自己的事迹、自己的成长感悟生动地讲述出来。

这些荣誉会伴随着一个孩子的成长，给他注入无限的动力。这些阳光少年身上美好的品德好似一粒粒种子，他们在日常的学习生活中也充分发挥了示范带动作用，引导同学们崇德向善、见贤思齐，培养良好道德行为习惯，在全校形成学习美德、践行美德、弘扬美德的浓厚氛围。要让学生们懂得，践行社会主义核心价值观就是要从身边的小事做起、从小时候做起。自己虽小，但是可以通过传递正能量，发挥出巨大的能量，影响身边的同学，让大家一起朝着"做最好的我，在我最好的方面"不断前行。

最高荣誉奖——包罗万象的民乐团 >>>>>>>

为了表彰在市区比赛中取得优异成绩、为学校赢得荣誉或有巨大影响力的学生团体，经学校校务会研究决定，自2018年起设立团队"最高荣誉"奖项。希望全体同学学习优秀团队精益求精、追求卓越的品质。

民族小学馨星民乐团是首批获得"最高荣誉"的团队。这是民族小学的金牌社团，乐团成立的十余年内多次获得北京市中小学艺术节金奖，先后受邀参与国际文化交流活动，成为一批率先走出国门交流的小学民族乐团。

学生们参加乐团不只是为了弹好琴或者比赛获奖，更重要的是获得精神层面的成长。通过民乐团训练，学生学会了包容大度，学习了中华优秀传统文化的精髓，对于中国文化有了更多的认同，自觉自愿地成为一个传承优秀民族文化的小使者。乐团成员被熏陶出蕴底气、铸和气、成大气的独特的民小味道。

乐团学生的训练条件是独特而优越的。学校将民乐团看作开展民族音乐教育、推动优秀传统文化传承的重要窗口，在资金、政策层面都给予诸多保障——每年级专设两个民乐班，聘请国内顶级专家授课，无偿为学生提供乐器……马万成校长动情地说："孩子演奏好一首乐曲是很难的。学习的过程枯燥，他们要克服很多的困难，学校尽可能给孩子们搭建平台、创造展示的机会，激发他们学习的积极性，给予他们鼓励。"在这样优越的学习条件下，学生们在乐团这艘风帆张满、满载着祝愿的船上并肩前行。

乐团学生的情感是沉稳而细腻的。他们在乐团学到的不仅是技术，更是对作品的理解。每次学生们拿到新乐谱，并不急着学指法，而是先读谱，了解作品的内容，唱出蕴含其中的情感，激发内心的感受，再回过头来学习指法等技术层面的内容。学生们用乐器把作曲家心中的所想所感表达出来，通过演奏来体会音乐的情趣。专家称赞："民族小学民乐团演奏的不是单一的声音，而是有内容、有体会、有感情的音乐。"

乐团学生的学习是专业而高效的。他们除了从小接受民乐界顶级专家的启蒙授课外，每个演奏作品都是专家精心设计、多次打磨而成的。专家老师们经常一起讨论，推荐作品。不仅如此，由于市面上缺乏适合青少年演奏的民乐作品，乐团老师专程到作曲家家中约稿。为的就是让乐团队员接触到更丰富的音乐内容，展现更广阔的音乐世界。近几年，学校每年专门邀约作曲家根据乐团特色创作四五首作品，并在每年的专场音乐会上推出，这些"特供"作品大大提升了乐团的演奏水平。

乐团学生的学习氛围是严格而进取的。乐团现有 A、B、C 三个团 300 多人的梯队。B、C 团排练的作品相对较为简单，而进入 A 团的学生将能演奏更复杂的作品，能有更多机会代表学校演出、比赛。为鞭策队员，乐团每学期选拔一次，混编考核，每个队员都能参加进 A 团的选拔考试。在这样的机制下，每个队员都以进入 A 团为荣，他们勤学苦练，持之以恒。

乐团的教育作用是无声而又全面的。在训练中，队员们了解到优秀传统文化的内涵，增强文化的认知，学习古老东方智慧。乐团不仅培养了他们专业的音乐素养，还锻炼了他们的意志品格。马校长经常对学生们说："在民乐团，要建立协作精神、团队意识，能够克服各种困难，能够耐得住寂寞，能够有坚韧毅力，这样，将来无论做什么工作，都能做好。我们这里边可能会出现少数专业的音乐工作者、音乐人。更多的人将通过音乐，让生活更加多姿多彩，让未来的人生更加幸福、美好。"这是所有民乐团老师的心声，更是民族小学全人教育的核心理念。

小学不小，它是人一生学习成长的基础；乐团不简单，它是包罗万象的小世界。愿民族小学馨星民乐团，像温馨的家，带给学生温暖和感动，像夜空中的启明星一样照亮学生的人生。

李　琳

感动民小的人和事——孝顺的小睿 >>>>>>>

2011 级的孙昊辰同学是大家心目中的小榜样，他孝老爱亲的感人事迹令很多同学受到了激励，他用无言的行动践行着中华民族的传统美德。

2015 年 9 月，小睿背着书包跨进了民族小学的大门，妈妈陪着她徜徉在学校美丽的葡廊前，仔细看着橱窗里最美少年的照片，讲述着哥哥姐姐们感人的故事，给她留下最深印象的就是昊辰哥哥。他是一个普通的小男孩儿，虽然不善言辞，但他懂得百善孝为先。他的爷爷当时已经 80 多岁了，长年卧病在床。平日里父母是怎样照顾爷爷的，他都看在眼里，记在心中，并学着照顾爷爷，为父母分忧。从一年级开始，他每天早晨都给爷爷端洗脸水，帮爷爷洗脸洗手。每次爸爸妈妈做好饭菜，他都会抢着把饭菜端到爷爷房间，一口一口地喂爷爷吃饭。昊辰的叔叔家里还有两个重残的哥哥，生活不能自理。只要有时间，他就会跑到叔叔家去照顾哥哥，做些力所能及的事。

昊辰的故事就像流过心田的小溪，在小睿心中荡漾起阵阵涟漪。百善孝为先，昊辰的孝心和善良深深地感动着她。而小睿也没有想到，在几年后自己也因为孝亲被评为学校的最美少年，自己的照片和故事也会展示在葡廊的橱窗里，变成一粒小小的种子，在民族小学其他学生心里生根发芽。

小睿妈妈在 2019 年 6 月底的一个晚上突发脑出血，当时妈妈动也动不了，睁

好学生就该做栋梁

80

也睁不开眼，爸爸也没在家，妈妈就使劲儿叫熟睡中的小睿，她忽然听到妈妈的叫喊，迷迷瞪瞪的还不愿醒过来，直到妈妈的声音小到快听不见时，她才猛然清醒过来，看到妈妈的样子，她扑到妈妈身边，一边哭喊着一边摇晃着妈妈，希望她能好起来，但是妈妈的情况好像更加严重了。那时，小睿的内心被恐惧占满。当看到不断抽搐的妈妈，她强迫自己冷静下来拨打了120，然后又通知了几个离她家比较近的妈妈的朋友，等到大家把昏迷不醒的妈妈送到医院，小睿又通知舅舅和其他家人来医院帮忙安排妈妈的治疗和住院，虽然她看上去很冷静，但大家不知道的是，她的掌心快被自己的指甲掐出血了。为了不让妈妈担心，她自己去同学家住了一段时间，一直到考完期末测试。

妈妈在天坛医院住了整整一个月的院。那一个月中，小睿天天去医院照顾妈妈，她一直都记得妈妈脑出血那天晚上的情景，一直都记得当时自己内心的恐惧，她多害怕失去最爱她的妈妈呀！她在心中暗暗发誓，一定要做个孝顺长辈的好孩子，像昊辰哥哥那样去照顾家人，不再让妈妈为自己担心。

最让小睿感到温暖的是学校的老师们，那段时间老师们都特别照顾她，总跟小睿说，家里要是有困难或者学习方面有困难，就跟老师们说，老师们一定会尽全力帮忙。老师在班级里经常鼓励表扬她，在生活上也总是关心她。小睿好像突然长大了，懂事儿了，在妈妈住院期间，她不仅能自己照顾自己，还能主动帮助老师完成班级的很多事情，在期末时还考出了好成绩。

妈妈康复出院后，小睿终于松了口气。她再也不像之前那样任性了，家里的事儿，只要她能干的都替妈妈干了，最让妈妈欣慰的是她的学习，不管写作业还是复习，都不再需要妈妈操心了。更不用说生活上，她完全能自理了，不仅能照顾好自己，还能照顾妈妈，差不多一年的时间，每天晚上小睿都会给妈妈按摩，妈妈身上哪儿不舒服，小睿都会想办法减轻妈妈的痛苦。因为小睿暗自发过誓：一定做一个孝顺懂事的好孩子，不再让妈妈为我操心，要让这个家永远健康快乐！

民族小学像昊辰、小睿这样的学生还有很多，学校也正是因为树立了这样一批道德先进的典型，让全校学生学有榜样、行有楷模，才能在全校学生中形成知荣辱、树正气、促和谐的良好道德风尚。

陈　坤

图书管理小能手——负责任的小璟琦 >>>>>>>

民族小学关注学生的习惯养成教育，重视培养学生的志愿服务精神、社会参与意识和责任感。马校长希望每个学生不仅仅要管理好自己，还要怀有一颗火热的心去关心集体、帮助他人。在志愿劳动中体验劳动的快乐，在一点一滴的小事中懂得担当与责任，从小形成"人人为我，我为人人"的意识。

学校设立了红领巾志愿岗，每个学生可通过自主申报，自愿承担集体中人、事、物的管理任务。从一年级开始，每班就设有分餐员、黑板美容师、窗台管理员、节能小卫士、图书管理员、作业管理员、营养快递员、课前提醒员、桌椅小管家等几十个岗位。学生选择想要负责的一个岗位，佩戴工作标牌，坚持每天为大家服务。

民族小学是一个书香校园，学校为每个班级设立图书角，配备大量适合学生年龄段阅读的图书。从二年级起，小璟琦就承担了班级的图书管理员的工作。每天放学前，他都会将班级图书角里被同学翻乱的图书按照编号摆放整齐；他很热爱这项任务，并且感到非常自豪。虽然这让他每天都比别人晚半小时回家，但是他从没怨言。他常说："看书可以长知识，图书角乱了说明同学们都爱看书，这是好事，我愿意收拾。"其他同学也很感动，经常来帮他一起整理。

在整理的过程中，小璟琦发现班级中的图书由于经常被翻看出现了不同程度的破损，有的书折角了，有的书撕了小口，有的书甚至直接散架了。看到这些破损的图书，小璟琦非常着急，他既害怕第二天同学们无法阅读这些书，更认为自己作为图书管理员，没有尽到保管好班级图书的责任。于是他就把"受伤"的图书全部带回家，用胶条、贴纸修补破损的图书。但有的图书封面已经完全掉下来了，他怎么也弄不好，情急之下只好拿来一个大夹子把书夹起来，可是这样会影响同学们翻看啊。正当小璟琦一筹莫展之时，他想起姥姥退休前在单位图书馆工作，一定有修补图书的好办法，就赶快请来姥姥帮忙。

姥姥看了看"受伤"的图书，马上带小璟琦去市场上购买了一些 502 胶水。回到家后，祖孙俩开始了热火朝天的修复工作。姥姥戴好老花镜，让小璟琦先将图书封面展开，整理平整，再将封面和书芯对齐。姥姥一只手捏好整本书，另一只手将胶水一点点地涂抹在书脊处，然后使劲压住，用大夹子夹牢，就这样夹一整晚，第二天封面和书芯就完全贴合在一起，就像新书一样。在姥姥的指导下，小璟琦也慢慢学会了穿线、补书皮、抹糨糊、贴标签等工作，在他看来，修补图书好像在进行艺术创作，把"受伤"的图书尽可能美观地恢复成原来的样貌，是一件很有成就感的事情。小璟琦将修补好的图书带回班里，同学们看到被修补好的图书高兴极了，七嘴八舌地问修补过程，他们都觉得小璟琦和姥姥棒极了！

后来，小璟琦还利用暑假时间报名参与了国家图书馆青少年志愿活动，从中认识到分类号和索书号等大型图书馆中排列书籍顺序的知识。

"一滴水可以折射出太阳的光辉。"在民族小学，像小璟琦这样有责任心的红领巾志愿者还有很多。每学期，学校都组织全校学生在志愿者旗帜下进行宣誓，通过庄严、隆重的宣誓，让学生懂得自己肩上的一份责任是神圣的，做好一点一滴的小事，在服务他人的同时获得精神上的愉悦和满足。学校还会组织学生投票评选出自己身边优秀的小志愿者，进行全校表彰。小伙伴们把这些尽职尽责的小志愿者树立为学习的榜样，向他们看齐，热心负责的小志愿者在校园中大放异彩。

在志愿服务岗的教育实践活动中，"向小榜样学习"的氛围已经弥漫到校园的每一个角落，校园中人人有事做，事事有人做，学生们在自我管理和相互服务的过程中，使学生们培育了责任感，增强了劳动观念。学校营造"向小榜样学习"的氛围，培养学生们正确的价值取向和行为准则，在同伴学习过程中，使学生们形成好的思想品德，潜移默化地把社会主义核心价值观的种子播撒在学生们的心中，并使之融入学生们的梦想中去！

李　琳

自律达人——不迟到的石泽雨 >>>>>>>

2020 年 1 月 17 日，是让石泽雨终生难忘的日子，敬爱的母校——民族小学在体育馆举行了盛大的结业式。同学们静静地肃立着，目不转睛地望向主席台。这天的结业式之后将开启盼望已久的寒假生活，这是多么令人兴奋的事啊！更重要的是，结业式上按照惯例会表彰这一个学期在学业、体育、科技等各种活动中取得优异成绩的同学以及"最美少年"。此时此刻，每个同学的心里都是七上八下，盼望着主持人叫到自己的名字。石泽雨就是其中的一个。

她，每天起床时间，早晨 5：10；她的 6 个 365 天，生物钟牢牢定格在 5：10；

她，每天到校时间 6：50，她的 11 个学期，只要上学就从没误过一次课。从丰台到海淀，穿过几个城区，可她没诉过苦；从一年级时的小豆包到六年级时的翩翩少年，她岁岁年年、日复一日，没喊过累。她就是来自六年级的石泽雨。

"民小榜样"的颁奖词让我们再次聚焦那个漂亮但是看上去有些纤弱的小姑娘——石泽雨。2019—2020 学年她被评为"民小榜样"，可谓众望所归。虽然她没在各种竞赛中夺魁，但是她用自己的顽强毅力和不屈的精神同样得到大家的赞誉。要知道这是一年一度民族小学最具影响力的表彰，获此殊荣的学生必须是某一方面非常优异的学生，而且获得这个奖会被敬爱的马校长亲自颁奖，这是多么令人激动的事啊！站在领奖台上，小泽雨的思绪回到了 6 年前。

"妈妈，我喜欢民族小学，我就想来这上学！"6 年前，民族小学的学校开放日，小泽雨跟随家长驱车 40 多千米慕名来到民族小学，一下子便被学校古色古香的校园环境吸引了。鸡兔同笼的小小动物园、充满童趣的儿童乐园、配着音乐变幻多姿的喷泉、小池塘里自由嬉戏的各种鱼儿……都深深地吸引了小姑娘的目光。要是能在这里学习和生活该有多快乐啊！

"泽雨，这里我和爸爸也喜欢，你看，'和而不同，快乐成长'的理念正是我们所希望的。可是咱们家住南城，这儿实在是太远了，你还小，每天天不亮就要起床，真的太辛苦了！"

"不，我就要来这上学！呜——"小泽雨的哭声越来越大，引来马校长的驻足。"小姑娘，怎么了？能跟我说说吗？"

"马校长，我们都很喜欢咱们学校，刚才又听了您的讲座，非常欣赏咱们学校的教育理念，和我们的想法很契合。可就是我们住得太远了……"泽雨妈妈抢过话无奈地叹口气。

"哦，原来是这样。"马校长蹲下身子，抚摸着泽雨的头，"孩子，人生路很长很长，在这条路上行走会遇到很多困难，比如上学时冬天冷得刺骨，夏天热得汗湿衣背，别人每天 7 点起床，你得 5 点起床，别人放学 5 点到家，你得 7 点到家，这都是你以后要面对的困难，怕不怕？"

"我不怕！"小泽雨擦干眼泪，坚定地说。

"那就好！我们做个约定，你能保证 6 年的学习不迟到我就在毕业前夕给你亲自颁奖！敢和我拉钩吗？"

"敢！"

就这样，大手小手拉在了一起，小泽雨立下永远不迟到的誓言。承诺容易，做到很难。但泽雨妈妈告诉班主任，泽雨一直记着对马校长的承诺，无论多大困难绝不迟到。

有一天天很冷，天气预报显示最高气温－7℃。早上6：20，泽雨爸爸开着车向着学校的方向一如既往地穿城向北，可是那天因为有连环追尾事故，堵车非常严重，1分钟，2分钟，10分钟……小泽雨急得直喊："怎么办？我可不能迟到！我必须履行诺言！""堵得不算太远，大概两站地，再等等！"爸爸一边听着交通新闻一边安慰泽雨。"爸爸，我和妈妈走这两站地吧！"说完，便努力地推开车门背起大大的书包不顾一切地向前跑。妈妈赶紧跟下来抢过书包跟着往前跑。就这样，两人在寒冷的冬日清晨一路向前，20分钟后母女俩跑过了堵车点。妈妈招手拦下一辆出租车，小泽雨坐上车，用柔嫩的小手擦着满头的汗水，如释重负一般。"妈妈，早读我不是第一名了，以后咱们把闹钟再调前一会儿吧，万一再堵车呢？""嗯，听你的！"

随着年龄的增长，小泽雨发现作业量渐渐多起来。每天晚上7点左右到家，除去吃饭洗漱，她还要练琴、写书法、做作业。完成一天的任务后时针往往已经指向11点了。如何提高效率和时间赛跑成了小泽雨新的课题。

"泽雨，我听你们班主任说，这几天上课你总是犯困，能跟我说说原因吗？"一向关心泽雨的马校长那天在校园里特意找到她关切地询问着。

"我就是每天睡觉有点晚，老是困。"泽雨不好意思地低着头，觉得自己没有好好听讲很惭愧。

"孩子，时间对每个人都是公平的，跑赢时间的人才能成为时间的主人。你好好想想，你的时间都去哪儿了？"

"跑赢时间？对。我们刚学完一篇课文，叫《和时间赛跑》，林海音和时间赛跑就是在有限的时间里多做有益的事，嗯，马校长，我知道了，我知道怎么跑赢时间了。"小泽雨用力点点头，坚定地说，"谢谢马校长的启发！"

之后的日子里，小泽雨变了。她把看名著的时间放在回家的路上，把写家庭作业的时间挤在午间，背诵课文的时间是从每天洗漱、上卫生间时抢来的……这样，她的时间真的多起来，能够提早到每天10点前准时休息了！效率高了，瞌睡虫被赶走了，上课时，小泽雨再没犯困过。

转眼 6 年即将过去，小泽雨站在了高高的颁奖台上，马校长笑吟吟地把奖状送到泽雨手中，并向全体师生讲述了 6 年前那个发誓永不迟到的小姑娘的故事。小姑娘的执着和勇气、马校长的鼓励和支持感染着在场的每一个人。大家为这样一个美丽的故事热情地鼓掌！

石泽雨的故事随着她的毕业画上句号，但她不屈不挠、勇于挑战自我、善于接受帮助、持之以恒的精神却定格在学校每个学生的心里。她是大家学习的榜样，不迟到看似不难，但是面对各种困难坚持做到每天不迟到却很不容易，能赛过时间，把零散时间整合起来做有益的事就更加难能可贵，这样的小榜样深深地影响了每一位学生。

杜景芝

奋起直追好少年——不断进步的曾熙 >>>>>>>

民族小学于 2018—2019 学年第一学期的结业典礼上为几位在老师、家长和同学们的帮助下奋起直追的好少年举行了颁奖仪式。学生们的笑脸如同三月的暖阳，应和着所有人的掌声，给我们带来了教育的启迪。

2013 级 4 班的曾熙同学就是其中的一位。和所有学生一样，刚入学时的曾熙对学校里的一切都充满了期待，小小年纪的他甚至暗下决心：作为学生，学习是自己最重要的任务，一定要努力学习，不辜负爸爸妈妈对他的期望！

就这样，曾熙满怀信心地开启了他在民族小学的学习生活。对于幼小的他来说，一节课 40 分钟老老实实地认真听讲可不是一件容易事。出于好奇，他有时会把余光瞥向窗外，欣赏一下苍翠的大槐树，有时会竖起耳朵听听教室外的鸟叫虫鸣，还有时会不自觉地翻翻笔袋找找文具……一节课下来，曾熙经常会遗漏一些重要的知识点。这可让他犯了难：我有时候真的控制不住自己，这样下去我的学习成绩会不会受到影响呀？

三年级下学期的一次数学测验给了曾熙当头一棒，看着试卷上的成绩，他难过极了：回到家怎么和爸爸妈妈交代呢？他们会不会严厉地批评我？真应该认真听讲，学习解题的好方法啊！一时间，千头万绪涌上曾熙的心头，他不知如何是好，只能一头扎进卷子里黯然神伤起来：难道我就一直这样下去吗？

新接班的班主任数学赵老师是个心细的男老师，他似乎看出了这个内向的小男孩的心思，便寻找机会约曾熙聊天。赵老师耐心地问道："孩子，老师发现你今天闷闷不乐的，是有什么不开心的事吗？"当时，曾熙一肚子委屈，见赵老师这么亲和地询问自己情况，泪水再也止不住地流了出来，他呜咽着说道："老师，我这次数学测验又没有考好。"赵老师早就猜出了原因，他看着面前这个腼腆的男孩儿，语重心长地说道："曾熙，你能够对自己的学习成绩负责，说明你是个知道进取的好孩子，这一点值得表扬！现在我们需要做的是分析成绩不好的原因，对症下药后成绩一定会有所提升。你相信老师，也要相信你自己！"

听着赵老师的话，曾熙若有所思，平日课堂上的一幕幕开始像过电影一般浮现在他的眼前：原来是因为我的听讲习惯不好，加上没有掌握正确的学习方法，才导致了今天的结果啊！他决心痛改前非，按照赵老师所说奋起直追！

第二天数学课上，赵老师发现曾熙的眼神变得专注了，他在努力地适应课堂，适应赵老师的讲课节奏。认真听讲后的曾熙也逐渐发觉，别看赵老师是一位男老师，但他讲课严谨细致、生动有趣。课上，赵老师抛出了一个数学问题："请问哪位同学能为大家解答这道题？"曾熙是多么想高高举起自己的手，自信昂扬地回答赵老师的问题啊！可是他不敢，他怕说错，怕辜负赵老师对自己的期望！就在这时，一个浑厚有力的声音响起来："曾熙，请你来说。"怎么办？赵老师叫到自己了！曾熙的心里满是忐忑，他硬着头皮站了起来。看着赵老师满是鼓励的眼神，他攥紧了拳头，一字一句地说出了自己对这道题的见解，得到了老师和同学们雷鸣般的掌声！

后来每一次数学课上，曾熙都会积极举手，大胆发言；每一次课堂练习，他都认真对待，细心检查；每一次遇到不懂的问题，他都主动求助老师、同学和家长，直到明白为止。五年级时，赵老师找到曾熙，希望他在学校升旗仪式活动中承担一部分演讲的任务，曾熙心里激动极了！拿到稿子后，他经常利用课余时间勤加练习，甚至从家里拿来小镜子对照着练习面部表情。同学们见他如此专注，感动不已，都说要把他作为自己的小榜样呢！

终于盼来了升旗仪式！曾熙屏住呼吸，阔步走向台前，开始了自己的演讲……时间仿佛静止了，他的眼前虽然站立千人，但都不及赵老师一人伟岸。曾熙心里知道，如果没有当初赵老师拉他一把，就没有他今天的绽放！他将坚定的目光抛向远方：赵老师就是我心中的榜样，我要像他一样做认真负责、追求卓越的人。

期末考试成绩出来了，曾熙不出意料地得了三个"优"，他终于用行动证明了自己，无愧于学校授予他的"民小奋起直追好少年"的称号。

教育的成功在于教育者能走进孩子的心灵。马校长常说：与孩子相处的每一个细节，都是老师走进孩子内心的契机。有些孩子虽然淘气、顽皮、多动，给老师添了不少麻烦，但他们也是民族小学的一员，我们"不抛弃，不放弃"每一个可爱的、特殊的孩子。当然，这需要老师们付出许多艰辛和汗水，但每当看到那一个个天真可爱的生命在爱的滋润下，在智慧的引领下，绽放出绚丽的花朵，老师们就会从内心深处获得一种难以言喻的幸福。曾经，一些学生是别人眼中的"学困生"，教育的意义便在于让这些学生能学会拥有一个有尊严的灵魂。看着学生们今非昔比的表现，我们每一个民小人的内心都充满了愉悦。

杨 奕

民小榜样——努力的锦天 >>>>>>>

榜样是什么？成绩优异，多才多艺？能说会道，万众瞩目？不，起码不全是，站在民族小学礼堂的大舞台上的榜样就不一样，他们不一定做出了什么轰轰烈烈的事情，但他们能够影响别人，让别人把他们当作学习或者效仿的目标，甚至他们会成为自己的榜样。

有一个男孩，外表阳光，内心温柔，待人善良。他不像别的同学那样聪明伶俐，学习和生活总是发生各种小状况。在学校里尽管挫折不断，但他还是最想上学，最想同学们在一起。他热爱学校的生活，热爱同学和老师，热爱学校门口的保安。从晚上入睡的那一刻起，他就想着第二天按时起床，早早赶到学校，喊一声"保安叔叔好""老师好"。他们就是他的阳光，照亮着他的每一天。这个男孩就是"民小榜样"——锦天。

锦天从小身体就不协调，到了入学的时候，大脑的行为控制水平落后于年龄发展，课上集中精力的时间很短，容易分心，不会听讲，偶尔课间出去玩会忘记回来上课；走路不协调，手、眼不协调，排队排不直，认字困难；水杯、衣服、红领巾、书本能丢的东西全丢过。夏天，他会把短袖穿在长袖的外面走出学校；冬天，他会穿着一件衬衣走出学校，因为他把羽绒服丢了。他的身上，总是出现一些"非常规"的表现。班主任赵老师没少为他操心，专门给他安排了一个生活帮手和一个学习帮手，领着他往前走，这一领就是两年。即使这样，他还是存在很大的学习和生活障碍。

因为身体的限制，生活中处处都有挑战。小小的跳绳从一开始就难倒了锦天，同学们拿起来就玩的东西，他却一个也做不成，半年多过去了，还是无果。二年级起，锦天的妈妈决定在其他同学上选修课时提前接锦天回家进行认字和跳绳训练。从此，锦天每天回家第一件事就是在楼下跳绳。一开始，他的手和脚就是协调不起来，妈妈虽然很急，却安慰说："慢慢来，我等你，咱们先练双脚跳，先跳起来，坚持坚持就会跳了，相信我。"每天的同一时间、同一地点，都会出现锦天和妈妈的身影。分解、合成，奖惩并用。他给自己制定了每一天的目标，坚持完成，不打折扣。一天一天过去了，一周一周过去了，一月一月过去了，遇到下雨、下雪或雾霾，他们就在地下车库跳，一天也没有间断。一年多以后，锦天终于学会了跳绳。自信心让他开启了挑战自我的艰辛之路。

四年级开始，班主任于老师的到来更是改变了锦天的境况。于老师特别强调班级团结，强调集体荣誉是靠每一名同学共同努力取得的。他不以成绩区分学生，更关心学生今后的进步，以德、智、体、美全面发展论英雄。他给予锦天很多鼓励，特别是鼓励锦天去坚持，使他在心理上有了一个质的飞跃。从以前总想躲开班集体去做自己想做的事情，变成认为自己也是班级一分子，要为班级荣誉而努力。现在的锦天自信满满，不遗余力为班集体争光。

五年级的一天，锦天得知班里要参加运动会的集体项目，每个人都要参与比赛。锦天把这件事当成生活中最重要的事，暗自下决心，一定要给班集体争光。不管是烈日炎炎，还是刮风下雨，锦天都早早来到学校，和同学们一起进行锻炼，回到家后还会继续锻炼。最终班级在运动会上取得了优异的成绩，以前的"丑小鸭"也为班集体争得了荣誉。

锦天的认真与坚持令人感动，全班同学一致同意推荐锦天成为"民小榜样"。颁奖当天，为了鼓励锦天，于老师拉着他的手上台，称他为"民小阿甘"。

2020年的突发情况打断了学生们的校园生活。但是，锦天把家当成校园。早晨，按时起床，读英语，抄单词，上网课，做练习，跳绳，拍篮球，阅读增加到了每天一小时，睡前听历史、地理知识，居家的学习生活使他养成自律的习惯。因为锦天还想成为自觉的榜样。

小学六年，让锦天记住了世界上最可贵的两个词，一个是"认真"，另一个是"坚持"。认真可以改变自己，坚持可以改变命运。有些事情不是看到了希望才去坚持，而是坚持了才有希望。锦天相信，曾经骄傲地站在"民小榜样"舞台上的他还会有许多精彩将要展示给这个世界。

陈　坤

民小达人——勤勉的小邵 >>>>>>>

民族小学馨星民乐团连续三年获得北京市中小学艺术节金奖，在这背后是团员们日日的付出，嘴吹肿了，手指上磨出了血泡，团员们流着泪坚持！这些优异成绩的背后都是日复一日、年复一年的艰苦努力和训练。这种精神也是民小精神的集中体现——我们要想有所成就，必须坚持不懈、一点一滴地积累，要知道罗马不是一天建成的。

小邵同学是乐团里的一员，他最擅长的是吹笛子。刚刚踏入校园时，妈妈就曾带着他来到排练厅观看大哥哥大姐姐们排练曲目的样子，这也是小邵第一次近距离接触馨星民乐团。那一次，他看到了各种各样的乐器，久久地伫立在门边，听着美妙动听的乐曲，无论妈妈怎样拉他，他就是不走。个子小小的他为了看得更清楚，甚至一个劲儿地踮起脚尖，那副专注的样子令人印象深刻。

"妈妈，我也想和哥哥姐姐们一起演奏！"稚嫩的声音脱口而出，"我会一点儿吹笛子，可以吗？"妈妈看着小邵，说道："你知道吗？加入这个乐团后，每天都需要刻苦练习吹笛子，可辛苦了！你还愿意坚持吗？""我愿意！"就这样，小邵通过考核，正式加入了民族小学馨星民乐团。

在乐团中，小邵算是年龄最小的团员之一。刚开始训练时，他因为新鲜感尚乐在其中，并没有感觉到苦累。可没过多久，为了提升乐团整体演奏水平，学校为每个声部都聘请了专业的指导老师，针对每一位同学存在的问题进行指导。这可让小邵犯了难：我的确很喜欢吹笛子，也愿意参加乐团的排练，这不仅能够参

加比赛为学校争光，还可以交到很多朋友，是一举两得的好事。可现在要进行一对一指导，这样一来会不会很辛苦？除了学习，还要参加紧锣密鼓的排练，我还有休息时间吗？

带着这种疑问的小邵在刚刚上笛子课时并不专注。细心的赵老师察觉到这一点，便找到他谈话："小邵，这个乐团是学校一手打造出来的，里面倾注了校长和很多老师的心血，你能够进入乐团是多么幸运的事啊！既然你已经成为其中的一员，就应该踏踏实实地努力，做好自己应该做的事，这也是为集体做贡献呀！"听了赵老师的话，小邵若有所思，他似乎从这些话语中听出了老师对他的希望和期待，便一门心思投入练习中。

老师给出的曲目并不简单，想要吹好需要反复练习。一般情况下，小邵都是站着吹笛子的，他认为这样能够保持气息的通畅，也更有仪式感。可是站得久了，腿不免发麻，有时候还会发软呢！特别是大夏天闷热难耐，汗水会顺着额头而下，这无形中又给练习增加了难度。最让人头疼的是吹好一首曲子需要手口的完美配合。一开始，他的手指似乎总是不听指挥，配合得不好，不是按错了笛孔，音符不对，就是按住了笛孔，手指又忘记抬起来，或者抬错了手指，总之错误很多。这个时候，小邵心里确实有放弃的打算，每当这时，耳边都会回响老师殷切的话语："世上无难事，只怕有心人！"是啊，我不能放弃！不能辜负赵老师的期望！于是他便静下心来继续练习。

经过长久的练习，小邵的笛子吹得越来越好了。在老师的指点下，他愈加懂得吹笛子不是吹响笛子，也不是吹音，更不是生硬套用技巧，而是要投入情感，把自己融入歌曲的情景中。每每拿起笛子放在嘴边，他的脑海中就会涌现出一幅幅画面，让他不自觉地投入。这一次次的反复练习也终于让他明白，只有坚持并脚踏实地地投入一件事中，才能热爱并做好一件事。

后来，小邵有机会和乐团的哥哥姐姐们一起代表学校多次参加市区级比赛，并取得了令人瞩目的成绩。他经常和别人谈论起自己在乐团中的生活，那里的每一个人都和自己一样，从懵懂到青涩再到成熟，是在学校的培养下逐渐成长起来的。正是乐团给予了他们坚持到底的勇气、踏实勤勉的态度和积极向上的进取心，这将是他们受益一生的财富！

杨　奕

最美少年——小翀的成长 >>>>>>>>

2014 年 12 月 15 日，民族小学"最美少年"颁奖仪式上，大队辅导员逐一宣布颁奖词。伴随着全场师生的阵阵掌声，一位位获奖同学走上舞台，其中就有刚上一年级的小翀。

那个时候的小翀只是觉得自己兴趣广泛，全面发展，作为班干部是老师得力的小帮手，但对"最美少年"并没有深刻的理解，只觉得它是一个"很大的荣誉"，正是这个"很大的荣誉"一直激励着小翀不断努力，似乎长大的路上都和"美"分不开了。

他喜欢音乐，从幼儿园就开始练习钢琴，但经常觉得反复练习一首曲子很枯燥乏味。二年级时小翀参加了学校的音乐沙龙，每天早晨都会早早来到学校在教学楼大厅弹钢琴，用叮叮咚咚悦耳的琴声迎接同学们到校。每次弹琴都会有好多同学来围观，有一次，马校长也走了过来，说："弹得真不错！咱们就是要做最好的我，在我最好的方面！"小翀恍然大悟：没有每次反复的练习，哪能在老师同学们面前轻松弹奏？对，我要在我最擅长的方面做得最好！之后每次看着同学们伴着音乐轻快活泼地走进教室，听到美妙的音乐在教学楼大厅回响，小翀都深深感受到了音乐的美好。

在小翀四年级的时候，为响应北京市教委"加强'一带一路'民间交流"的政策，学校组织同学们赴英国研学。在才艺展示和交流中，很多外国人之前从来没见过二胡这种乐器，小翀表演时，选择了学校民乐团正在排练的传统名曲《茉莉花》，优美的旋律，清丽婉转、波动流畅，外国友人纷纷竖起了大拇指。就这样小翀以一名少先队员代表的身份，成为沟通中国与世界的文化小使者。"学习中华传统文化，蕴底气""了解世界多元文化，成大气"，他真切感受到了"民族的也是世界的"，中华传统文化的美厚重而珍贵，弘扬这份美任重而道远。

小翀五年级暑假，民族小学接到了一个光荣的任务——国庆当天参与"同心追梦"方阵群众游行，为中华人民共和国 70 华诞庆生！小翀光荣地成为其中一员。在 3 个月的集训中，他和老师们、小伙伴们一起刻苦训练，冒酷暑、顶骄阳从未叫苦、栉风沐雨、熬长夜从未叫难。经过这些紧张艰苦的训练，他对"国家"这个

词有了更深一层的认识。国庆当天，乐曲激昂铿锵，手中红旗飘扬，"同心追梦"方阵在天安门前打造少先队员的高光时刻，在雄伟的天安门前，星星火炬更加闪亮！民族自豪感和集体荣誉感让小翀眼里闪烁着无比美丽的光芒。

日月如梭，转眼小翀的小学生活结束了，从一年级的"最美少年"到五年级的"民小榜样"，再到毕业前夕的"市级三好学生"和海淀区"十佳少先队员"，在民族小学这个温暖的大家庭里，他一直在不断进步。

陈　坤

第二章　心有榜样　见贤思齐

第三章　从小做起　快乐成长
——"从小做起"的教育思考与实践

　　从小做起，就是要从自己做起、从身边做起、从小事做起，一点一滴积累，养成好思想、好品德。"少壮不努力，老大徒伤悲。"千里之行，始于足下。每个人的生活都是由一件件小事组成的，养小德才能成大德。少年儿童不可能像大人那样为社会做很多事，但可以从小做起，每天都可以想一想，对祖国热爱吗？对集体热爱吗？学习努力吗？对同学们关心吗？对老师尊敬吗？在家孝敬父母吗？在社会上遵守社会公德吗？对好人好事有敬佩感吗？对坏人坏事有义愤感吗？这样多想一想，就会促使自己多做一做，日积月累，自己身上的好思想、好品德就会越来越多了。听说有的同学喜欢比吃穿，比有没有车接车送，比爸爸妈妈是干什么工作的，这样就比偏了。一定不能比这些。"自古雄才多磨难，从来纨绔少伟男""少年辛苦终身事，莫向光阴惰寸功"。要比就比谁更有志气、谁更勤奋学习、谁更热爱劳动、谁更爱锻炼身体、谁更有爱心。①

——习近平

　　社会主义核心价值观进校园，是为中国特色社会主义事业培养建设者和接班人的重大举措，社会主义事业需要的是德智体美劳全面发展的人才，习总书记在谈到培养人的问题时强调，要在坚定理想信念、厚植爱国主义情怀、加强品德修养、增长知识见识、培养奋斗精神、增强综合素质上下功夫，要树立健康第一的教育理念，要全面加强和改进学校美育，要在学生中弘扬劳动精神。习总书记告诉我们要"从小做起"，积累点滴。

　　在践行"从小做起"这一要求的过程中，民族小学确立了以下几个工作方向：一是坚定理想信念，培养精神不"缺钙"的学生；二是厚植爱国情怀，培养具有中

好学生就该做栋梁

94

---

① 习近平：《习近平谈治国理政（第一卷）》，183页，北京，外文出版社，2018。

国烙印的学生；三是加强品德修养，培养仁爱有情怀的学生；四是开拓视野格局，培养有真知灼见的学生；五是树立高远志向，培养有奋斗精神的学生；六是提升综合素养，擦亮学生人生底色。

对少年儿童开展教育应该符合教育规律，符合少年儿童成长的规律。我们设计并实施了"践行社会主义核心价值观'六个一'育人工程"，即培养学生拥有：一手好字、一副好口才、一笔好文章、一个好身体、一份好担当、一生好习惯。力求通过这些具体目标的实现聚沙成塔，将社会主义核心价值观落到实处，同时力图让这些落到实处的小活动增加趣味性，让学生在有意思的活动中，从一点一滴的小事中习得好习惯，练就好品格。

一手好字：作为中国人，我们练习书法，就是传承优秀民族文化。因此学校大力开展书法活动，每周三课后一小时是师生共同习字的时间，学生将写好的书法作品张贴在墙上，展示交流。同时，学校会将学生的书法作品展示在楼道间，供来往师生、客人观赏。如今，书法已经成为学校的一大特色，书法文化已经浸润着每位学生的心田，滋养着学生们健康成长。民族小学每个班级的文化各有特色，但是有一面墙是一样的。在这面一样的墙上展示着一幅幅书法作品。谁写的书法作业漂亮，谁的作业就可以展览一周。所以，学生们都认真练字，争取把自己的书法作业展示给大家看。大家每时每刻都可以欣赏到同学们的毛笔字，谁写得好、哪个字写得棒，大家在课间常常相互交流，相互学习。

一副好口才：学校为学生开设 5 分钟演讲微课程。每节课的前 5 分钟，各学科教师都要把讲台交给学生们。他们围绕文化传承、科技发展、新闻时事等话题，收集资料，撰写文稿，反复演练，轮流进行演讲。经过一系列的锻炼，学生们思维更加活跃，表达更加大胆从容，待人接物也显得大方得体了。

一笔好文章：学校为学生营造读书氛围。除学校图书馆外，每层楼道都设有开放书架，还建立了班级图书馆，每班配有 200 册图书，这些书都是学校为学生们推荐的优秀图书。学生们随手就可以拿到自己喜欢的图书进行阅读。我们进行课堂教学改革，让大量的经典名著进入语文课堂，老师们指导学生学习高效的阅读方式，增加他们的阅读兴趣，使他们爱上读书。学校倡导学生们拓展写作体裁，结合社会主义核心价值观尝试写小说和诗歌、编童谣、写新闻稿等，用不同的写作形式锻炼写作能力，激发了学生们的学习热情，使读书和写作成为快乐而有意思的事情。

一个好身体：拥有强健的体魄，才能在未来成为优秀的国家栋梁。我们关注学生的体质发展。除体育课和课间操外，每天下午老师都会组织学生到室外进行体育活动，充分保证学生的户外运动时间。增开网球、跆拳道、健美操、武术、足球、双节棍、啦啦操等校本选修课程，并成立多个学生体育社团，这些课程和社团的学生参与率达到100%。学生的体质整体得到增强，在历年海淀区体质监测中，学生成绩表现突出，连续被评为海淀区十佳。同时，学校还注重学生卫生习惯的养成，严格落实学生眼保健操，学生近视发病率也有所下降。

一份好担当：作为国家未来的建设者和接班人，学生从小就要有担当，有责任心。在校园里，处处活跃着红领巾志愿者的身影，学校设有校级、班级数十个红领巾志愿岗，人人参与，人人有岗位，处处有人管。在这些活动中，学生们懂得了心中有集体，心中有他人，学会了用行动去关爱社会。

一生好习惯：学校形成了行为习惯养成项目制。各年级分别制定符合年级特点的行为习惯养成目标，每天有专门负责的同学监督检查，年级每周进行总结，好的方面鼓励表扬，没做到的地方修改完善。从小培养学生拥有好习惯，做到懂礼貌、守秩序、讲卫生，成为有担当的社会小公民。

家长们看到孩子的改变也纷纷向学校表达感谢之情。2018级学生王安安的家长是这样说的：

为了有一份好担当，学校让每个孩子都有自己的工作岗位。我家安安作为学校广播站站长，不仅要制订工作计划、安排岗位，而且要以身作则，把每一个细小环节都做好。她充分利用每天中午休息时间，周一审查广播员读稿，周二广播，周三采集确定广播稿，周四广播，周五做总结。即使不是自己亲自主持广播，也要为当期广播员打饭送饭，甚至有时紧张得自己都吃不好午饭。但是，她觉得为别人服务，有一份责任很快乐，很充实。

让学生获得成长、让家长满意，是给予"六个一"育人工程最大的肯定，学校将继续实施"六个一"育人工程，关注人的全面发展和素养的提升，引导学生从每一件小事中，习得习惯，养成品格，努力把社会主义核心价值观教育做得更加扎实有效，使之融入学校各项工作之中。

李　情

好学生就该做栋梁

理想指引人生方向，信念决定事业成败。没有理想信念，就会导致精神上"缺钙"。所以，从小做起，立德树人，首先要将理想信念作为社会主义核心价值观教育的灵魂加以强调和落实。

少先队组织是中国特色社会主义事业的战略预备队，要发挥其组织优势，进行理想信念教育。对少年儿童进行队章、礼仪、标志所蕴藏的价值观念的教育，使他们能够树立起对少先队组织的认识与认同；开展各种形式的教育，让少年儿童参与到社会主义实践活动中，利用组织内外的互动实现教育的目标，使他们初步了解社会主义意识形态，把他们培育成为合格的建设者和接班人。

塑造红色班级文化，荣获全国优秀中队 >>>>>>>>

2013 级 8 班是民族小学的一个优秀班集体。2014 年这个班有幸在习总书记的陪伴下进行了少先队员入队仪式。当时习总书记面向全体少年儿童提出的落实社会主义核心价值观教育的十六字要求，即"记住要求，心有榜样，从小做起，接受帮助"，成为 2013 级 8 班的班训。家长们和孩子们在班徽的设计中也将它呈现了出来，十六个彩色点即代表十六字要求。

让我们一起看一看 2013 级 8 班的班级文化创建和他们是如何落实十六字要求的。

"记住要求"，将社会主义核心价值观及十六字要求，作为班级文化粘贴上墙，学生们更是在深入理解后编创了一首首朗朗上口的童谣，将其融化进心灵里。

"心有榜样"，让学生们从小学习英雄人物、先进人物、美好事物，在学习中养成好的思想品德追求，2013 级 8 班的榜样教育就从这三个方面展开。首先就是学习我们的大榜样——习总书记。2014 年在习总书记的陪伴下，这个班的少先队员进行了入队仪式，习总书记还亲手为班里的王彦尊同学戴上了红领巾。从那时起，习总书记就成了同学们心目当中的大榜样。学生们组织学习习爷爷对少年儿童的寄语，感触颇多，写下了很多深刻的学习感受。不仅如此，学生们还坚持每年"六一"儿童节时，给习爷爷写一封信，向习爷爷汇报这一年以来的成长和进步。在2018年"六一"，班级收到了习总书记回复的勉励。除了领袖大榜样，学生们也学习英雄人物，传承红色基因。学生们利用课余时间观看红色影片，将自己的观影感受绘制成手抄报和电影海报等。在午阅读时间，大家共读红色书籍，学习英雄事迹。在假期，学生们走进红色教育基地，身临其境，感受英雄精神。部分学生还在暑期参与了"重走长征路"夏令营活动。在活动中体验红军生活，学习历史，明白今天祖国的繁盛和我们的幸福生活来之不易，红军精神将永远激励着学生们前进！班级还鼓励学生发现他人优点、寻找身边的小榜样。班级有绘画小达人、环保小达人和武术一姐。我们把这些小榜样的事迹推送到学校的公众号，是展示，更是激励。

　　"从小做起"，是要让学生从自己做起，从身边做起，从小事做起，一点一滴养成好的思想和习惯。长期以来，2013级8班都坚持着"六个一"育人工程。一手好字：每周三下午的书法练习时间，老师会和学生们一起写书法，并且将优秀的作品在班级内进行展示。一副好口才：5分钟微课堂活动、习题小讲师、数学游戏的设计和讲解、科技节活动的主讲人、语文课本剧的展演、优秀小主持人团队等这些丰富多彩的活动给学生们提供了很多锻炼的机会，让每个学生都敢讲、会讲。一笔好文章：班级举办21天阅读计划、诗词鉴赏大会，这些活动丰富了学生们的知识，积累了很多素材，人人都能写出一笔好文章，学生们的很多优秀作品都被学校的公众号所采用。一个好身体：班级制订跑步计划，家长们也会在假期自发组织孩子们进行体育锻炼，并且会在群里分享锻炼的视频和照片等。家长们的支持和重视、孩子们的互相激励，在班级内形成了良好的锻炼气氛。一份好担当：班级设置红领巾志愿服务岗，学生们将班级事务进行细致划分，做到"人人有事做，事事有人做"，不仅如此，他们还走进敬老院和社区，奉献爱心。一生好习惯：在班干部们的带领下，经过学生们民主商议，他们将《小学生行为规范》划分为10个方面，制定了班级积分制度，形成了自主管理体系，并且定期进行评比和奖励。所有这些都会以表格或是照片的形式粘贴在班级文化墙上，对学生们形成激励。

　　"接受帮助"，就是要让学生们听得进意见，受得了批评，在知错就改、越改越好的氛围中健康成长。老师特意向家长征求意见，聘请了专业的心理老师，为学生们开展了系列讲座。在这样的辅导下，学生们真正做到了敞开心扉，接受批评，虚心改正，班级也不断成长，取得了很多优秀的成绩。不仅同学之间是这样，老师和家长之间也是如此，互相提意见。在这样的一种氛围中，老师、家长和学生在共同努力，一起前进。

班级文化建设是一项长期的工作，在接下来的工作中，民族小学将继续发扬优点，以社会主义核心价值观为引领，努力践行十六字要求，打造一个个红色班级，培养精神不"缺钙"的学生！

王晨阳

学榜样、立志向，争做新时代好少年 >>>>>>>

2014年5月30日上午，习总书记来到民族小学，参加庆祝"六一"国际儿童节活动。习总书记向全国少年儿童提出了践行社会主义核心价值观的十六字要求：记住要求，心有榜样，从小做起，接受帮助。这十六个字引领和带动着更多的少年儿童见贤思齐、向上向善。

时隔四年，2018年5月，习总书记委托工作人员转达了对民族小学2013级五(8)中队少先队员的勉励，提到"总书记希望同学们从小事做起、从身边做起，努力争做新时代的好队员"。这是习总书记对少先队员的希望，更是我们的决心和目标。我们是新时代的队员，既是第一个百年奋斗目标的经历者和见证者，更是第二个百年奋斗目标和建设社会主义现代化强国的生力军，习总书记的希望鼓舞着我们不断前进。

民族小学2015级六(8)中队的全体队员始终牢记习总书记的十六字要求。"心有榜样"是十六字要求中的一项，就是要学习英雄人物、先进人物、美好事物，在学习中养成好的思想品德追求。榜样的力量是无穷的，习总书记希望当代少年儿童能够以这些英雄榜样为标杆，向他们看齐，像他们那样在某一方面具有突出的优秀品质，成为合格接班人。

榜样的力量是无穷的。在中华民族悠久的历史长河中，古圣先贤、革命志士的精神激励着队员们。在当代社会，劳模先锋、先进人物的事迹更是令队员们钦佩，他们的优秀品质和崇高精神值得队员们学习。六(8)中队的队员们自发组织了"学榜样、立志向，争做新时代好少年"的队会活动课，希望向辅导员老师和关心少先队工作的叔叔阿姨们汇报找榜样的过程、学榜样的决心和访榜样的感受。

队会活动课通过"习爷爷嘱托记心间""百名榜样征集活动""榜样力量照进现实""心里话说给榜样听"几个环节，以回顾要求、宣讲榜样、学做榜样实践路径分解榜样概念，从国家、社会到校园、身边，引导队员向榜样学习、从小立志向，争做新时代好队员。

"我们是共产主义接班人……"随着敬和堂内响起的嘹亮有力的队歌，队会活动课拉开了帷幕。六(8)中队的40名队员英姿勃发地端坐在座位上，聆听着中队长的发言。这时，屏幕上出现了习总书记2014年来到学校，向全国少年儿童提出践行社会主义核心价值观十六字要求的画面。队员们心潮澎湃，掌声四起，仿佛身临其境聆听教诲。

在"百名榜样征集活动"环节，队员们再次回顾了面向师生、家长征集中华百名榜样活动的过程。这次活动让每位队员都有很大的收获，队员们更加了解榜样的事迹，用榜样的精神鼓舞自己进步。

在"榜样力量照进现实"环节，队员们一起学习了国家榜样、家长榜样、校园榜样。2020年，在全国人民万众一心抗击新冠疫情的斗争中，广大少年儿童也经历了一段特殊时期，不仅目睹了中国人民众志成城、迎难而上的伟大壮举，而且听从党和政府号召、以实际行动支持抗疫斗争，展现了我国少年儿童的良好精神风貌。居家学习期间，队员们身边涌现出更多的榜样。

获得共和国勋章的钟南山爷爷，获得"人民英雄"国家荣誉称号的张伯礼爷爷、张定宇伯伯、陈薇阿姨为国家和人民做出了杰出贡献。正是像他们这样的一线抗疫英雄筑起了一道道生命的防线，队员们把这份感动与敬佩之情转化为实际行动，好好学习，向着自己的目标努力前进。

民族小学的家长榜样，可真是说不尽道不完。他们不仅在工作岗位上尽职尽责，而且在培养子女和家校共育方面也堪称楷模。三年级同学的家长马骏阿姨，逆行武汉、坚守岗位做出了自己的贡献。四年级同学的家长王自发叔叔，是中国科学院大气物理研究所的一位科学家。他与团队创新组建了空气质量预报系统，让北京的蓝天慢慢多了起来。这两位家长都心系祖国和人民，充满了爱国情怀。

像他们一样的家长还有很多很多，队员们以民小家长为榜样，从小立下志向，长大用实际行动报效祖国！

校园里更有可亲可敬的老师榜样和活泼可爱的同学榜样，像家人一样与队员们朝夕相处。德高望重、最令人爱戴的马校长经过十几年的努力，带领师生把曾经破败不堪的学校建设得如今这样美丽如画。学校足球队的邢老师，一年到头为球队训练忙个不停，带领足球队屡创佳绩，是位爱岗敬业、无私奉献的好老师。参与庆祝中华人民共和国成立70周年群众游行和首都国庆联欢活动的民族小学师生们，他们牺牲了整个暑假和休息时间参与集体排练。他们用辛勤的汗水和不懈的努力为祖国献上自己的祝福。还有默默无闻、尽职尽责的工人师傅们，起早贪黑，辛勤工作……他们都是校园里当之无愧的榜样。

"心里话说给榜样听"环节把队会推向了高潮。队员们拿出了心愿卡，写出了自己心中的榜样，并写下了对榜样的敬意。40张心愿卡组成了心形图案呈现在黑板中间，让每个人心里暖暖的。

随着悠扬的乐曲响起，队员们缓缓走到会场中间，声情并茂地演唱歌曲《红领巾相约中国梦》："让心中的梦想绽放光芒，在祖国的怀抱快乐成长……"

辅导员赵老师总结了六(8)中队几年来的进步和发展。六(8)中队在各级部门和领导们的关心和帮助下，不断成长和进步。队员参加了国庆70周年群众庆祝活动，参加了第八次全国少代会。这些荣誉都离不开团中央、少工委，还有学校对中队的帮助和培养。全体队员会牢记习总书记的嘱托，为实现中华民族伟大复兴的中国梦，努力前行。

队会结束后，每个队员都深有感触。队员冉笑瞳说："千里之行，始于足下。我一定要用实际行动向榜样学习，长大后成为像他们那样对社会有用的人。"队员梁菀姝说："这节队会活动课会影响我的一生，让我再次找到了成长的目标，不负韶华，努力前行！"

在民族小学这所百年老校里，队员们会牢记习总书记的嘱托，传承红色基因，争做新时代好队员。

赵喜辉

大手拉小手，快乐一起走 >>>>>>>

学生在校园中，面对最多的是教师和同学。教师是教育的主力军，为学生传道授业解答疑惑，如果发挥好高年级同学的作用，让他们进入低年级开展活动，树立榜样，爱心帮扶，就会放大教育效果，取得意想不到的效果。

2018 年 12 月 29 日，六年级的哥哥姐姐们来到学校的北校区，与一年级的小同学们一起举办了元旦联欢活动，大手拉小手，佳节共联欢。这次活动是学校精心设计和安排的，目的是拉近低年级与高年级之间的关系，帮助一年级同学更好地适应学校生活，开启新的篇章。六年级的哥哥姐姐们讲述了民族小学自 1890 年以来的峥嵘历史和百年荣光，精心排演了诗朗诵《我们骄傲，在这里成长》，为弟弟妹妹们展示了自己的才艺。一年级的"小豆包"们对学校的热爱又增加了许多，唱校歌时的声音也更加嘹亮。同时，他们看大哥哥大姐姐们的眼神也多了崇拜之情——大哥哥大姐姐们在台上的表演那么自信大方而流畅，真棒啊！"小豆包"们渴望成为他们那样优秀的少年；大哥哥大姐姐们也不吝分享，将自己从懵懂孩童初入校园到成长为翩翩少年的心路历程一一讲述出来，将他们成长中的点滴困惑以及解决应对之法毫不保留地告诉"小豆包"们，给"小豆包"们以极大的精神鼓励。原来，哥哥姐姐们也有困惑的时候，原来我也可以做到像他们那样棒！

不只是传授经验，六年级学生得知自己要和一年级的弟弟妹妹们共庆新年时更是激动，他们希望可以更多地帮助弟弟妹妹们。他们自己动手制作新年贺卡、录制小视频送上祝福……"希望一年级的弟弟妹妹们可以好好学习，好好读书！""多多珍惜时间！"……他们还将自己最诚挚的祝福写在贺卡上，亲手送到一个个小弟弟小妹妹手中。看到这么暖心的话语，很多一年级的"小豆包"们感动得哭了："我一定要以大哥哥大姐姐为榜样，不辜负他们的期望！"

不仅如此，一年级新生刚入学时，都会有高年级哥哥姐姐手拉手领着他们参加开学典礼，让他们感觉到家的温暖。高年级同学还会写一张交友卡，上面写上自己的班级和姓名以及对一年级同学的祝福语，亲手交给结对的一年级同学。这样一年级同学在需要帮助时，可以找到学校中的哥哥姐姐们。一年级同学不会做值日，高年级同学会在放学时来到班里，手把手地教，直到一年级同学可以独立

好学生就该做栋梁

102

完成。在入队前，高年级大哥哥大姐姐为小弟弟小妹妹讲少先队知识，并走进一年级各班教室教小弟弟小妹妹戴红领巾、敬队礼……

"红领巾是红旗的一角，是由革命烈士的鲜血染红的。"小干部们为一年级同学介绍少先队的光荣历史和相关的少先队礼仪知识，并讲了加入少先队的要求和入队的流程。高年级同学在讲台上给一年级同学演示队礼，一年级同学边听，边练习敬队礼、呼号等，听得津津有味，练得认认真真，高年级同学还在边上帮着纠正他们的不规范的动作呢！

大手拉小手帮扶活动的开展，赋予了高年级同学责任与担当，使他们转换了角色，承担起照顾、帮助和教导弟弟妹妹们的责任。在这个角色转变的过程中，他们锻炼了与人交流相处的能力，提高了生活技能和组织能力，树立并传递了正确的价值观，成长为新时代的优秀少年。在这个充满爱与关怀的过程中，低年级同学减少了新环境带给他们的陌生感，缓解了心理焦虑，得到了更多的陪伴、照顾和鼓励，同时找到了来自身边的榜样，让自己更有信心地面对学校生活——做最好的我，在我最好的方面！

周雪莲

二、厚植爱国情怀，培养具有中国烙印的学生 >>>>>>>>

爱国主义是中华民族的优良传统，深深熔铸于中华民族的血脉和基因中，是鼓舞中华民族和中国人民奋勇向前的精神动力。构筑中国精神、中国价值和中国力量需要从学生生活的点点滴滴做起。

爱国是义务，是思想，更是行动。学校提出"学习中华传统文化，蕴底气；知晓少数民族文化，铸和气；了解世界多元文化，成大气"的"三气精神"，并将"三气精神"落实到学校的日常教学活动中。通过开展大量丰富的课程和宣传活动，以文化的形式阐释爱国的内涵，增强爱国主义教育的感召力和凝聚力，民小学生在潜移默化中正确理解了爱国主义。

保护长城在行动 >>>>>>>

万里长城，历史悠久，蕴藏着中华民族两千多年光辉灿烂的历史文化。长城入选《世界遗产名录》迄今 33 载。有这样一群志同道合的人，他们以网站为依托，在 1999 年 5 月 8 日志愿结成了保护长城的公益组织。这个网站取名"长城小站"。在负责人张俊的牵头及成员努力下，长城小站成为社会参与长城保护的主力军，获得国家文物局等部门的赞誉。

民族小学 2013 级 3 班的小徐，从四年级开始通过长城小站陆续参加了很多保护长城、修复长城和传播长城知识的活动，后来也加入了长城小站。这三年的经历至今让他记忆犹新，每每说起都如数家珍。他刚加入时，听了几场关于长城历史文化的讲座，便深深地爱上了长城，爱上了小站。

2017 年 3 月，四年级的小徐参加了在黄花城水长城拾垃圾的活动。活动开始前，长城小站的老师带志愿者们体验长城的防御纵深，让大家亲自发现长城上的点、线、面，重新理解长城结构。大家深深地被长城的伟大所折服。之后，黄花城水长城拾垃圾环保活动正式开始。大家戴上手套，卷起袖子，手执夹子，大踏步地朝前方走去。长城两边，初春的嫩绿忽隐忽现，让人心旷神怡。地上随处可见的烟头、废纸、瓶子……与周围的美景格格不入。小徐每上一级台阶，都会用夹子夹起不同的垃圾。遇到粘在城墙上的口香糖，还要用手抠，用夹子铲。小徐不时还会看到在城墙砖上被刻下的一行行文字：×××到此一游。看到这闻名中外的历史古迹被一些人如此破坏，小徐的心里难过极了，愤怒、悲痛……不禁涌上心头，小徐多么希望所有人都能爱护长城啊！再看旁边的草丛里花花绿绿的泡沫碗、啤酒瓶，还有随风飘动的塑料袋。他心里有 100 个、1000 个、10000 个问号：为什么非要把垃圾扔在这里，太可恶了！爸爸看到小徐一副认真执着的样子，特别欣慰，他鼓励小徐说："孩子，这里的一草一木、一砖一瓦，都见证着中国两千年来的历史文化，是值得我们好好珍惜的。"听了爸爸的话，小徐更决心用自己的实际行动来保护长城尽一份微薄之力。两小时后，小徐捡的垃圾已经装满了十多个袋子，但他仍然不愿意离开。他的脸满是灰尘，衣服沾满污渍，裤子还被刮破了几个口子，手隔着手套还受了伤……可他全然不顾这些。活动结束后，"小

好学生就该做栋梁

站人"向小徐颁发了黄花城站捡拾垃圾的荣誉证书。小徐捧着证书百感交集，他下定决心一定要让长城变得干净整洁，为保护长城做更多的事。

2018 年 5 月，五年级的小徐和家人一起参加了长城小站组织的"一日筑城"活动。活动地点位于河北省喜峰口西潘家口段长城迁西段和宽城段。长城经历千百年的岁月之后，绝大部分已经损毁，剩余的长城段也急需翻修和保护。当天的主要工作是修复长城城墙。有丰富的古建修缮经验的师傅给大家演示了修缮的一些基本过程：先泼灰(给生石灰泼水)，石灰遇水放出大量的热，由原来的一块块变成白色粉末，非常神奇。结合变化过程，带队老师不失时机地引导孩子们把明代诗人于谦的《石灰吟》"千锤万凿出深山，烈火焚烧若等闲。粉骨碎身全不怕，要留清白在人间"诵读出来，教育孩子们做一个正直清白的人。石灰处理好之后，小徐和爸爸背着装满长城砖的竹篓上山。一个个落在古老的长城上的坚定的步子，负重向上，不停不歇。小徐把砖背到指定位置，施工师傅手把手教他如何正确地把长城砖砌到合适的位置，从此潘家口长城上有了属于小徐的第一块砖。然后，小徐兴致勃勃地一块接一块砌了起来，很快就砌好了一排。看着自己的劳动成果，他大声呼喊："我们的城墙一定会非常壮观的。"晚上，回到住处，大家一起观看了修复长城的纪录片。谁能想象到有这样一群人，每天往返 4 千米的山路，一走就是 10 年——修缮长城。险峻的地势给修缮工作带来很多不便。地势险不能用车，从山下运输石头到修缮处，只能用驴子驮，人和驴子一天要走几小时山路。到了修缮处，推车上不去，砖只能由师傅们一块块背上去。每块重达 15 公斤，一个人最多背两块，几个来回下来，背部磨出血泡是常有的事，衣服过不了几天就会被磨烂。可师傅们没有一句怨言，几十年如一日坚守在长城上。有这样一个画面深深印在小徐的脑海中：一位师傅在只有一根绳子做保护措施的情况下，去到城墙外部勾缝。他的一侧是受损严重的城墙，另一侧就是万丈深渊。可当看到破损的城墙，在自己手下一点点恢复原本的面貌，对他们来说就是最大的欣慰吧！

这几年与长城的相处，让小徐深深地爱上了这里，爱上了小站。保护长城不仅仅是修缮和捡拾，更是在守护中国传统文化。希望用一块块古朴的石头，将厚重的历史传递到更多人那里；希望用一份份爱国的情怀，将人类文明发扬光大。

赵喜辉

我为家乡茶带货 >>>>>>>

2020 年对全世界影响最大的事情莫过于新冠疫情。湖北人民遭遇了前所未有的挑战,湖北的经济遭受了巨大损失。在全国人民的支援下,湖北人民从冬天熬到了春天。2020 年 4 月 15 日,30 位来自湖北的市长、县长走进直播间,上演了一场创纪录的"淘宝直播马拉松"——连播 14 小时为荆楚特色农产品代言。其中就有湖北英山县县长亲自直播带货,宣传"英山云雾茶",徐乐萱同学观看了这个直播。作为一名祖籍湖北省英山县的小学生,徐乐萱有感而发,创作了一篇《六年级学生为家乡带货:我爱故乡的茶》,4 月 20 日发表在英山县人民政府网站,后被众多媒体转载。

小作者徐乐萱是民族小学六年级学生。六年级小学生用文学创作的方式为家乡带货,反映在徐乐萱身上,其实就是民族小学感恩教育的一个缩影。

在老师和同学们心目中,徐乐萱是品学兼优的读书之星,是六年级的书香达人,更是一位感情细腻的小姑娘。读书写作从来都是她最喜欢、最愿意做的事情。徐乐萱曾经代表全年级同学为年级组全体教师团队撰写了颁奖词"大爱无痕,如所不见",写得温暖有力、大气磅礴、感人肺腑。在平日学习中,她用朴实的文字记录了班主任老师为班级主题升旗活动忙前忙后的辛苦与喜悦,写就了高分作文《2019 感动民小的人和事——记我的班主任》。班主任杨老师收到语文老师发来的评分作文,感动得流出了幸福的眼泪。

在徐乐萱的心里,湖北省英山县就是她的故乡,尽管不生于斯,亦不长于斯,但是湖北省英山县的故乡情早就流淌在她的血脉里。她回过几次故乡,感受过故乡的山和水、人和事。徐乐萱创作《六年级学生为家乡带货:我爱故乡的茶》是很自然的反应。英山县地处大别山区,是个茶叶种植大县,到处都是茶园。看完县长直播带货,徐乐萱很兴奋,开始查阅有关茶叶的知识,凭借她对故乡的记忆描绘了山居茶园的美妙景象。最重要的是,她直抒胸臆,表达了想要为家乡带货的想法和期盼,并对所有的读者表达了诚挚的感谢。徐乐萱并不知道会有多少人关注她的文章,也不知道会有多少人关注英山县的茶叶,更不知道最终会帮故乡带多少货,但是她通过自己的努力去为故乡呐喊、代言,行使了作为一个英山人光

好学生就该做栋梁

荣的义务。

徐乐萱希望为家乡带货，希望能帮到家乡人民，这里面有着复杂的情感，其中最容易被我们理解的就是感恩之情、爱家乡爱祖国的感情。感恩家乡养育了自己的爸爸，感恩爸爸养育了自己，对家乡充满亲情与爱恋。中国人讲究祖籍的真情，在这里得到了很好的诠释。祖籍之于一个人的意义，就是不可改变的生命基色。现代社会人员流动性很大，但是无论走到哪里也割舍不掉来自祖籍的影响。看到徐乐萱的这篇作品，最幸福最感动的人莫过于她的爸爸，那个从英山县小山村走到北京的人。感恩是洗涤心灵的过程，乡恋是爱国的基本情愫。

徐乐萱的文章发表以后，民族小学也在学校公众号进行了转载，时逢全国为湖北带货，学校借这件事对全体师生进行了一次感恩教育、爱国主义教育。怀着一颗感恩的心，去看待社会，看待父母，看待亲朋，你将会发现自己是多么快乐。爱家乡爱祖国，了解自己的根脉所系、心灵所依，使生活更充实，奋斗更有目标。民族小学一直以来非常重视爱国主义教育，将爱国主义教育细化落地为爱校、爱家、爱家乡、爱亲人的教育，能够引导学生形成高度的责任感，厚植家国情怀，镌刻鲜明的中国烙印。

杨　慧

共绣国旗同献鲜花，缅怀先烈祝福祖国 >>>>>>>

爱国主义是中华民族的民族心、民族魂，培养社会主义建设者和接班人首先就是要培养学生的爱国情怀。民族小学一直把爱国主义教育放到学校德育工作的首位，将爱国主义精神贯穿于学校教育全过程，各中队学习中华优秀传统文化，阅读中国古典文学、历史典故、神话寓言等，开展诵读和主题演讲，增强对中华优秀传统文化的理解和认同；并通过一系列德育活动，在美好的体验、良好的互动、深入的参与中，体悟爱国主义精神。

2014年烈士纪念日向人民英雄纪念碑敬献花篮仪式于9月30日上午10时在天安门广场隆重举行。民族小学的学生代表与党和国家领导人一同为人民英雄纪念碑献花，缅怀先烈。人民英雄纪念碑巍然耸立，整齐排列的花篮寄托着人们对革命烈士的深情追思，同学们手捧黄菊怀着景仰和崇敬的心情向革命烈士默哀，寄托浓浓的哀思。

参与献花仪式的少先队员代表在接受采访时表示：在这个庄严的活动中，自己的心情是沉重的，因为我们的幸福生活是无数革命先烈用宝贵生命换来的，是他们抛头颅、洒热血，为中华民族的自由解放谱写了一首首壮丽的诗篇。同时，我们又是幸运的，生活在这样和平、美好的年代里，必须发奋学习，为国旗添彩，为祖国增光！

2015年国庆前夕，民小学子与和田、玉树、拉萨三地学生一起开展了"各族儿童心向党"的交流活动。五星红旗，是人民信仰的凝结。为了加深学生们对五星红旗的了解，老师们在交流中以"国旗下的讲述"为内容主线，讲述了革命志士狱中绣红旗、第一代"攀登者"将国旗插上珠峰之巅、"中华神盾"身披五星红旗护航深蓝、"嫦娥团队"让五星红旗在月球背面"闪耀"等动人故事。

国旗红似火，热情燃如焰，为祖国华诞献礼，四地学子开展了共同绣制一面鲜艳的五星红旗的活动。一针一线表达了对祖国、对和平无比热爱的拳拳赤子之心。参与起针的少先队员十分激动，她说：60多年前，第一面五星红旗在天安门冉冉升起，今天在这里用针线和各民族小伙伴一起绣制一面五星红旗，这就是让我们不忘历史、珍惜当下，用自己的双手实现民族的伟大复兴。10月1日当天，民族小学学生与少数民族的小伙伴们共同观看了国庆升旗仪式，走进国旗护卫队，将亲手绣制的国旗赠予国旗手。

习总书记在全国教育大会上强调，"要在厚植爱国主义情怀上下功夫，让爱国主义精神在学生心中牢牢扎根"[1]。民族小学通过一系列爱国主义教育活动，使学生们在思想上受到了一次深刻的洗礼，激发了学生们的爱国主义热情，坚定了学生们为实现中华民族伟大复兴的中国梦而努力读书的意志和决心。

杨　慧

---

① 《习近平：坚持中国特色社会主义教育发展道路　培养德智体美劳全面发展的社会主义建设者和接班人》，http://cpc.people.com.cn/n1/2018/0910/c64094-30284598.html，2023-11-24。

三、加强品德修养，培养仁爱有情怀的学生 >>>>>>>

习总书记在 2013 年全国宣传思想工作会议上指出："国无德不兴，人无德不立。"学校是一个国家民族培养接班人的主阵地。《国家中长期教育改革和发展规划纲要(2010—2020 年)》把"坚持德育为先。立德树人，把社会主义核心价值体系融入国民教育全过程"作为战略主题之一提出。小学阶段加强品德修养，对学生进行德育启蒙，对少年儿童形成正确的世界观、人生观、价值观起到重要作用，有利于培养仁爱有情怀的学生。

品行在于修养，我们倡导并巧花心思鼓励学生从自身做起、从点滴开始，在日常学习生活中加强品德修养、规则意识和文明礼貌。身教胜于言传，学校注重培养榜样，示范引领，用语言教导学生的同时，用行为感染学生。校园中，校长、老师之间见面文明问好，老师和学生热情问好，久而久之，学生们见到老师、同学，还有客人都会主动微笑、打招呼；校长、老师在校园里捡垃圾，带动了全体学生发起了"校园随手捡"的活动，爱护校园环境，树立环保意识，践行环保理念。学校的七彩乐园中，学生学会游戏规则、安全使用规则和礼仪要求方能入园玩耍。在游戏过程中树立规则意识、文明礼仪意识，懂得谦让、合作等交往原则。在做中学，在实践中践行品德修养。

养老院里的小天使 >>>>>>>

"老吾老以及人之老"，尊老敬老是中华民族源远流长的传统美德。2017 年 10 月 28 日农历九月初九是我国的重阳节。这天天气晴好，温暖的阳光洒向大地。学校部分学生在老师和家长的带领下，兴致勃勃地来到了天通苑国际养老院进行慰问演出，为那里的爷爷奶奶们送去祝福。

老人们得知演出的消息后，很早就坐在了观众席等待演出开始。他们之中的很多人已是八九十岁高龄，但依然神采奕奕，让同学们觉得很亲切，就像自己的爷爷奶奶。大家怕打扰到爷爷奶奶休息，都轻声细语地做着演出前的准备，体现出了民族小学的学子风范。

当天的演出异彩纷呈，有歌舞类、曲艺类、武术表演，还有器乐演奏等。都是同学们精心排练的，期待自己的演出能为老人们送去欢乐。

上午九点演出正式开始了！随着悠扬的蒙古族舞曲响起，小柳和小丁表演的蒙古族舞蹈《小骑手》拉开了演出的序幕。两位眉清目秀的小姑娘上场了，她们身着华丽而鲜艳的蒙古族服饰，用优美的舞步、欢快的面容，舞出了自己的情感。观众们的眼神追随着她们，都陶醉在优美的舞姿中。小杨和小李表演的二重唱《故乡的鸿嘎鲁》简直就是天籁之音。"鸿嘎鲁"在蒙古族语言中是"白天鹅"的意思。"飞过遍地的牛和羊，绿色的草原是天堂，追着太阳的鸿嘎鲁，你南来北往，南来北往自由地飞翔……"优美的旋律响彻大厅，老人们随着音乐拍手应和，场面温馨，令人感动。小王、小朱、小郑和小涵又为大家带来中阮合奏《降A大调圆舞曲》四重奏。乐曲时而悠扬和谐，时而又错落有序。一声部犹如一个少年迈着轻快的步伐向前奔跑，二声部仿佛是爸爸妈妈迈着沉稳的步子紧紧追赶，三声部又好像是年迈的奶奶拄着拐棍慢慢跟随。一开场就迎来了满堂喝彩！余音未落，她们又分别用高音阮、中阮、大阮独奏了《圆舞曲》《回旋曲》和《山韵》的节选。高音阮像一位轻盈的芭蕾舞舞者翩翩起舞，中阮像一位稳重的现代舞舞者激情舞蹈，大阮像一位轻缓的古典舞演员风姿绰约，这几段曲子将演出推向了高潮。有的老人一直伴随着节奏，向表演的孩子们竖大拇哥；有的老人一直在鼓掌，双手始终都没有放下；在场的老人们看到精彩之处连连叫好。最后，美妙的钢琴声响起，同学们面带微笑用最动听的声音唱出了《同一首歌》，在场的爷爷奶奶们也跟着一起唱，有位老爷爷边唱边感动得流泪了！当听到热烈掌声时，同学们更加投入了，身体也不由得随着节拍微微地晃动起来。一个上午，虽然屋外寒风四起，但是屋内却是温暖如春。

两小时的演出，凝聚了老师、家长和演员们共同的心血，为了筹备这场演出，窦主任和李老师细心策划，妥善地安排好每一个环节。家长们更是全力支持，制作海报、准备奖品、采买服装。小演员们为了把最好的一面展示给大家，每天完成学业后都主动加练、认真准备，还利用周末邀请专业老师帮助辅导和排练。排练是辛苦的，有时候因为长时间站立腿部酸疼，有时候练习演唱嗓子哑了……但是无论多辛苦，大家觉得这一切都是值得的。

老人们在这里坐了一上午，虽然身体有些疲惫，但却精神抖擞。志愿者协会的领导和敬老院的领导连连称赞孩子们的节目精彩，水平高。爷爷奶奶们也按捺不住激动的心情，清唱了几首老歌！演出结束后，小演员们和爷爷奶奶们合影，还蹲在他们的旁边陪他们聊聊天。这令人感动的一幕幕，见证了孩子们真的长大了，懂事了！

在后台换装时，小王对妈妈说："养老院的爷爷奶奶们看到我们特别高兴，我们进来时，他们都是面带笑容地看着我们。站在舞台上，我虽然有些紧张，但是看到这些爷爷奶奶们很亲切，我就不紧张了，我真想经常来看他们。"小黎激动地说："爷爷奶奶们虽然已是满头白发，但是他们身体都特别棒，头脑很灵活。他们是老革命，为国家贡献了一切，我们要向他们学习。以后，我会继续参加这样的公益活动！"

民族小学的学生们用自己的行动为老人们送去了祝福和温暖，在学生们的内心种下了一颗孝亲敬老的种子，这是我们中华民族传统文化的精华，这是一代代传承发扬的民族精神。学生们说："这个重阳节过得太有意义了！"

赵喜辉

从小做起，培养劳动意识 >>>>>>>

"一屋不扫，何以扫天下？"民族小学希望学生们从小就做到：眼中有事，眼中有人，不忽视平时身边的小事。

我们都听过这个教育小故事：福特捡起地上的一张纸扔进纸篓里，从而超过其他实力强的应聘者获得董事长的青睐，从此开始了他的辉煌之路，直到把公司改为自己的名字。低年级学生的课本里也有《特殊的考试》这篇小故事。这个故事说明了一个小细节就可以看出一个人的素质、一个人做人做事的态度。

校长做表率，学生小榜样

民族小学教育引导学生爱校园、爱环境、讲卫生，不随手乱扔纸屑。看见地上的纸屑，即使不是自己扔的，也要主动弯腰捡起来。看似一个随手的动作，要每个人都做到并不容易，这需要一份责任心和自觉性。

学校要求学生做到的，老师首先就要做好。马校长只要看到地上有纸，都会主动捡起来放进垃圾桶。慢慢我们发现，仅仅校长来捡、老师来捡，不让学生主动去捡，是不行的。一次，校长又看到了地上有一张纸，他故意叫过来旁边的学生："小同学，你能帮忙把纸捡起来，扔到垃圾桶吗？"学生一听是校长在叫自己做好事，高兴地答应，然后开心地捡起纸扔进了垃圾桶。这时校长不忘补上一句："谢谢你啊！别忘了再洗洗手！"学生跳着蹦着，高声答应："好的，谢谢校长。"自己既为保持学校环境卫生做出了一份贡献，又在劳动的过程中得到校长的肯定和关心，学生心里别提多高兴了，再遇到校园中的垃圾都会自觉地捡起。这不是对学生的一个难能可贵的正向引导的机会吗？

民族小学对全校师生提出要求，主动捡起脚下的一张纸。但是，我们仍然发现，很多同学还是假装看不见，不愿意去捡。于是，学校安排了一次"特殊的考试"。我们在隐蔽的地方架起一台摄像机，在学生早晨进校都会经过的路上丢一个纸团。我们想要看一看，在没有人监督的情况下，谁会停下匆忙的脚步弯腰捡起这个纸团。有的学生没有低头，直接进入了教学楼；有的学生看见了，不经意地踢了一脚；有的学生三五成群匆忙地跑进教学楼……终于，一个低年级的男孩注意到了那个纸团，二话没说就捡了起来；后来又有一个高年级的男生，站在纸团前看了一会儿，发现没有人捡，于是他捡了起来。就这样，30 分钟的测试时间，仅仅有 9 人去捡。我们对这个数字很不满意——竟然只有 9 人记得老师的要求，在没有人提醒的情况下主动捡起纸团。我们也庆幸，还好，还有 9 个学生能够把学校当作自己的家，看见纸团没有视而不见迈过去。

在全校升旗仪式上，我们把关于这次特殊考试的视频播放给大家，没有捡纸团的学生羞愧地低下了头。我们把 9 位捡纸团的学生请上了主席台，让他们说说自己当时的想法，台下的每一个学生都认真地倾听。我们为这 9 名同学颁发奖励，授予他们"最美环保少年"的荣誉称号，在学校中树立了榜样。全校学生经历了这次特殊的考试，内心受到了触动，都会主动捡起地上的垃圾。有的学生说："原来我觉得不是我扔的，不捡也可以；现在，我看见垃圾不捡起来，内心仿佛都受到谴责了！"

 校园随手捡，好处多又多

对生活中一些很不起眼的小事或细节的处理，可以反映一个人做人做事的态度，反映一个人的素质，会对这个人的一生产生影响。民族小学正是从做好这些身边小事开始，完善与健全每一个学生的人格的。

学生们在马校长的带领下，慢慢地都成了学校的小主人。这里的小主人可不只是说说，而是学生们身上真的有主人公意识和担当精神。到学校参观的其他省区市的老师经常问："为什么在你们学校看不见垃圾？是你们聘了很多的工人吗？"我们总会笑着说："因为我们学校的学生不制造垃圾，如果发现有掉落的垃圾，都会主动捡起，是不会抬腿迈过去的！"

我们将社会主义核心价值观深植于学生的心，并外化于行，作为我们学校培养学生的标尺，让每一个民小人都是新时代合格公民！

🌾 没有值日生，教室依然干净

每天放学后，留几位同学做值日是每所学校的常规安排。受到校园环境大家集体保洁的启发，我们想如果教室里每位同学都能做好自己区域的保洁，假如教室里没有墩布、扫把、垃圾桶会不会一样干净呢？听到这个假设，也许您脑海里会呈现出垃圾满地、尘埃漫天的画面。其实，只要安排合理，激发每个学生内心的责任感，他们会释放出无限的光芒。这光芒已在民族小学闪耀了。

以往的值日生负责制在实行过程中存在一些问题，比如，因为有人做值日，有的学生习惯性地制造垃圾；教室内出现垃圾的时候，有些学生会存有事不关己的心态，将责任推脱给值日生；不同时间做值日的同学也存在相互指责、推脱责任的现象。因此，既没有真正营造出干净的教室环境，也无益于学生责任心的培养。针对这些问题，民族小学实行了卫生个人负责制，没有值日生，教室依然干净。

🌾 我的地盘我做主

卫生个人负责制突出了个人在集体中的作用，强调每个学生都是班级的小主人，保持教室干净卫生是每个学生的责任。班级内不再放置卫生工具，班主任老师引导学生们将教室区域进行划分，尽量将卫生工作公平公正地平均分配。每个学生负责固定的卫生区，除了每天中午和放学两个卫生检查评价之外，老师对卫生打扫时间不做硬性规定，对于怎样打扫、什么时候打扫，学生们可以自己灵活掌握，将主动权交给学生，实现我的地盘我做主。

 神奇的小抹布

每个学生自备一个小垃圾袋和一块小抹布，发现垃圾及时捡起放进小垃圾袋，并用小抹布清理。这样打扫卫生方便又快捷，而且每个学生都可以参与其中，学生们经常相互提醒、相互监督，再也不随意乱扔垃圾。就这样，很多班级的卫生情况得到了明显改善。课间时，我们也常常看到学生认真地擦地，特别关注自己的管辖范围，生怕弄脏。

慢慢地，学生们适应了没有扫把、墩布、垃圾桶的日子，他们用一块小抹布把教室环境打扫得干干净净。这块神奇的小抹布不仅培养了学生良好的卫生习惯，更增强了他们的责任心；他们由被服务、被管理变为自我管理。同时，他们每天在劳动中，体验到了劳动的辛苦和劳动后享受的喜悦，也懂得了尊重劳动。

好的习惯具有延续性和辐射作用，民族小学的学生不仅在教室里学会了讲卫生，而且当他们走在大街上，走到任何地方，都能做到讲卫生、不乱扔垃圾，形成了爱护环境的责任意识。这种卫生习惯和环境意识在行动中感染其他人，久而久之也会推动形成文明的社会力量。

周雪莲

 在责任中体验快乐

民族小学在学生的习惯养成方面，十分重视培养学生的责任与担当、劳动的意识和能力。每个学生不仅仅要管理好自己，还要胸怀一颗火热的心。在责任中体验快乐，增长技能；学会关爱他人，愿意服务、帮助他人。学生在一点一滴的小事中懂得责任与担当，并逐渐形成为一生的好习惯。

学校中的每一个地方、每一样东西都有人管理。比如，班级设有分餐员、黑板美容师、窗台管理员、节能小卫士、图书管理员、作业管理员、营养快递员、课前提醒员、桌椅小管家等几十个岗位。学生自己选择想要负责的一个工作，佩戴工作标牌，坚持每天为大家服务。小学生，尤其是低年级的小学生，他们的能力还相对较弱，有的时候可能会忘记自己的工作。因此，每个班都会把本班的责任岗和相应的负责人名单张贴在班级显眼的位置，并标明每个岗位的服务标准，

从而加强了志愿服务的规范性。这就是民族小学提倡的"责任人人知，同伴互提醒"。

　　一天，二年级的芳芳同学急匆匆地跑进老师的办公室，红扑扑的小脸蛋儿上淌着汗珠儿："老师，不好了，我发现咱们班楼道里总有一些不遵守规则的同学跑来跑去，很容易发生危险。我想，是不是能安排一个志愿服务岗，专门在楼道里提醒同学？老师，我想当这个志愿者。"班主任毛老师眼睛里流露出欣喜，怜爱地说："你真是一个心中有他人的好孩子！"毛老师把这件事和年级组老师进行了沟通，年级组长征集班主任们的意见后，决定每个班级都设立楼道文明监察员岗位，在班会上通过民主选举推荐人选。学校在周一的升旗仪式上，特别表扬了芳芳同学。主席台上的芳芳挺胸抬头，衣着整洁利落，鲜艳的红领巾飘在胸前，眼中充满了自信、喜悦和希望。

　　小伙伴间相互知道每个人的责任和服务标准，不用老师去评价，就可以相互监督。比如，窗台脏了，他们就会去找负责的同学进行整理；同学们离开教室了，如果节能小卫士忘记关灯，也会有同学提醒他回去关灯；花儿缺水了，一定会有同学来浇水，有的同学还会提醒他不同植物的养护方法。班里的小伙伴们朝夕相处，他们会相互学习，互为榜样。现在，就连学校里一年级的小同学们都能把自己的班级管理得井井有条，老师们真是看在眼里喜在心里。

　　人人皆劳动，尊重互体谅，责任岗不仅让学生们学会了自我管理、服务他人，还让他们在劳动中学会了尊重他人的劳动成果，学会了体恤别人的辛苦。

　　学校的区域被划分为六部分，分别交给各年级负责。课间时，本年级的学生就要关注这个区域，是否有纸屑等垃圾，并要随时处理，保证校园的每一个角落都是干净的。学校三年级学生的责任区是教学楼前的小花园。课间他们在花园中玩耍时，都会有学生轮流拿着抹布到花园中的长廊擦拭座椅和柱子。因此，任何人任何时间到长廊中休息时，座椅都是干净的。小志愿者们在校园中默默无闻地为他人服务，每天坚持，从未中断。想一想，古香古色的长廊、灰色的瓦、红色的椽柱、绿色的座椅，还有六七个"红领巾"在打扫和擦拭，一旁的少年在悠闲地看书、轻声地交谈，这个场面是多么和谐与舒适啊！

　　正是小志愿者们辛苦付出了，所以他们会格外珍惜自己的劳动成果。如果有同学乱扔垃圾，他们就会主动上前制止，并捡起扔进垃圾桶；如果有同学脚踩在长椅上，他们也会告诉他，长椅是用来坐的，不能踩脏。不用老师管理，小伙伴间就很自然地进行了同辈教育，取得了很好的效果。

每学期，学校都组织全校学生在志愿者旗帜下进行宣誓，通过庄严、隆重的宣誓，让学生懂得自己肩上的一份责任是神圣的，做好一点一滴的小事，默默无闻地为他人服务是快乐的。学校还会组织学生投票评选出自己身边优秀的小志愿者，进行全校表彰。这些尽职尽责的小志愿者们为小伙伴们树立了学习的榜样。志愿服务岗的教育实践活动已经深入学生的内心，校园中人人有岗位，事事有人做，学生们在自我管理和相互服务的过程中，培育了责任感，增强了劳动观念。同伴间的教育和影响促使志愿服务做得更加深入，落到实处。学生们在相互尊重、人人平等的氛围中，学会担当，快乐成长！

赵小波

抗疫有我——捐赠防护衣的故事 >>>>>>>

2020年2月24日是个特别的星期一，湖北省中西医结合医院一名奋战在抗疫一线的医生张阳普发了这样一条朋友圈信息。

今天过了一个特别有意义的生日！听话的杰哥、逆行中的同事、康复出院的3名患者、北京市海淀区民族小学二年级7班的小朋友、关心支持我的亲友及爱心人士们！有你们真好！感恩！

这条看似普通的朋友圈立刻获得了175个赞和79条回复，所有看到的人无不感动。这条朋友圈背后的故事，要从2018级7班大朋友和小朋友们自发捐赠的1300件防护服说起。

2020年初始，一场新冠疫情席卷祖国大地，影响着无数人的生活，口罩和防护服一瞬间成为稀缺的物资。2018级7班的学生和家长们一直关注着事情的进展，同时也为舍己除魔的逆行天使们揪着心，家中电视机里全天播放的都是相关的新闻，每一个画面都在学生们心里留下深深的印记。很多学生都在思考：我们能安心居家生活和学习，是因为全国医护人员为我们冲锋陷阵坚守一线，是因为很多的爱心人士和企业都在尽自己的全力，是因为全国乃至全世界的中国人众志成城，募集当地的防护物资寄往国内最需要的地方！作为少先队员的我们，现在能为一

好学生就该做栋梁

线的叔叔阿姨们做点什么呢?

2020 年 2 月初的一天,2018 级 7 班的小范同学看到妈妈因为参加了医用紧急物资捐助的志愿工作,经常忙到很晚才能回家,于是问妈妈每天的志愿工作在做什么。妈妈告诉她,现在全国各个地方都有很多人在为武汉捐助物资,通过妈妈参与的志愿工作,这些捐赠物资可以非常快地被运到最需要的地方,救助很多人。"妈妈您真棒!我能不能也像妈妈一样为叔叔阿姨们做点什么呢?捐点什么呢?"小范伸着脖子望了望自己的书桌、柜子:"对了,过年的零花钱!"通过和妈妈的对话,小范开始筹划怎样宣传能让更多的小朋友发挥自己的力量帮助更多的医护人员。小范和妈妈谈起了自己的想法,小范妈妈听到孩子的想法感到惊奇,平时那个小气、斤斤计较的小孩怎么一下子变得这么大气?!在民族小学的教育下,孩子逐渐成长为一个乐于分享、心里有他人的少年!这是一件非常有意义的事情!小范妈妈非常痛快地答应了。

经过一系列的筹划工作,2 月 15 日小范和妈妈在班级群发出了正式的捐款倡议书。倡议书一发出,立刻得到了班里同学们和家长们的积极响应,全体同学包括已经转学的小肖同学纷纷捐出了自己的零花钱。这次捐款一共募集到善款 10381 元,总共采购到了 1300 件防护服。这批物资在小范妈妈的帮助下,被顺利送往了湖北省中西医结合医院和湖北航天医院。学生们的爱心也随着这 1300 件防护服一起传递到了武汉抗疫一线。

2 月 24 日,令学生们非常惊喜又感动的是,工作在前线的医生们不仅为他们的这个爱心义举开具了捐助证明,还在百忙之中写了感谢信并录制了感谢视频。学生们的小小善举对前线的防护工作来说可能只是杯水车薪,医生们不必抽出时间写感谢信、录感谢视频,但他们还是做了。他们的行为细心地保护了孩子们的责任意识、担当意识,以及对医护人员的感恩之情。想到这些学生们对医护人员们更加敬佩了。

这次活动得到了班主任南老师和马校长强烈的支持与极高的评价。正如马校长所说,"危机时刻正是教育的宝贵时机。在举国抗疫的大背景下,我们除了督促孩子学习知识,更应该关注的是,将生存与生活的智慧,将共赴时艰、舍身忘我的气节,将作为中国人的责任与担当,植入下一代人的精神基因"。马校长一直关注着为医护人员献出爱心的孩子们。在 2018 级 7 班开展的线上班会课上,马校长找到南老师提出要加入本次班会，当面表扬一下班里的同学们。

在班会中，马校长语重心长地对同学们说："孩子们，在这个不一样的春天，你们真正长大了。你们付出的爱心展现出了新时代少先队员的责任和担当。你们不愧是民族小学的学生！真棒！"

班主任南老师也代表老师们表达了对学生们善举的赞许："南老师感到非常激动，感谢你们的善举，你们为一线的英雄贡献自己的力量，你们知道吗？你们也是英雄，是自己的英雄，你们在家做好自己的事，同时关心医护人员们，为他们提供力所能及的支持！南老师为你们点赞。"

班里小刘同学的妈妈也是一名医生，她深深地理解前线医生们的需求和心声，她代表家长们对同学们说："你们用自己的压岁钱、零花钱换成的防护用品对于医护人员而言就是战士的盔甲，能帮助医护人员在与病毒战斗时保障他们的安全。病毒无情，人间有爱，我们一定能打赢这场防控攻坚战！"

马校长、南老师、小范、小范妈妈以及小刘妈妈给同学们上了一堂家国情怀教育课，亲自参与捐助物资的全过程让同学们对爱国、责任有了切身的感受和体会，这是任何普通课堂上都体会不到的感受，同学们纷纷表示要继续学习和不断成长。

民族小学一直注重学生的好品质和同情心的培养，"现实生活是孩子们最好的教科书"，这次突发情况带给同学们的绝不应仅仅是线下课变成线上课，在经历了这些之后，同学们应更加懂得对自然的了解与敬畏、对生命的尊重与珍惜、对信息的分辨与思考，对爱的接纳与回馈、对社会的责任与担当。拥有这些品质，学生将受益一生。就像马校长希望的那样"在这不一样的春天，让孩子真正长大"。

周　静

1000 个口罩的故事

现在的孩子相当一部分是独生子女，有爸爸、妈妈、爷爷、奶奶、姥姥、姥爷那么多人抚养照顾，他们很难想到别人，因此"自我中心"是这群"10 后"娃娃（2010 年后出生的孩子）身上的一个标签！然而，在国家发展、社会生活中只想到自己的孩子，能够建设好自己的国家吗？做得了未来社会的发展主力吗？民族小学的教师经常思考用什么途径和方法浸润学生们，让学生们学会责任和担当。

小立从"自我中心"到"心系他人"的改变，让人觉得最为突出！小立的家庭条件非常好，他是家庭的中心，有爸爸、妈妈、爷爷、奶奶、姥姥、姥爷等亲人宠着爱着。从小过着"众星捧月""衣来伸手饭来张口"的日子。他很少为家里的长辈做一点点事儿，心里只有自己。有一天，夜里很晚了，班主任接到他妈妈的电话，电话那边是小立妈妈抽噎的声音。"张老师，今天小立下课回家九点多了，我给他准备加餐，因为没有他喜欢的牛奶，必须让我去超市买，可是超市关门了，我着急跑出去还把脚崴了，现在肿得不行，明天可能送不了他，爸爸送他可能会晚……"班主任当时十分震惊，一个 10 岁的男孩儿，妈妈崴了脚还得去买牛奶……挂了电话，班主任回想小立在学校的种种，他从不捡起脚边的纸屑、他从不主动关门、他从不主动摆桌子(即使是自己的桌子)……意识到培养孩子的责任感，让他学会为他人着想是非常迫切的目标呀！

　　第二天早晨，小立来了学校，班主任认真地与他进行谈话，他们没有谈"牛奶事件"，而是问他："小立你看你个子这么高，这么聪明懂事儿，你能够当老师的特助吗？"小立好奇地问什么是特助。"特助就是张老师的特殊助理，张老师是一个丢三落四的人，还经常忙得没时间，所以急需一个能帮助、监督我的人。"小立似懂非懂地点点头，虽然干什么还是摸不着头脑，但是他明确了：就是帮助张老师干事儿的一个职位，他特别开心地接受了。于是，每天就像一个小尾巴一样跟着班主任，事无巨细地提醒班主任：张老师，您带书了吗？张老师开会带本；张老师下午数学课调到上午了哈……直到有一天他说：张老师您太辛苦了，又上课又得教育我们，还得老开会，太不容易了……张老师对他说："宝儿，你说老师很辛苦，你爸爸妈妈也上班呀！他们回家还得照顾你，检查你作业对不对？你觉得他们是不是也很辛苦？"小立想了想，点了点头，眼里闪烁着光。经过了一个学期，到学期末，小立妈妈告诉班主任说："张老师，您知道吗？以前小立对家里人的事情不闻不问、不理不睬，只要不耽误他吃饭、上课、睡觉就好，现在他就像一个小管家一样，天天提醒我喝水、拿雨伞、穿衣服，甚至抹防晒霜……变化太惊人了！我都感觉我儿子变了一个人，又暖心、又体贴……"听到他妈妈的话，班主任特别开心！这是孩子在参与中有了责任感啊。

　　2020 年春新型冠状病毒肆虐，口罩成为刚需，小小的口罩一片难求。这时的小立，第一时间想到的是班级里的同学们有没有口罩，老师们有没有口罩。他发动全家，包括国外的亲戚购买口罩。小立拿出他全部的零花钱买了 1000 个各种各样、产地不同的口罩！2020 年的"六一"儿童节，六年级迎来开学，小立扛来了一个大大的箱子，里面是他为同学们收集来的口罩！这个曾经"油瓶倒了都不扶"的小立，现在是心系同学、心系学校、心系社会的好少年！

我们常常把培养学生的责任感放在嘴边，用无数的名言警句激励学生们，但是让学生参与到责任中，在行动中感受到担当的重要性才是我们需要做的。只有有了真情实感他们才能理解"先天下之忧而忧，后天下之乐而乐"是何等宽阔的胸怀。以小见大，他们才能参与到家国天下的建设中！

张宇燕

四、开拓视野格局，培养有真知灼见的学生　>>>>>>>>

当今社会，科技发展，网络发达，获取知识的途径越来越多，学习知识变得越来越容易，然而，单纯的知识传输早已不是现代教育的任务，现代教育应该引导学生珍惜学习时光，努力求知问学、增长见识、丰富学识，沿着求真理、悟道理、明事理的方向前进。民族小学倡导"像办大学那样办小学"，目的就是要增长学生的见识、开拓学生的视野。

我是新闻评论员　>>>>>>>

"2017 年 3 月 26 日，11 岁男孩小高与三位小伙伴未通过 App 扫码获取密码，就各自解锁一辆共享单车上路骑行，与一辆大客车相撞，不幸身亡。接下来请大家就这则新闻来谈谈自己的看法。"主持人小德站在讲台前郑重地向同学们介绍今天要讨论的热点新闻。

小仁迫不及待地站起来说："主持人，从新闻中我看到 11 岁的小高骑自行车未遵守国家道路法规定——未满 12 周岁的不能在道路上骑车。该同学在没有遵守规则下受到了伤害，责任应该由自己来承担。这个法律规定学校曾经给同学们介绍过。"

"主持人，我同意小仁的看法，我想说男孩小高存在重大过错在先，他要来承担大部分责任，大客车也存在一定过错，需要承担次要的责任。"小义说道。

"主持人，我想说共享单车也有一定责任，当时小高骑的共享单车上没贴12周岁以下不得骑车上路的警示标志。"小礼停了一下，无奈地继续说道，"而且，这种共享单车的车锁密码只有四位特别简单，同一辆车的密码实际是固定不变的，可以不通过软件就能打开。这就给许多不遵守规则的人提供了可乘之机。"

⋯⋯ ⋯⋯

主持人小德继续说道："这则新闻给了我们哪些启示呢？"

"主持人，没有规矩，不成方圆。学校在升旗仪式时就多次讲过要遵守法律和社会规则，每一个人都要有规则意识，这样才不会让自己和别人受到伤害。"小智毫不犹豫地站起来大声地向全班同学说道。

小信赶紧站起来说道："我们小学生对新鲜的事物有很强的好奇心，这是发明与创造的基础，但不能成为我们用生命尝试的借口。"

"我们也有义务来提醒那些没有规则意识和心存侥幸的人，像违反交通规则闯红灯的、街上乱扔垃圾的。'勿以恶小而为之'，这样的小事做多了可真会酿成大祸的。"小金边说边看向大家。

小忠一字一顿气愤地说："法律应该规定违反规则或是法律造成损害的由违反者来承担，才能体现出社会公平公正。提供服务的企业也应该完善好产品的安全性，有利于避免不幸的发生。"

"我昨天查了一下到目前为止，法院还没有进行判决。希望法院能早日判决，为有可能再发生类似的情况提供一个借鉴，也会警示小朋友们不要去做违反法规的事情。"小明担忧地说。

⋯⋯ ⋯⋯

这是五年级同学在早会时间对社会热点新闻的评论。评论中同学们不仅依据新闻内容进行了细致的描述，而且还收集了相关资料为自己的论述作依据。在发表完对事件的看法后，同学们还结合事件说出了给自己带来的启示。

"不积跬步，无以至千里。"从一年级开始教师就会选择社会热点新闻引导学生介绍新闻内容并进行简单的评价。学生的评价是五花八门的，经常关注的是事件是否合理，而不是反映的问题。教师逐渐调整方法让学生利用新闻中的文字或是视频来具体描述产生的问题和避免的方法。随着学生年龄的增长开始由学生选择新闻，这里也出现过学生选择了不适合讨论的问题。我们逐渐改进，变成讨论的热点，由老师和几名同学先进行讨论确定有意义的内容，再由全班进行讨论。四年级时，材料的内容提前布置给学生，这样他们就会试着去查找相关的背景资料，学生站在更宽广的视角上来对新闻进行评论。例如，为什么李克强总理关注圆珠笔头的生产？学生首先感到圆珠是细小、微不足道、不被关注的。查阅资料后他们发现生产技术是复杂的，体会到不仅要关注科技中的大项目，还要关注生活中的小细节、小事情，只有这样的叠加才能做出更大的事情。有些社会新闻很具有讨论性，但不利于学生价值观的形成，我们就选择经过一定时间沉淀的内容进行讨论，以帮助学生树立正确的价值观和全面思考自己的社会责任。

叶圣陶先生提出生活即教育。学生们的日常是处于生活之中的，学生不是社会生活的旁观者，而是实实在在的参与者，生活中的所有事件也都可以成为学生的教育点。在学校中学生学到的是应该怎样做、为什么这样做，多以理论的形式存在，很少能结合生活中的实际情景来感悟。有些事情不需要学生去试，只需要学生设身处地地利用社会新闻形成代入感，就能够把学生与生活紧密联系在一起，这样既能锻炼学生的表达能力，又能培养学生的是非观念。学生利用社会热点能够时时联系社会映照自己的行为和思想并从中吸取经验和教训，有利于学生正确价值观的形成，有利于学生从生活中的一件件小事来提出自己的改进性意见，浸润学生对社会的责任和担当，最后真正实现教育的知行合一，为未来社会培养合格的公民。

李　平

金鹏振翅 >>>>>>>

　　"书上明明是 40，你怎么写成 4 了？""哎呀，你怎么这么笨呢！""一会儿喝水，一会儿去厕所，一会儿吃东西，你屁股长钉子了？""从放学到现在已经几小时了，你怎么还没写完作业？"……一声声刺耳的吼叫穿过墙壁向我的耳朵袭来，日复一日，这些话已经被重复了无数遍，我的耳朵也"抗议"了无数次。我能想象到隔壁家里当时的场面：妈妈被气得声嘶力竭，孩子在旁边委屈地抽泣着。这是因为我在一二年级的时候，和隔壁的孩子一样，写作业磨磨蹭蹭，不认真；每天晚上妈妈如"门神"一样守在我身边，时时刻刻盯着我，时不时还会大吼几声，让我感到既压抑又无奈。现在，每当听到隔壁那刺耳的吼声，我就在想学生每天都要写作业，家长是否有必要参与孩子的家庭作业呢？哪些有效的参与方式才能让家长不这么急躁，不这么痛苦？怎样才能让孩子养成良好的学习习惯，在写作业的时候心情更舒畅，更有效率呢？于是，我决定和同学们一起做一个关于家长参与小学生家庭作业的情况调查。

最初调查报告的题目是"关于家长陪孩子写作业的情况调查"，但是在知网上输入关键词"陪作业""陪写作业"后，只搜到了一篇文章，我当时失望极了。我想，怎么研究这个问题的人这么少呢？难道我是第二个吃螃蟹的人吗？晚上，妈妈和姥姥比赛做数独，她们叫我："你要不要参与？""参与"这两个字像一道闪电一下子触动了我的神经，我为什么不试试搜索"家长参与"这几个字呢！我迫不及待地打开电脑，当在知网输入"家长参与"几个字以后，我兴奋地跳了起来，因为很多个与家长参与有关的资料出现在我的面前。于是，我把题目改为：关于家长参与小学生家庭作业的情况调查。

在阅读了几篇文章后，我发现对于参与方式的分类有很多种，我到底依据哪种分类来设计问卷呢？经过认真的分析和思考，我感觉有些分类并不细致，对于我们来说理解起来比较困难，有些因为是国外学者提出来的，又不太适合我国现状，于是我们对分类进行了修改，使其更加细致、适合我国国情。

最初的问卷我们设计了24个问题，并将作业区分为校内作业和校外作业，因为现在好多小学生和我们一样有校外课程，校外课程所学的知识有些已经超过了我们的理解能力，导致我们在完成作业时经常和家长发生矛盾。但后来我又查阅了相关资料，发现对于家庭作业的定义是：学校老师布置给学生，让他们在课外时间完成的任务。于是，我们便删除了和校外作业有关的几个问题，只考虑学校老师留给我们的家庭作业。同时，还删除了与我们所要调查的内容关系不大的问题，比如家长的年龄等；我们还根据查阅的资料设计了一些和参与方式有关的问题；我们对问题的表述方式和问题呈现的先后顺序也进行了调整。经过十几次的修改和完善，最终确定了20道题目。真不容易啊！

最初我想尝试用专业软件对问卷数据进行相关性分析，于是，妈妈带着我去找两个读研究生的大姐姐求教。可是实际一操作，我就傻眼了，听着她们的讲解，我觉得像听天书一样，完全不懂。两个大姐姐说，她们可以帮我把数据分析做好，我直接用就可以了。我可不想作假！所以我放弃了用专业软件做相关性分析的念头，乖乖地用问卷星里通俗易懂的交叉分析。

　　姥姥说："做这调查有啥用，耗费这么多精力，有那时间还不如多做几道题。"我可不同意姥姥的说法，我感觉做调查的每一个环节都像下棋一样，需要缜密的分析。在整个调查过程中，我不仅学到了很多新知识，还锻炼了自己的写作能力、与人沟通的能力、独立思考的能力，这些书本上学不到的知识和体验让我受益匪浅。最重要的是当我看到家长发的反馈信息——"填完反省了一下自己陪作业的方式，步步紧逼，使孩子做作业太依赖""看看内容很有启发……我将调查的结果和相关的建议分享给大家，希望未来写作业时不再有吼叫和哭泣"时，我感觉我们做的调查还是很有意义的，虽然起不到"一石激起千层浪"的效果，但是再小的石子扔进平静的小河也会泛起一点点涟漪，这足以说明我们的努力和付出是值得的。

　　这是参与北京市中小学生金鹏科技论坛的 2015 级 5 班姜沛池同学的研究日志。他的研究从日常小事着眼，进行了较为科学的资料收集和整理，筛选了问卷的题目，做到了学术真诚，分享了研究成果，感受到研究的社会意义。他的研究过程让师生感受到了他从小做起、心系社会的责任与担当。从小做起的研究是对社会主义核心价值观的践行，一次次的研究也会将他历练为社会主义合格的建设者和接班人。他只是民族小学众多金鹏科技论坛参与者的一员。

　　金鹏科技论坛是由北京市教育委员会主办，北京学生活动管理中心承办并实施的一项在全市有广泛影响的科技教育活动。学校参加这个活动以来，共有 38 个项目参与评选，关注社会的研究就有 19 项。研究内容从学生兴趣班到老旧小区生活垃圾分类，从学生消费水平到近视眼调查，从失踪儿童特征到家庭医生签约等社会性调查，并都提出了合理化建议，凸显了学生们关注社会生活的责任感。

　　民族小学利用金鹏科技论坛先后培养了 120 多名学生进行社会调查研究，增强了学生们从身边小事做起的社会责任感，奠定了学生们正确的世界观、人生观、价值观。当未来他们参与社会建设时定会"大鹏一日同风起，扶摇直上九万里"。

李　平

好学生就该做栋梁

行走在祖国大地 >>>>>>>

每年春天，民族小学都会组织六年级学生开展研学活动。每一次学生研学设计都从通晓民族文化、扎实学识、自强身心等多种角度出发，为学生的成长奠基，为学生的成长助力。

我国地大物博，有着不同的气候区、地形区，自然景观不同，大江大河各具特色，人类活动造就了不同的聚落形态和区域文化，文化资源丰富。而学生研学旅行的时间有限，学校会综合考虑学生地理知识的延伸、人身安全、身体承受能力、费用、时间、兴趣等各种因素，明确研学旅行的主题，根据学生实际情况制定翔实的研学方案。丰富多彩的游览和体验活动，让学生们学有所获，学有所成。

为使研学旅行达到预期目标，取得最佳效果，学校为学生们设计了《研学手册》，里面涉及了研学目的地的历史和地理知识、文化介绍，以及每天研学后需要记录下的心得体会等。学生在研学之前就拿到了这本手册，并根据手册上的提示进行了相关的学习和资料查询。可以说，研学活动是学生带着问题和思考走进社会大课堂，用已知去丈量未知，充分激发了学生自主学习和探究的欲望。学生们在准备研学的过程中熟悉研学的知识，思考自己应该做什么准备，如生活上怎么安排、怎么使用金钱，为自立能力的培养做了准备。

研学旅行是课堂的延伸，身临其境的实地体验会使知识更加生动活泼，使学生对书本内容的理解更加深刻。例如，在孔子的故乡曲阜，学生们身着古代服装祭拜先师孔子，齐诵《论语》，近距离感受儒家文化气息；走进孔府，聆听关于孔子家族珍贵档案的介绍；徜徉于孔林，感悟着自然文化与历史交融的奥秘。在孟子的故乡邹城，他们亲眼见到孟府、孟庙内千年的老槐树、美丽的流苏树，不禁感叹自然力量的神奇……这些自然情景中的实地体验，促使学生从现实情境出发，设身处地地认识自然或人文地理的基本规律，也使探究性学习方式真正落到实处，有助于提高学生终身学习的能力。

祖国博大精深的历史和文化带给学生们很多的感悟。回到学校，学生们纷纷用文字记录下研学的所见、所闻、所感、所悟。一篇篇美文，充满着学生们对祖国的热爱，是他们成长中宝贵的财富。

孔子一生不畏艰难险阻克服重重困难，刻苦钻研治学之道，为我们后人留下了经典的文化精髓思想。我们不仅要学习和传承儒学文化，更要学习孔子孜孜不倦的求学精神。——王小岩

　　炽热的阳光，炙烤着大地，几乎快要冒出烟来，可我却紧披着棉袄，只觉得寒意再次袭满了全身。一路上，所有的园林美景，都如同梦魇般折磨着我，吞噬我的精神。同学们在孔庙里扶着我，慢慢向前走着。再热的阳光，对我来说依旧非常清冷，只有同学们的手让我感到一丝暖意。回忆第一天的事，同学们去孔庙一定学到了不少东西，但我也有一份永远值得珍藏的六一班的专属温暖！——刘桐歌

　　虽然，这也许是学生们众多旅行中的一次，但绝对是最难忘的一次，不再是走马观花的匆匆一瞥，不再是蜻蜓点水般的管中窥豹，学生们有理有据、有过程地亲身参与到学习中，这才是行"万里路"的目的！对于大多数学生来说这也是精神"断奶"的机会，第一次离开自己的爸爸妈妈独自旅行，长了见识的同时，学会了独立自主。更重要的是在游历祖国大好河山、见证灿烂优秀传统文化的同时，"我骄傲我是中国人"成为共同的心声。

　　古人讲"读万卷书，行万里路"。读万卷书后行万里路，亲历躬行，参证精思，知识和情感都将飞跃到一个较高层次。毕业研学是民族小学学生们小学生活中最为精彩的一次学习活动，传统文化的熏陶，历史和地理知识的挖掘，书本中的知识变成亲眼所见、触手可及。爱国主义教育，在润物无声中悄然直抵心底，铺陈学生们的人生底色。

张宇燕

五、树立高远志向，培养有奋斗精神的学生 >>>>>>>>

　　一个人的成长离不开生活的艰苦磨砺，正所谓"天将降大任于是人也，必先苦其心志，劳其筋骨，饿其体肤，空乏其身，行拂乱其所为，所以动心忍性，曾益其所不能"。经受艰难困苦，勇于奋斗拼搏，才可以锻造坚韧不拔的毅力，成就幸福的人生。

以高远的志向砥砺奋斗精神，在人生道路上刚健有为、自强不息。我们学校的校歌是《好学生就该做栋梁》，"小孩子也有大志向，好学生就该做栋梁"，学生们在每周的升旗仪式上高唱校歌，立志高远也早已深入人心。学校的校训是"做最好的我，在我最好的方面"，就是鼓励学生结合自己的专长，树立奋斗目标，并激励自己，通过不懈的努力取得进步，获得成功。我们在学生中挖掘敢于担当、不懈奋斗、取得优异成绩的小达人、小博士；为团结拼搏、奋发向上、取得佳绩的团体颁发"最高荣誉奖"，广泛宣传他们的事迹，为全体学生树立榜样。

学生在校用餐实行自助取餐、文明用餐、适量取餐的原则。学生自助取餐，通过有序排队，自己动手盛饭等参与劳动，根据自己的食量取餐，杜绝浪费，让学生树立节约意识。校园责任岗的设置，倡导"人人有事做，事事有人管"。让每个学生都能在学校找到适合自己的岗位，从小锻炼责任担当意识。通过校园的点滴付出，辛勤劳动，逐步培养学生的艰苦奋斗精神。

世上无难事，只要肯登攀 >>>>>>>

梁启超在《少年中国说》里发出警世之语，"故今之责任，不在他人，而全在我少年""少年强则国强"，一个国家今日之少年必是将来建设祖国的接班人，身体素质是人之根本，因此少年儿童的体质问题是党和国家挂念在心的民族大业，这也自然成为基础教育特别关注的问题。

海淀区从 2016 年开始举办全区小学体质监测活动，从全区所有小学中随机抽学校、年级和班级参加体质测试，因为这个活动有排名环节，所以这个抽测又被称为"体测比赛"，旨在激励各所学校更加重视学生体质，重视平日的体育教育和锻炼习惯的养成。2016 年民族小学首次参加体质监测抽测，被抽中班级取得了全区第四的好成绩。2017 年的抽测最终由当年的五(4)班学生代表学校参加。他们能如上一届师哥师姐们一样取得好成绩吗？

五(4)班由 36 名学生组成，体育老师根据日常体质监测成绩分析：全年级有 8 个平行班级，五(4)班的排名在年级第六的位置，目前这个状态想获得海淀区前十名的成绩是有困难的！同学们在体育课上得知这个消息之后，一种不自信的消极情绪在班级里弥漫，"五(1)班是年级体质成绩的佼佼者，如果 1 班代表学校参加体测，就会比我们班强很多！"4班的学生们纷纷感叹运气不好。

但是世上无难事，只要肯登攀！学校的活动从来不单单在乎结果，参与活动的过程才是更为精彩的育人成长的过程。体测活动的目的也从来不只是育体，思想品德教育对学生来说更为意义深远。班主任赵老师同样第一时间得到了通知，他知道学生们的消极情绪主要来自对班集体不能代表学校再创佳绩的担心，抓住了这一点，赵老师对同学们说："孩子们，老师知道有些同学气馁了，担心咱班不能在这次体测中为学校争光，所以你们有点迟疑和自卑，说了一些泄气的话。但老师却要表扬大家，你们有很强的集体荣誉感，你们是爱学校、爱集体、爱老师、珍惜荣誉的孩子，不愧为民小的孩子，你们有这样美好的品质，校长、老师和家长们感到无比欣慰。你们对这次比赛要有信心，因为我们一直以'读书、跑步、写字'为学校三项必修课程，咱们这届学生从一年级就开始执行贯彻，早锻炼、午锻炼、回家后的晚锻炼一直都在坚持，很多同学都在原有基础上取得了巨大的进步。所以乐观些推断，我们学校的总体体质水平很可能要高于其他大部分学校。咱班虽然不是咱们五年级八个班的第一，但全区衡量起来，咱们应该不是弱班。世上无难事，只要肯登攀。伟人告诉我们，战略上藐视敌人，战术上重视敌人，我们要乐观地面对困难和考验，同时更要加紧认真练习。老师相信你们，所以再不要说气馁的话啦！"同学们听了班主任慷慨激昂的鼓舞，眼睛里射出坚毅的光芒，似乎在向困难宣战，在向心中的那个自己发出命令：乐观、争取、积极面对！在积极锻炼的同时，学生们创作美术、书法、作文等不同形式的作品，用班级文化布置鼓舞人心。

离体测比赛还有几周的时间，校长亲自带着行政干部走进班集体，嘱咐同学们要刻苦锻炼，但也要放平心态，切忌锻炼过度，并经常性地和同学们一起锻炼。马校长偶尔课间操时会做跟跑老师，王副校长指导吹肺活量的技巧，体育杨主任和学生比起仰卧起坐……学生刻苦的训练中时常响起开心的笑声。校领导的关怀让学生备受鼓舞，学生感受到的不仅仅是关心，更是来自老师们的爱，这种爱，让心中充满希望。

马校长经常说，要让有意义的事变得有意思，老师们正是依此开展工作。体育耿老师制订了科学严谨的训练计划，密密麻麻的表格记录着学生每次测试的成绩，其间点缀着红色、蓝色、黄色的标记，这厚厚的、复杂烦琐的记录单凝聚着

她操劳的汗水。为了能和学生一起上体育课，班主任赵老师调整了自己的课表，为的就是与学生同甘共苦，使他们得到鼓舞，在他们累了的时候讲个笑话轻松一下，在他们要松懈的时候给他们加油助威。耿老师和班主任一起买了糖果和牛奶，帮助学生补充营养。所有方面的努力，使得这段本来充满苦累的训练时光变得温暖而灿烂，使它成为每个学生心中一段难忘的经历。

家长也被班集体的凝聚力、学生的积极性所感动，很多家长取消了国庆假期的出游计划，选择与学生一起来学校锻炼(假期操场特别向五年级学生开放)。放学后，家长会陪孩子在公园锻炼。赵翔妈妈等家委会成员给孩子们买来巧克力和矿泉水。这些欢乐、这些纯真的情感、这些无私的付出怎能不触人心弦而让人从心底涌出感动呢?

体质监测的任务从 2017 年 9 月 20 日抽年级、抽班级开始，原定于 10 月 9 日进行，但由于各种原因，直至 11 月 9 日才圆满结束，其间跨越了 50 天。可喜的是五(4)班师生不负众望，摘得海淀区第四名的好成绩。这个成绩引得全校欢腾，所有参与者、旁观者无不振奋。同年五(4)班期末成绩稳中有升，尤其是数学成绩跻身年级第二的水平，期末总结会上被评为优秀班集体，赢得了学校当年最高荣誉奖项。家长赠曰:

少年强
——赞民小学生

作者：陶书菡爸爸

民小健儿志气高，绿茵场上逞英豪。

齐心协力创佳绩，勇冠三军传捷报。

强身健体永向前，主席教导要记牢。

梦想仗剑走天涯，不负青春好年少。

班主任赵老师也填词一首:

西江月　记今秋体测比赛

秋日长天漫卷，金风带喜飞传。孩童如花绽笑颜，五(4)欢声一片。

百余中争前四，几多思展开来。世间难事须登攀，梅花哪管苦寒!

马校长提倡大教育观，以及无人不教育、无处不教育、无时不教育，每件事情无论大小，都像一颗钻石一般有着很多棱面，能折射出不同光彩。体质监测本身只是一个赛事，但它所承载的是民族小学的校风、学生的品质、老师的风格、家长的观念等，它起到的教育作用是方方面面的，要取得令人满意的成绩，关键是看我们怎样做事、怎样做教育。如今这些学生们已经走出校门奔向高一级学府，但他们每个人一定在脑海中珍藏着这段灿烂美好的回忆！

赵小波

永不言弃，挑战自我——张宇轩同学的滑雪故事 >>>>>>>

　　张宇轩同学是众多小榜样中的一员。他热爱滑雪，并为之付出了大量心血和努力，是民族小学众人皆知的"滑雪少年"。

　　宇轩第一次接触滑雪是在3岁时，稚嫩的他跟随着喜爱单板滑雪的爸爸一起去滑雪场玩。这一次，他忽然发现身穿滑雪服的爸爸和以往不一样了，变得更加高大，更加帅气了。当看到爸爸踩着单板在雪道上自由穿梭游刃有余时，宇轩再也抑制不住内心的向往，哭闹着求爸爸让他也试一试滑雪板。爸爸无可奈何，只好应允了。踏上了心心念念的雪板，小宇轩顿时有一种凌空飞翔的感觉，真是妙不可言！雪板开始移动了，他在爸爸的指导下小心翼翼地缓慢前行着。一米，两米，五米……距离越来越长，滑速也越来越快。小宇轩有点控制不住自己，一时间慌了手脚：我要摔了，我要摔了！他害怕得大哭起来。爸爸见状，赶忙拉住了他："宇轩，滑雪是一项危险系数比较高的运动。你如果想继续学习，可要吃不少苦头哦！你愿意坚持吗？"听了爸爸的话，刚刚惊魂未定的小宇轩一下子精神起来了："我愿意！"就这样，3岁的小宇轩开始了他的滑雪之路。

　　二年级时，学会了基本滑雪动作的宇轩想尝试新的挑战，试图从一个高高的雪包上飞下。出发前，他无比激动，但也心存忐忑：我可以吗？万一发生危险怎么办？就在这时，小宇轩脑海中忽然浮现起3岁时他向爸爸承诺要坚持滑雪的一幕，他的耳边也在不断回响着民族小学的校训"做最好的我，在我最好的方面"：既然我选择了滑雪，就应该义无反顾地面对未知，超越自己，做最好的我！于是，勇敢的宇轩出发了，留下那一道道美丽的弧线。忽地一下，只见他重重地摔倒在雪道上，上手一摸，眉梢摔出了血，差点伤了眼睛。爸爸急忙跑过来询问要不要去医院，宇轩揉了揉眼睛，坚定地告诉爸爸："没关系！要想学会滑雪就不要怕摔倒。摔得越多，学得越多！"于是，他擦干眉梢上的血迹，再次整装出发，这个像风一样的少年甚至惊艳了他的父亲：儿子好样的！

不知不觉，宇轩已经升入五年级了，是民族小学高年级的大哥哥了。一次，他要参加海淀滑雪队的赛前集训，由于刚刚换了大回转滑雪板，所以有些不适应，在一次滑行中猛地摔了出去，头盔重重地摔到了雪道上。当时，宇轩疼痛难忍，"眼冒金星"，他只好暂别场地，到一旁休息。看着队友们滑雪的身影，他在心里默念：张宇轩，你要振作起来！振作起来！不是说要"做最好的我，在我最好的方面"吗？滑雪就是你最好的方面，只有忘记疼痛，咬牙坚持，方能成就自己，做最好的我！就这样，带着伤痛的宇轩重新回到了训练场上，连教练都被他强大的意志力所折服。

第二天，宇轩满怀信心地出现在比赛场，他深深知道昨天的努力都为今天这一刻的华丽绽放，毫无理由，他必须拼尽全力，为校争光！激动人心的时刻终于到了，比赛开始了！只见宇轩像箭一般冲了出去，他灵活地控制雪板，一会儿跳跃，一会儿回转，好似一个灵动的舞者。没有失误，没有瑕疵，毫无疑问地，这一次宇轩勇夺海淀区滑雪锦标赛冠军！当他手捧奖杯站在高高的领奖台上时，泪水夺眶而出，他终于用行动践行了自己的诺言，完美地诠释了民族小学的校训"做最好的我，在我最好的方面"。

此后，宇轩在滑雪场上奋勇拼搏，先后获得北京市中小学滑雪比赛冠军、南山青少年国际滑雪比赛亚军、中国刻滑大师赛-梅尼亚克杯季军等冠亚季军20余次。他常说："一个动作学不会，我不会放弃；一次在雪道上摔倒，我不会放弃；一次训练中受伤，我也不会放弃；一次比赛中失败，我更不会放弃！"他也正是凭借着这种永不言弃的精神，始终在滑雪场上"做最好的我"！

杨奕

齐心协力勇夺桂冠 >>>>>>>

2019年的10月18—20日，由北京市教委主办的第五届中小学生科技创客活动拉开帷幕。全市16个区参与的学校近400所，直接参与活动学生达15万人次，是北京市规模最大的学生科技创新活动和全国领先的中小学生科技创新教育盛会。

民族小学创客社团出征的两支队伍分别获得"未来创新秀场"项目和"创想 AI 设计挑战"项目一等奖。

"我们获得了'人工智能'项目设计一等奖！太棒了，太棒了！"听到消息后，"创想 AI 设计挑战"项目的学生们不禁欢呼雀跃起来。"32 个参赛团队中只有 3 个一等奖，我们成功了！"幸福和喜悦荡漾在学生们的脸上，他们一起欢呼，一起跳跃。

回想起比赛前后的这 3 个月，师生们百般滋味涌上心头。激动中夹杂着欣喜，紧张中包含着幸福。7 月酷暑，时利娜老师得到市级比赛的通知后，迅速给学生们开会、培训，并初步组建了一支参赛队伍，队员们面对的是一次次的选拔。从暑假开始到初赛的 1 个多月，队员们主动定期抽时间在线学习知识点。这个过程，不仅让队员巩固了基础知识，而且还拓展了一定的数学思维。功夫不负有心人，经过网上的积分考试，最终几位同学成功地取得了参赛资格，组建了民族小学 AI 人工智能小组"Reverse 队"，队员是六年级的王彦杰和尹杨思翰，五年级的杨国跃和段啸侯。他们虽然来自不同年级、不同班级，但有一个共同的信念：为社团争光，为学校夺冠，共庆中华人民共和国 70 华诞。团队中不仅有智慧的时老师和勤学善思的学生 4 人组，还有一支知识渊博、技术精良的家长团。时老师热情地邀请了段啸侯的爸爸妈妈给队员们进行人工智能技术的培训，从一节节充满高科技味道的培训课中，大家更深刻地感受到了人工智能的深远发展前景。

在有限的时间里，家长快速了解了队员们对于人工智能的掌握程度，和队员们一起确定比赛的方案。通过几次的全面分析和讨论，团队最终确定了"空巢老人的智慧养老"参赛方案。为了不去限制队员们的创意，时老师建议每个队员利用国庆假期把自己的方案写出来，然后再用微信群进行方案讨论。队员们回到家后，和全家一起讨论老人独自在家生活时面临的各种问题，以及各种潜在需求，上网了解市场上已有的用人工智能技术解决养老中问题的产品。这是一个探究学习的过程，队员们学会了如何发现问题和调研需求，并且学会了团队合作。中午，队员们相约到图书馆查阅资料；社团活动时，队员们在老师和家长的指导下设计方案、修改方案，全情投入；周末，队员们不断完善想法并用程序模拟自己的设计方案，经常在群里交流到深夜……王彦杰同学深知此次比赛的重要性，付出很大的努力。同样是六年级的尹杨思翰锐意创新，总是能在设计中巧妙地加入流行元

素。杨国跃和段啸俣对比赛表现出了极大的热情，不仅查阅了大量资料，还提出了很多合理化建议。团队磨合得越发和谐，越发默契。

决赛的日子日益临近，每一次的团队活动也显得越发紧张。在决赛的前一天，团队要进行最后的模拟演练。王彦杰的妈妈自告奋勇，主动来帮队员们练习。从熟练每个人的解说词，到解说时的眼神、表情、语气，再到走台站位，都精益求精到每一个细小的环节。一遍遍练习，一次次修改完善，队员们互相提出建议，让团队展示更加精彩。模拟演练结束，四个少年手搭手，肩并肩，齐声喊道："AI社团，加油！必胜！"这是民小人坚定的士气，这是民小人必胜的决心。

比赛当天，晴空万里。队员们在关老师、时老师和几位家长的陪同下，信心满满地来到亦庄科技园参加了为期两天的大赛。赛场内外彩旗招展，人山人海。展馆内布满了展台，同学们第一次参加如此高规格的比赛，兴奋而激动。比赛分为答辩赛、讲解赛和沙盘制作三项比赛。第一天首先是答辩赛和讲解赛。答辩赛上，团队抽到了第一组，因经验不足等原因，导致没能晋级，以 10 分的差距黯然离场，大家都很难过。王彦杰作为队长，情意真切地对大家说："我们虽没能成功晋级，但收获了经验，检验了我们的知识是丰富的，是有实力参加这场盛会的。"同伴们在鼓励下重拾信心积极应赛，暂时的失利似乎让大家斗志更强。

大家把注意力放在了第二场——项目讲解上。经过前期长时间的精心准备和认真排练，每个人已经对演讲过程熟记于心、胸有成竹了，但依然在开场前一遍又一遍地练习着讲解词、表情、走台等细节，力争有绝佳的表现。转眼比赛的日子到来了，评委们来到展台，大家站姿挺拔，面带微笑，有礼貌地向评委问好。段啸俣出色地完成了对现状和数据的讲解，王彦杰与杨国跃从容地完成了对需求平台和影像的讲解，尹杨思翰进行了总结发言。评委、老师与家长们都对团队的表现大加赞赏。几个同学击掌庆祝，一起欢呼："加油！"第三场比赛紧锣密鼓地开始了，大家领完沙盘制作材料，便开始研究制作方案：最终确定为智能住宅和智能菜园两部分。经过 4 小时的制作和后期完善，完成了一个智能一体化的沙盘模型。看着眼前的心爱之物，大家感受到这凝聚了团队中每一个人的智慧和心血。随着暮色降临，一天的比赛结束了。大家及时总结经验，为明天的沙盘模型后期细致化完善和模型讲解做足准备。

漫长的一夜过去了，天终于亮了。大家来到展台前，交流着彼此的想法，又在菜园边新增了草坪、鲜花等物，住宅里也有了老人的模型，使主题更加突出，更加生动、贴近生活。杨国跃激动地说："场馆内的沙盘设计，咱们的是最精致的。"大家立刻神采飞扬，疲惫烟消云散。沙盘模型讲解开始了，队友们精诚合作，在规定时间内完成了讲解。看到评委老师的笑容，大家感受到讲解是成功的。

一个月后，队友们得知他们获得了北京市一等奖的喜讯。这份来之不易的荣誉来自学校老师的无私付出、家长团队的倾情相助及队员搭档之间的互助互爱和默契配合，是所有人员共同奋斗的成果。直到今天，大家仍然为能够代表学校出征比赛，为学校争光而自豪。队员们感谢学校的培养："民小学子自奋强，团结合作勇担当。自有前程似锦绣，强国爱校永传扬。"

赵喜辉

六、提升综合素养，擦亮学生人生底色 >>>>>>>

学校是育人的主阵地，也是践行社会主义核心价值观的重要场所，提升学生的综合素养，要坚决杜绝"唯分数""唯升学"等顽瘴痼疾，培养社会主义建设需要的复合型人才。

课堂教学应紧紧围绕着提升学生的核心素养进行，在教学过程中，以个性化教学为基本原理和策略，以"学生为本"和"深度学习"为实现途径，开展"一体两翼"的课堂教学革新。教学过程中，以学生为主体，尊重学生的个体差异，启发学生思考，引导学生进行深入学习，培养学生的创新思维，让课堂成为学生思维碰撞的培养皿。

教育工作是一项很细腻的工作，在小学阶段更是如此。我们要在学习、生活中的方方面面给学生们指引正确的道路，让他们能够成为更好的自己。民族小学的每一位老师就是这样做的，抓住每一个教育的契机，在一点一滴中开展教育，把信任和期待的目光投向每一个学生，把关爱倾注于整个教育教学过程，只有这样，我们的教育才会顺利推进，我们的学生们才会成为更好的自己，未来他们才会成为德智体美劳全面发展的合格公民。

好学生就该做栋梁

人人都是小老师 >>>>>>>

　　为了让学生拥有一副好口才，民族小学将课堂更多地还给学生，学校开展了"课前五分钟微课程"活动。

　　每节课的前五分钟，教师都要把讲台让给学生们，期待着在这个平台上，学生能得到更好的锻炼。学生们精心准备，轮流演讲。有的借助 PPT 演示，也有的提前录好视频，还有的几个同学一起合作汇报，形式多样，生动有趣。演讲时的他们就是一个个小讲师，颇有风范。

　　小到一年级刚入学的小朋友，大到六年级快毕业的大孩子，从鼓起勇气敢于站到讲台上，到头头是道、侃侃而谈，从简单的成语故事到复杂的时事点评，学生们在这每节短短的五分钟微课中，找到了自信，得到了锻炼。

　　刚入学的小钦是个非常内向的小男孩，上课很少举手回答问题。为了完整讲述《守株待兔》这个成语故事，他在家足足准备了一个月，但就是没有勇气报名。但是看到那么多同学在讲台上大胆表达，听到同学们每次热情的掌声，想起老师说的"只要大胆站在讲台上就成功了一半"，他终于下定决心挑战自己。可站在讲台上，他酝酿了很久都没有张开嘴，老师和同学都为他加油："没关系，大胆说。""你站在这里已经很棒了。""我开始也紧张，慢慢就好了。"……

　　"从前……有个农夫……"小钦磕磕巴巴地说出了第一句，老师带头鼓起了掌，同学们纷纷竖起大拇指。"他种田累了，靠在旁边的树桩休息……"五分钟过去了，小钦顺利地讲完了故事，教室里响起了热烈的掌声。点评时间到了，大家争先恐后发言："小钦平时胆子小，能站在讲台上讲完这个故事已经很棒了，我给他 100分。""小钦你真棒，战胜了你自己，我也给你打 100 分！"小钦开心地笑了。从此以后，小钦越来越自信，上课主动举手发言，回答问题的声音也愈发洪亮。家长看到孩子的变化，拉着老师的手说："这个五分钟微课太好了，让他一下突破了自己，迈过了这个坎儿，感谢学校给孩子锻炼的机会。"

　　虽然只有短短五分钟，但的确发挥了很大的作用。学生可以进行课内知识的补充与巩固，还可以拓展一些课外知识，丰富认知。五分钟的小讲堂意在培养学生收集、整理、汇报资料的能力；可以给缺乏自信心、逻辑表达能力较弱的学生一次锻炼成长的机会；在分工合作的过程中，能让中年级的学生感受到合作共赢的好处，促使学生团结友爱，充满正能量。在一次次的锻炼中，不同层次的学生找到了自己的闪光点，体会了成就感，激发了学习动机。

我们的语文课前五分钟，可以讲故事、介绍喜欢的课外书、谈论旅游见闻、进行热点时事点评，从书本到生活无所不谈。数学课前五分钟，可以探讨数学游戏、计算技巧，介绍中外数学家，还渗透了有关数学史的一些知识，了解数学家们研究的艰辛与锲而不舍、持之以恒的高尚品质。音乐、科学、美术等学科也试着参与其中，一首首名曲的赏析、一幅幅字画的介绍、一位位伟人百折不挠的意志力，潜移默化影响着学生。每个小讲师讲完之后，同学们可以提出问题，然后大家一起探讨；在质疑讨论中，学生们的思维也得到了训练。最后环节，小听众还要进行点评，指出自己要学习的地方，然后为小讲师的提高提出自己的小建议。这样的交流学习方式，学生们能从内心深处真正有所收获。

慢慢地，到了学期末，每个班都积累了很多优秀的微课，同学们还把自己的讲课稿和PPT等资料进行了整理，并且将自己讲课后的感受与成长收获记录下来。在期末前，会通过年级推选，评选出优秀的小讲师，他们将自己精心准备的内容分享给全年级甚至全校学生。其中最优秀的几位小讲师获得了学校最高级别的"课前五分钟"，为什么这么说呢？因为他们这次不是给同学讲，而是给全校老师讲！面对一百多位老师，几位同学丝毫不怯场，他们娓娓道来，还时不时与老师们进行互动，现场气氛轻松活跃，老师们不由得发出阵阵慨叹："给学生一个讲台，他还给老师一个惊喜！"正是由于学校大胆尝试将讲台还给学生，才会给学生锻炼的机会，收获学生们惊人的成长。几位学生给老师讲课的事情更是大大激发了全校学生们的积极性，这不，很多同学从假期就开始着手了，有的同学每个学科都进行了充足的准备！

周雪莲

小记者在行动 >>>>>>>

"铃——"下课的铃声响起，"各位老师、同学，大家好，我们又见面了……"每到下课或午休时分，教学楼走廊里的电视屏会准时开启，同学们会纷纷驻足饶有兴趣地观看。你一定会十分好奇，是什么这么吸引大家呢？那就随我们来看看吧！

教学楼的每一层走廊都装有三四块电视屏，这里会实时更新学校新闻和同学们身边发生的纪实录像。不仅是同学和老师，来访的客人和家长们也会关注电视里的内容。这里既是一个宣传师生风貌的窗口，又是传播正能量的平台。我们将身边的好人好事、积极向上的班风、有特色的班级文化创建思路、各个班级和年级开展的活动等，经过采集并导演成新闻快讯，滚动播放。

在课间，学生们驻足观看，就会了解到学校方方面面的新闻事件，了解到学校中的好人好事，了解到特色班级和明星个人，从中发现身边的榜样。

你一定会很好奇，这些幕后采集新闻的人是谁呢？

2014 年 11 月 17 日上午，《法制晚报》与环球青少年通讯社联合主办的"环球青少年小记者俱乐部——民族小学记者站"成立的揭牌仪式在民族小学体育馆正式举行。揭牌仪式邀请了《环球看世界》杂志总编辑，著名诗人、作家臧克家的女儿臧小平女士，《北京青年报》教育周刊主编李栋林先生出席参加。臧老师为小记者寄语，她希望同学们通过小记者站活动走出学校，用自己的双眼去观望世界。

通过主动申报或班级推荐的方式，民族小学分站迎来了第一批小记者。学校少先队大队授予这些小记者一个光荣的称号——"红通社小记者"。我们的小记者们参加了多次培训，通过自己的努力学习和多次实践，具备了良好的观察能力、交流能力、分析能力和写作能力。

校园中每一天都会发生很多好人好事，善于观察和记录的小记者们就在自己的能力范围内将这些发生在身边的事一一捕捉记录下来，被他们采集到的事迹曾多次在全校的集会和每周一的升旗仪式上进行播报和宣传。

每年，二年级都会开展爱心义卖主题实践课程，这是将数学"元、角、分"的数学知识与德育活动、实际生活相结合的实践课程，同时，还将语文、美术、音乐、英语等各学科融于其中，提高了学生的综合素养。这里肯定少不了我们小记者的身影啊，别看我们二年级的小记者们才七八岁，却在义卖活动开始一周前就早早地做足了功课，他们确定分工、拟定采访内容、准备采访设备……所有准备都是利用课余时间自主完成，最后由负责老师审批。义卖期间，他们没有流连于琳琅满目的义卖商品，没有观看精彩纷呈的义演，也没有参加有趣的套圈游戏和围棋擂台赛，而是捕捉着现场每一个值得采访的瞬间。马校长来了，负责采访校长的小记者拿出手机，点开录音功能，马上走上前去。

小记者：马校长您好，请问新疆贫困地区小学的小朋友，学习和生活环境怎样？

马校长：他们都很爱学习，但是由于比较贫困，不能像你们这样有这么好的条件。

小记者：您觉得还可以怎样更好地帮助他们？

马校长：我觉得我们买一些书、文具送给他们就非常好。如果有可能，你们能和他们建立书信来往就更好，可以相互介绍你们的学习生活习惯，还能提高你们的写作水平。

小记者：谢谢您，祝您这次购物愉快！

马校长：好的，我得快点去买东西了，不然一会儿都被抢购光了，哈哈！

小记者：您快去吧，小心脚下！

看我们的小记者，采访全过程礼貌得体，随机应变，不愧是我们"红通社"的小记者啊！难怪校长在义卖结束后，特意表扬了我们的小记者："二年级的小记者们拿着手机打开录音功能有模有样地采访，让我还真有点紧张呢。真没想到他们年纪这么小，就能问出这么有技术含量的问题，真是太棒了！"

义卖活动圆满结束后，我们的小记者马不停蹄地编辑素材，整理资料，第二天我们的屏幕上就及时报道了这次义卖活动，让民族团结的种子在同学们的心中继续生根、发芽。

除了学校"红通社"的小记者们，各班自己的小记者队伍也在不断发展壮大，2014级3班的学生自发建立了自己的公众号"三班演义"，他们记录着班级点点滴滴的故事、同学们成长的脚步。这个班级的公众号没有昙花一现，数年中始终保持着非常高的发布频率。同学们定期召开选题会，列提纲，做问卷；负责编辑发布的同学利用课余时间编辑素材；整个班级的同学几乎个个都是小记者，都在为维护公众号尽自己的一份力量。

我们的小记者们发现身边的正能量，并通过自己的努力传播开来，为校园营造了积极向上的良好氛围。学生们成为校园中正能量的发现者、传播者，正向的

好学生就该做栋梁

引导传递满满的正能量，越来越多的学生受到感染，也成为美德的宣传者、践行者。

周雪莲

从小养成运动习惯，一生受益无穷 >>>>>>>

民族小学一直以来注重学生综合素质的提高，学生们除了学习文化知识，还应当不断提高身体素质、磨炼意志品质。我们的学生每天都坚持锻炼，以达到均衡发展，快乐成长。

你看！伴着刚刚升起的太阳，在美丽的校园里，就会有学生三两成群绕着操场跑步。操场的东侧墙上挂着一个巨大的钟表，学生们看着它，就可以自己把控运动的时间，既不耽误上课，又能保证足够的运动时间。为了培养学生养成运动的习惯，学校为每个年级制定了跑步的圈数和完成的时间。每周学校会对坚持跑步的班级和个人进行表彰，以此来激励学生们坚持锻炼。

除了早上的跑步，全校师生还会利用课间操时间开展全民小跑步活动。仔细看！在学生队伍旁，可没有一位老师，大家都自觉地挺胸抬头，伴随着有节奏的音乐跑步。老师都去哪了？全校一百多位老师站在队伍的最前面，排得整整齐齐也在跑步呢！这真是学校里一道亮丽的风景线啊！那些淘气的学生想偷懒，一看见老师都在带头跑步，就不好意思偷懒啦！

雾霾天气，我们也不闲着，每个班的电脑里都有三套室内锻炼操视频，学生一边学一边做，不亦乐乎。另外，如果哪个班当天没有体育课，那么午休时间就一定会到室外进行活动、锻炼，保证每个学生每天在校运动时间不少于一小时。

全民小运动自然也少不了我们的家长朋友们。我们倡导家长和孩子一起锻炼，因此在家校联系手册中，就有家长对孩子在家锻炼的情况进行记录和反馈。很多家长还会在班级微信群中，发自家一起锻炼的视频或是照片，相互激励、互相学习，形成了一种良好的锻炼氛围。

除了全民小运动，我们还有个性化、专业化的体育社团专业训练，如足球社、网球社、健美操社等，学生们都能找到自己喜欢并适合自己的专业化体育社团。就拿足球社团来说，现在已经成为民族小学的一张名片了。我们的足球社团共有校队 9 支，所有队每天训练 2 小时，每周训练 5 次，周六日除一年级外，每队至少与外校比赛一场。2017 年民族小学参加了北京市中小学足球联赛，最终荣获了北京市中小学足球联赛男子乙组第四名的好成绩，2018 年更进一步获得了北京市乙组冠军。同年参加的海淀区足球超级联赛，甲组获得第三名，乙组获得第一名，甲乙组同时升入 A 组组别。

毛泽东同志早年就指出："体育之效，至于强筋骨，因而增知识，因而调感情，因而强意志。筋骨者，吾人之身；知识，感情，意志者，吾人之心。身心皆适，是谓俱泰。"①我们的体育教育不仅是要"强筋骨"，也要"强意志"，最终为的是实现"身心皆适"。因此在足球项目的开展过程中，学校注重将德育工作与体育教学结合起来，把德育工作引入平时的足球教学中去，帮助学生们在体育锻炼中养成良好的习惯，促进每个学生全面发展。比如我们的"送小足球回家"，就是要让学生们在每次训练或者比赛结束后整理活动场地，收拾好各种教具，帮助学生们养成良好的生活习惯；还有守时的教育，帮助学生们建立起正确的时间观念，做到守时守信；再有对他们意志品质的培养，学生们在训练中不惧严寒酷暑，刻苦训练，磨炼了他们持之以恒、坚持不懈的意志品质；学生们在球场上挥汗如雨，合理竞争，激发了他们永不言败、积极进取的拼搏精神；学生们在场下互相鼓励、交流分享，培养了他们互帮互助、众志成城的团队意识……这样的例子还有很多，这些都是帮助学生们养成良好的生活习惯以及优秀的品质，真正地实现了快乐成长。

为激发全体师生的运动激情，学校每年会举办全校的班级足球联赛，这也成了学校用时最长、场面最为壮观、家长最为关注、参与人数最多的体育赛事。全班同学都参与其中，男生利用放学和周末时间在老师和家长们的指导下刻苦训练。女生们组成班级啦啦操队，她们统一服装，利用课余时间伴着音乐练习欢快、充满活力的啦啦操。不用老师督促，每个学生都有极高的积极性，按照训练日程进行排练、训练。学生们的主动性被调动了起来，课余时间，学校里每一个角落都成了欢乐运动的海洋。

① 中共中央文献研究室、中共湖南省委《毛泽东早期文稿》编辑组：《毛泽东早期文稿(1912.6—1920.11)》，72 页，长沙，湖南出版社，1990。

好学生就该做栋梁

像这样的全民小运动，以及各类体育社团，在民族小学已经开展了多年，学生们从刚入学时的"嫩豆芽"变成了结实、茂盛的"小树苗"。很多学生原来经常感冒生病，现在变得越来越健康结实了。还有几个典型的"小胖墩"变成了强壮的男子汉。学生们的综合素质得到了提升，全校学生的体质健康测试优秀人数也越来越多。

王晨阳

第四章　接受帮助　琢玉成器
——"接受帮助"的教育思考与实践

接受帮助，就是要听得进意见，受得了批评，在知错就改、越改越好的氛围中健康成长。一个人不可能十全十美，总是在克服缺点、纠正错误的过程中进步的，正所谓"玉不琢，不成器；人不学，不知义"。少年儿童正在形成世界观、人生观、价值观的过程中，需要得到帮助。不要嫌父母说得多，不要嫌老师管得严，不要嫌同学们管得宽，首先要想想说得管得对不对、是不是为自己好，对了就要听。有些事没有做好，这不要紧，只要自己意识到、愿意改就是进步。自己没有意识到，父母、老师、同学指出来了，使自己意识到、愿意改也是进步。良药苦口利于病，忠言逆耳利于行。我们要养成严格要求自己、虚心接受批评帮助的习惯。只要从小就沿着正确道路走，学到一点，就实践一点，努力做最好的我、在自己最好的方面，人生就会迎来一路阳光。①

——习近平

每个人都不是十全十美的，都会有缺点甚至犯错误。即使是伟人，也有不足的地方。少年儿童因年龄尚小，更容易在成长中遇到困难，出现错误。少年儿童的成长，就好比陋石变美玉、大浪淘沙的过程。所以，要想培育少年儿童并教育其践行社会主义核心价值观，必须为他们提供多方面的帮助，使他们听进去他人的意见，虚心接受批评，有错就改。在这个过程中，少年儿童不仅要接受老师、家长、同伴的帮助，也要接受自己的帮助。有了多方面的帮助，少年儿童在学习和生活的道路上，成长质量才会更高，发展道路才会更宽广。

学校是学生学习、生活的空间，也是师生交往、生生交流的空间，对学生精神面貌的形成具有重要意义。学生不仅要学会接受帮助，在这个接受的过程中不

---

① 习近平：《习近平谈治国理政（第一卷）》，183~184页，北京，外文出版社，2018。

断进步，更要在这个过程中心怀感恩，学会去帮助别人，就像一场永远也不会间断的接力赛。接棒的人是幸福的，递棒的人更是乐在其中。一种行为，多人受益。这是一个需要爱的世界，我们接受了别人的帮助，也要学着去帮助别人，传递互助互爱的火炬。

一、校园文化润物无声 >>>>>>>>

中华优秀传统文化，源远流长、博大精深，积淀了中华民族最深层次的精神追求，包含了中华民族最根本的精神基因，是社会主义核心价值观的深厚源泉。培育和践行社会主义核心价值观，必须立足于中华优秀传统文化。马校长希望学生们在民族小学的六年，能够成为他们美好童年时光里最美好的记忆。希望他们在既有自然的美景，又有文化底蕴的环境中，感悟自然环境的灵秀，接受优秀传统文化的熏陶，并在嬉戏玩耍中砥砺道德品行，快乐地成长！

处处皆是教育展馆 >>>>>>>>

2014 年 5 月 30 日，习总书记与民族小学师生共庆"六一"，习总书记对孩子们一句句谆谆的教诲、活动当天留下的珍贵的影像资料以及一件件诉说美好记忆的物品都是民族小学宝贵的财富，它们会一直鞭策民小人克服困难，快乐成长。

当天，习总书记向全国少年儿童提出了从小培育和践行社会主义核心价值观的要求。为落实这一要求，民族小学通过各种教育途径和策略，让社会主义核心价值观植根于每个学生的心中，让学生们无时无处不受到教育。在学校的教育实践活动中，社会主义核心价值观的教育不仅仅出现在课堂中，存在于多彩的活动中，我们还将它融于校园文化之中，积极营造社会主义核心价值观教育氛围，让学生在校园中受到潜移默化的教育。

我们在习总书记走过的线路上，树立了纪念宣传栏，每一处都再现了习总书记经过时说了什么、做了什么。学生们在校园中一路散步走来，就仿佛身临其境地再次聆听了习总书记的教诲。我们的社会主义核心价值观文化长廊，展示了习总书记对全国少年儿童提出的具体要求，展现了学校开展社会主义核心价值观教育的活动介绍和丰富的图片、实物资料。从文化长廊走出，映入眼帘的就是古色古香的习思堂，站在门前，立刻感到肃穆庄严，令人心生敬仰。门两侧有一副楹联："一百年学府取于古和于今，十六字要求铭于心践于行。"学校把习总书记参加活动留下的珍贵物品、视频、影像和纸质资料陈列其中。这里随时向学生开放，让学生们置身其中，深切地感受到习总书记对少年儿童的关怀和殷切希望。学生们每当在这里参观时，就会如数家珍地说道："看，这是习爷爷系过的红领巾。习爷爷说，他至今还记得第一次系上红领巾时，心'扑通通'跳得厉害！""看，这三件文具是习爷爷当时参加我们爱心义卖时挑选的，他还为少数民族贫困地区的小伙伴捐了钱。习爷爷还嘱咐我们再给少数民族地区的小伙伴写信时，别忘了捎去他的问候。""习爷爷捐了钱，还签名了。看，他没有签在中间，而是签在了这块签名簿的右上角。习爷爷真是一个谦虚的人。""这些书法作品是我们的同学现场写的，习爷爷对每一幅作品都进行了点评。当看到'精忠报国'四个字时，还讲了他小时候看《岳飞传》的故事，并说到精忠报国是他一生的追求。"走出习思堂展馆，你还会在教学楼内看到体现社会主义核心价值观的手抄报、童谣和艺术作品，处处都洋溢着浓浓的教育氛围。置身于学校之中，学生就会潜移默化地受到精神的洗礼，社会主义核心价值观就如同种子，深深地扎根在了学生们的心中。

教育不应该只出现在课堂中，更不应该只封闭在教室里。民族小学就是这样，打造了浓厚的教育氛围，扎实开展教育，让社会主义核心价值观的种子在学生们心中生根发芽，努力将每一名学生都培养成合格的小公民，培养成为一个完整的人！

王晨阳

校园文化，润物无声——浓浓传统味 >>>>>>>>

民族小学将中国优秀传统文化融入校园环境建设，设计了古色古香的校园建筑风格，创造了优美怡人的自然景观，展示了富有感染力的文学艺术景观，来访校园的人都会被这里浓厚的历史文化气息和亲切怡人的自然景色所吸引，真切体会校园里自然的味道、孩子的味道和教育的味道。

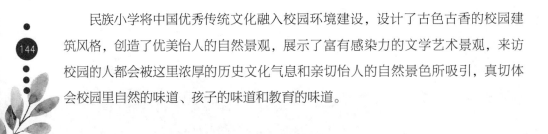

民族小学现校址原为藏传佛教的寺庙，这里的建筑、石碑石刻、参天古树无不诉说着悠远的历史，彰显着中国优秀传统文化的魅力。如今，学校在原有基础上进行设计，建筑上的彩绘不仅给人带来视觉享受，而且蕴含着有趣的故事和优秀的传统文化。文耘亭的顶部雕画着"铁杵磨成针""司马光砸缸"等经典小故事，草坪间铺设的石阶上雕刻着古诗名言，学生们漫步游玩的时候，经常观赏、讨论，不知不觉中，锲而不舍、孝老爱亲、诚实友善等观念深入人心，并且很自然地影响着他们的言谈举止。

花鸟鱼虫与亭台楼阁相映成趣，小桥、亭台、长廊、喷泉、池塘、鱼儿和谐共生，构成了民族小学富有园林特色的校园环境。无论是春天娇艳动人的海棠花，还是秋天里金黄的银杏叶都让人格外舒心，师生行走在校园的四季，目睹着眼前一幅幅美丽的画面，享受着和谐共生之美，心灵得到洗涤，智慧得到启发，他们还会不时赋诗或吟诵一首："露涤铅粉节，风摇青玉枝。依依似君子，无地不相宜。"在此过程中，他们也渐渐体会到竹子在诗中的坚韧、高洁的象征意义。

老师们自己创作的楹联匾额、师生创作的艺术作品随处可见，显示出民族小学师生的文学造诣和艺术功底，也成为校园另一处亮丽的风景。行走在静心阁内，学生们的书法作品、颖拓作品等让人惊叹他们的心灵手巧。透过两侧的玻璃，我们可以看到学生们种植的竹子、葫芦等，青年老师结合植物外形和象征意义创作的一副楹联悬挂于静心阁的门口："于寻常时养大度，至凌云处自虚心。"学生们走到此处都会驻足谈论，讨论要像葫芦一样大度，要像竹子一样虚心。

曲慧妍

爱与和的教育 >>>>>>>

苹果树、桃树等各种果树、蔬菜遍布于校园的角落，学生们懂得与它们和谐相处。秋天，火红的石榴悬挂于枝头，没有人去摘。葫芦丝瓜悬挂于藤萝架下，学生们抬头欣赏，没有人去破坏美景。小动物园旁，学生们蹲在旁边，耐心地喂小兔子菜叶。

有爱的教育，才是真正的教育。传递真善美的教育，才是有价值的教育。学校设计并开展了一系列的教育实践活动，引导学生学会发现美、欣赏美、保护美、创造美。

春天，学生和工人叔叔、老师一起种植培育幼苗，体验劳动的辛苦、体验生命的成长；美术课上，老师带着学生置身美景中，用心画出最美的景色；科学课上，老师带着学生一起认识各种植物，为它们制作小标牌、"身份证"；校会上，学生们以"小鱼，我想对你说""石榴，我想对你说"为主题，开展教育活动；课间，老师在小动物园外准备了一大筐蔬菜，下课后学生们便会细心地喂小兔子吃食……渐渐地，学生们懂得了每个动植物的生命都是宝贵的，每一个果子的成熟都来之不易。每个学生都会用爱去呵护校园内与他们共处的小生命们，这逐渐成了学生们自觉的行动。学生们自然也就懂得了关爱他人、文明自律，校园内处处都洋溢着人与自然、人与生命的和谐之美。

民族小学将传统"和"文化融入办学理念"和而不同，快乐成长"中，接纳来自不同地域、不同民族和不同家庭的孩子。他们虽然有着不同的文化背景、不同的性格特征，却像一颗颗各具色彩的珍珠，发展着各自的潜能。尊重、理解、包容和欣赏这些差异是学校存在和发展的文化要求。我们希望学校的师生都能在一种包容的、欣赏的、尊重的氛围中展示自己的个性，同时尊重他人的个性，和谐相处、健康向上，最终实现快乐成长。

每一个学生的身上都有着自己的闪光点，学校尊重和欣赏每个学生的特点，不断挖掘不同方面的小明星，引导学生发现别人的优点，学会欣赏。比如，有个小男生虽然学习不太理想，但是十分孝敬父母、懂事，我们就把他的事迹进行宣传，并评选他为"最美孝心少年"，为全校学生树立榜样。

学校有很多学习民族乐器和西洋乐器的学生，他们可以在学校的民乐团和管乐团里展示才华，锻炼自我。而学习钢琴的学生会感觉自己没有用武之地。我们就在每个教学楼的大厅内摆放一架钢琴，对会弹钢琴的学生进行了统计，将小钢琴家们分成几组，每天早晨轮流在教学楼大厅演奏钢琴曲，这些小钢琴家们都兴奋极了。

每天早晨，在民族小学的每个教学楼大厅，都会看到几个小钢琴家在轮流弹钢琴，背着书包刚来的学生常常听得陶醉了，半晌忘记挪动脚步。越是有听众，小钢琴家们越是弹得起劲儿。那些原本在家不爱练琴的学生，现在都一遍又一遍认真地练，还说："我还得再练练，要不然多丢人啊！"原本常常爱睡懒觉的学生，

一到自己展示的那一天就会早早起床，催着家长早点把他送到学校，生怕迟到。最初的积极性，慢慢地变成一种责任，他们享受为大家服务、带给大家快乐的感觉。

为了让热爱音乐、会弹钢琴的同学互相认识，互相学习，我们还为小钢琴家们举行音乐沙龙活动。他们交流自己的学琴之路和第一次弹琴的场景，大家畅所欲言。有的说："活动给自己一个锻炼的机会、展示的舞台！"有的说："在学校弹琴是一件快乐而又紧张的事儿！"有的说："弹钢琴要有毅力，如果你把它当成是享受音乐，而不要当成任务对待，你就会喜欢它了。"有的说："得到同学和老师的认可，心里特别高兴！"还有的说："这个过程不仅提高了自己的演奏水平，还为老师和同学们带去了艺术的享受。"同学们还纷纷表示，爸爸妈妈非常支持自己参加这个活动……许多同学通过在学校里演奏钢琴拥有了自信，获得了老师们的肯定、同学们的赞扬，充满了成就感，更加激发了坚持练钢琴的兴趣和热情。

正如我们的校训"做最好的我，在我最好的方面"，具有不同潜能的学生，在民族小学的大家庭里都能感受到被尊重和欣赏，拥有了阳光的心态，同学之间相互学习，关系也变得更为和睦了。他们在学校"和"的氛围中，快乐成长，他们在"和"的氛围中，懂得尊重他人，懂得欣赏他人，懂得和谐共生的快乐。

"和"的标志在校园中处处可见，"和"已经成为学校的一个符号，"和"文化已经深入学生的心中。一年级刚入学没多久的学生，看到"和"这个字，还会自豪地对爸爸妈妈说："这个字我认识，就是我们学校的'和'！"在与同学的每一次相处中，在对老师的每一次问好中，学生们都在时刻体验"和"，践行"和"，使"和"的种子在学生们心中生根发芽。

在"和"文化的指导下，学校还开展了与少数民族地区学校手拉手的活动，通过书信往来的形式，与少数民族的小朋友缔结友谊，传递着关心和问候。拉近了民族之间的距离，提升了少年儿童民族团结的意识。

我们将优秀的传统文化自然地融入校园中的每个角落，让每一株花草、每一堵墙、每一个活动都会"说话"，充分发挥文化育人、环境育人的作用。我们的学生就这样徜徉于校园中，浸润在传统文化的魅力之中，成长于社会主义核心价值观的文化沃土之中。

李 情

传承民族精神 >>>>>>>

我们是民族小学，怎么阐述"民族"二字呢？它不单指某一个民族或是少数民族，而是定位在广义的民族上，包括中华民族、各个民族、世界多元民族文化。因此，学校提出了育人的"三气精神"，即"学习中华传统文化，蕴底气；知晓少数民族文化，铸和气；了解世界多元文化，成大气"。民小学子应该具有中华传统文化的底蕴和开放包容的情怀。

为了让传统文化融入学生的生活，学校从善用资源、构建圈子、搭建平台、角色体验四个角度着手，形成传统文化学习共同体。学校充分发挥社会教育资源，与中央民族歌舞团、中央民族大学、中国音乐学院、首都体育学院、海淀非遗办等单位建立民族团结教育合作关系，将"三气精神"与课程相结合，开设了书法、乐诵经典、国学社、诗社、茶艺、国画、武术、舞狮、陶艺、面塑、脸谱、风筝制作、颖拓、剪纸、民乐团、民族舞、民俗文化、民族艺术工作室等诸多优秀传统文化课程，让学生在学习中加深对优秀传统文化的认识和理解，感受优秀传统文化的精髓。学校每年还把教学、社团、德育活动结合起来，举办传统文化节、民族文化节等系列的传统文化主题活动，给学生搭建展示的舞台。

每年的四五月学校都会举办传统文化节，"百人书论语""千人武术操"是学生最喜欢的特色节目。特别是武术操，全校学生都参与表演，成为传统文化学习的升华。一台集民乐、诗词、舞蹈、合唱等节目为一体的演出活动，更是让学生沉浸在浓浓的传统文化氛围之中，学生们在听民乐、唱诗词、诵经典的活动中，感受着民族文化的无穷魅力。

民族文化节是学生向往的"节日"。学生们都迫不及待地将自己的学习成果展示出来，各班之间相互比拼，相互学习，不仅激发了他们对民族文化的学习热情，也增强了他们的民族自豪感和文化自信。比如，我们开展的"带着梦想走中国"主题游园活动，每个班的学生、老师和家长一起参与，从设计内容到准备材料，大家全情投入，乐在其中，为学生们的成长助力。活动当天，每个班都有一个民族介绍展台，大家不仅亲手绘制了民族文化介绍的海报，还展示了精心准备的舞蹈、体育活动、民族饮食、民族生活用品等。学生们以游园的形式进行参观和体验，就像是逛庙会一样，在参与、体验中更加深刻地了解民族文化。

民族运动会，则是由每个班级代表队分别代表不同的民族。他们会用特色的民族文化在运动会的开幕式上呈现精彩的入场式表演。美丽的民族服饰、动听的民族音乐、优美的民族舞蹈，成了运动会上一道道亮丽的风景。不同的民族代表了中国不同的文化，老师和同学们通过亲身参与民族服饰的制作、民族舞蹈的表演以及民族知识的讲解，更加深入地了解不同民族的文化知识，在各民族的体育项目中，感受民族的文化与传承。

学校除了每年举办民族体育节、民族文化节以外，还把每周五定为民族服装日。在这一天，大家可以穿民族服装或我国传统服装上学，既有如孔雀般优雅的傣族服装、有着长长袖子的藏族服装、颜色鲜艳的维吾尔族服装，还有民国时期素雅的学生装、挺括的中山装以及美丽的汉服……配上古香古色的校园以及绽放的花卉，愈发显得校园美丽动人。雕花回廊中，一位"清朝格格"在安静地看书，玉兰树下，一群"汉代儒生"在诵读诗词……真是一幅美妙的校园景致呀！

穿上民族服装或传统服装，同学们还要学习相应的礼仪，学习不同的问好方式，大家变得更加彬彬有礼了。穿汉服的同学问好时会拱手，穿格格装的小女孩会行优雅的半蹲礼，有些身着少数民族服装的同学还会说几句自己所代表的少数民族的语言。走在操场上，可以不时地听到有同学询问："这是哪个民族的服装？"传统服装让民族小学气象万千，而它所蕴含的优秀传统文化与礼仪则令同学们的心灵更加美好。

马校长常说："要把有意义的事做得有意思。"学校通过课程实践活动、主题教育活动、民族团结交流活动这三个途径在学生中开展民族团结教育活动，这些活动富有意义，又十分有意思，深受师生、家长的喜爱。

全体教师积极参与编写了六册"多元文化校本教材"，内容包括对 56 个民族的整体认知，对有代表性的少数民族服饰、住所、饮食、体育活动、节日、文学、舞蹈等的了解，以及民俗礼仪和历史上著名的民族人物等，使学生从小就学会欣赏各民族优秀的文化与成就。学校每年都在二年级开展"心相连，爱飞扬"爱心义卖活动，把全部收入捐给新疆、贵州、四川、西藏等地区的手拉手的小朋友们；四年级开展"爱我中华"——中华民族园综合实践活动，学生深入研究、了解 56 个民族，用他们独特的儿童视角感受各民族富有特色的建筑和风俗，通过民族文化小报、民族文化艺术会演等途径进行成果展示。通过这样的实践研究，师生们体验到了中华文明的博大精深，增强了爱我中华的民族意识和民族自豪感。

学校还经常接待各民族的学生到校开展手拉手活动，通过参观校园、参与社团活动、开展趣味运动会、书信往来等深入交流，相互鼓励，建立了深厚的友谊。

作为北京市民族团结教育基地，民族小学弘扬优秀传统文化，传承民族精神，在学生幼小的心灵里深深地根植下优秀传统文化和民族团结的种子。

曲慧妍

了解世界文化——给学生一个舞台，他们将绽放精彩 >>>>>>>

一年一度的国际文化节是民族小学传统的校园文化活动。每年的国际文化节都会根据主题，设计不同的活动板块，通过文化展板、知识讲座、特色活动、文艺汇演等丰富多彩的校园文化活动，营造多元文化氛围，使学生了解异域文化知识，培育学生对不同文化的认同与理解。同时，国际文化节为学生提供了一个展现能力、超越自我的平台，学生们在轻松愉快的活动中，懂得了尊重他人，做到了文明、和谐、友善，学会了有礼节地、大方地与外国朋友交往，做"大气"的中国人。

2019 年的国际文化节演出更是精彩纷呈，热闹非凡。学生们亲手制作的具有异国风情的服装体现了不同民族文化特点，诠释了和而不同的意义；武术表演刚劲有力，虎虎生威；师生同台演唱的英文歌曲联唱，优美动听；英语诗朗诵 *A Song for Mama* 让我们感受到了母子之间最纯粹的爱；南非等地区友好学校的朋友带来的文艺表演，让我们了解异域风情；英语戏剧《愚公移山》更是将演出推向了高潮，演员们在舞台上惟妙惟肖富有感情的表演，博得家长、老师、同学们一阵阵热烈的掌声。

台上一分钟，台下十年功。节目演出的背后有家长、学生们的智慧和付出，也有老师们的指导和陪伴，学生们更见证了自己的成长。李老师坐到观众席上观看，排练时的一幕幕情景浮现在她眼前。

一个月前，为了在学校国际文化节的舞台上表演，英语戏剧社进行着紧张的筹划准备。这不，同学们正为挑选演出剧目争论着。大家在《丑小鸭》和《愚公移

好学生就该做栋梁

山》两个剧中犹疑不决。小张同学主张选用《丑小鸭》，理由是《丑小鸭》为大家熟悉的传统英文童话，观众容易接受，剧情简单，道具也简单，表演起来游刃有余，也能展现同学们的英语风采。小王同学认为选择《愚公移山》更好，因为这是中国的寓言故事，用英语表演出来会有不同的味道，能让更多的国际朋友了解中国的优秀传统文化。大家各抒己见，似乎每个人讲的都有道理，谁也说服不了谁。

　　看到这一幕，李老师心里十分高兴，因为同学们不仅对英语戏剧表演有热情，更有对文化传播的认识。她也表达了自己的意见，建议排练《愚公移山》剧目。小张同学听了，忍不住站起来说："李老师，《丑小鸭》有现成的剧本，排练简单，有利于我们的表演。《愚公移山》需要重新改编排练，距离演出只有一个月的时间，您要排练新剧，这我有点想不明白。"李老师解释道："《愚公移山》是一则中国寓言故事，用英语来讲我们中国自己的故事，既能提升你们的英语水平，激发民族自豪感和对优秀传统文化的热爱，还能让更多的人了解中国优秀传统文化，将中国优秀传统文化进行传承与发扬。"小张同学听了恍然大悟，原来英语戏剧表演不仅限于表演英语故事，也可以用英语表演中国传统故事，这样才能促进多元文化交流。看到大家统一了思想，李老师接着说："同学们，还剩一个月的时间，排练新剧需要大家付出更多的努力，你们有信心吗？"同学们纷纷表示，保证圆满完成任务。

　　确定了剧本分配好角色后，大家各自忙碌起来，熟记台词、用心体会人物的特点，揣摩表演，设计动作。在老师的指导下同学们全心投入，每个眼神、每个动作、每一句话、每个细节，都经过一遍遍的磨合、一次次的排练，力求完美，精益求精。台词的多少、角色的主次都不重要，每个人都发挥着自己的能力，尽力做到最好。擅长手工和绘画的同学制作道具，废旧的材料在他们手中充满魔力。录音剪辑、音乐合成、舞台布景等处处体现了老师、学生、家长们集体的智慧。看着学生们一遍遍地努力练习，听着他们你一言我一句的创意，李老师感到欣慰和自豪。

　　演出前，马校长听说了《愚公移山》排练中的故事后，特地来到英语戏剧社对同学们说："你们用英语表演《愚公移山》的故事，既体现了中国文化，也包含了英语元素，作为民族小学英语戏剧社，打造具有民族特色的英语戏剧特别有意义。愚公具有勤劳勇敢、自强不息、坚韧不拔、团结奋斗的精神，这也是中华民族的精神，希望你们能够通过英语戏剧表演，不仅学会使用英语，锻炼语言技能，更能传承和发扬中华民族的精神。预祝你们的演出取得成功!"听了马校长的鼓励，同学们异常激动。

想着想着李老师的眼睛不禁湿润了。此时，灯光亮起，掌声雷动，演出在一片欢歌笑语中落下帷幕。马校长看完演出以后也给同学们提出了希望，他说："中国是一个具有悠久历史和传统文化的国家。文化是民族的血脉，是精神的家园。作为小学生，你们不仅要热爱祖国，还要积极传承祖国文化。在欣赏优秀外来文化的同时，更要大力弘扬中国优秀传统文化，希望你们既有家国情怀，也有国际视野。"

参加演出的同学们也激动地说着自己的感受。有的同学说："在这次表演中，我扮演的角色是村民，虽然没有几句台词，但我也认真地去完成每一个动作。通过参加演出，我对英语更加有兴趣了，也了解了其他国家的文化。"有的同学说："刚开始彩排时，我总是记不住台词，大家一次次陪我对台词，老师耐心地指出我的问题，在大家的帮助下我变得更加自信了。"是的，给学生一个舞台，他们就会绽放精彩。一场英语戏剧，学生们亲身触摸经典，不仅提升了英语口语能力，还提高了团结合作能力和自主解决问题能力。在整个排练过程中，也更深切体会到了"坚持"和"磨炼"所带来的惊喜和收获。这就是教育的力量，润物无声。

曲慧妍

营造书香校园 >>>>>>>

作为有着丰厚的历史积淀的百年老校，为了让优秀传统文化得到发扬光大，学校提出要让阅读成为师生每天的必修课。为了让全体师生爱上阅读，构建阅读家庭，开展阅读工程，建设书香校园。在阅读中，学生汲取到做人的道理，悟出世间人生的真谛。

 创设阅读条件　营造书香校园

民族小学图书馆现有图书共计 5 万余册。图书馆不仅可以借阅图书，还会定期举办古诗考级、班级阅读课、立人书院海棠读书会等社团活动。学校在每个年级的楼道里都设置了年级图书走廊；并给各班配置图书，每个班级图书馆的图书都近 200 册。这样的资源支持，让学生们能够尽情徜徉在书的世界里。课间、午休，学生们在休憩之余能够选择一本书进行阅读放松，触手可及的阅读环境激发了学生的阅读兴趣，提高了阅读体验。在民族小学古色古香的校园里，一个个读书的少年享受着午后温煦的阳光，这是多么美好的画面啊！当然，这是民小少年的每日常态！

⭬ 成立阅读项目　落实书香理念

为了落实"让阅读成为师生必修课"的教育理念，学校成立了"阅读项目组"统筹安排全校阅读活动，保障阅读工程的实施。提倡少做题，多读书，好读书，读好书，读整本的书。鼓励学生自主选择优秀的阅读材料；增加阅读课课时，语文教师加强对课外阅读的指导；通过开展各种课外阅读活动，为学生创造展示与交流的机会，营造出人人爱读书的良好氛围。民小少年每周最激动的时刻就是上阅读课。他们以小组为单位一起读书，将书中重要内容进行梳理、概括，整理呈现在一张大大的纸上，上面有书中的故事主线，也有书的背景，还有作者写作时的心态和生活状态……让学生多维、立体地感受书中的知识和内容，在阅读课中学生们乐于展示，将自己的多种才华展示出来，不仅是分享知识，分享体会，更全面、游刃有余地展示自己！

⭬ 开展阅读活动　浸润书香致远

学校多次邀请著名学者、作家来学校做演讲。比如，民族小学校友郑渊洁，季羡林之子季承，儿童文学作家黑鹤、刘东，青年评书家王封臣，中华诗词大会擂主李四维等人进校为学生做演讲，学生们受益匪浅。令人印象深刻的是校友郑渊洁，他回到民族小学为同学们讲他在民小的故事，对民小学子的写作、阅读习惯的养成产生深远影响。

学校结合各种节日，如教师节、中秋节、国庆节，进行原创作品征集活动，鼓励学生写身边事、身边人。例如，结合校园不同季节的美景进行练笔。这些写作活动的开展激发学生浓厚的学习兴趣和探求知识的欲望，丰富知识、开阔视野、陶冶情操、启迪智慧。

腹有诗书气自华，最是书香能致远，我们在书香校园里读书、思考，丰富思想；我们在心灵沟通中对话、感悟，品味生活；我们在求索之路上实践、发展，积淀人文精神。

读书，使我们的生活更丰富、更幸福；

读书，使我们的思想更成熟、更健康！

张宇燕

二、师爱师教浸润心灵 >>>>>>>

班级文化建设是学校全方位育人的一个重要方面，班级文化具有无形的教育力量，我们要努力做好班级文化的建设。可以说班级文化弥漫在班级的各个角落，时时氤氲学生们的心灵。我们的班级文化在潜移默化中影响着每一位学生的发展，促成一股正能量在学生中传递，彰显了民族小学优良的精神风貌。

班级文化促成长 >>>>>>>

"和而不同，快乐成长"，在民族小学这个百花齐放的大花园里，我们每一个班级都有着各自独特的班级文化，每一个班级都有自己的灵魂。我们班级文化的最大特点是共创体。我们的班级文化是师生之间和谐融洽的关系，是教师与教师之间合力的关系，是教师与家长之间互补的关系，这些力量聚集到一起发散出绚丽的光芒，班级文化这个共创体的生命场影响着每一个人。

在民族小学，随意走进任何一间教室，那摆放整齐的桌椅和干净明亮的地砖都会使你心情舒畅。静静地看那窗台四周摆放的绿色植物和小小鱼缸，看那后排码放整齐的各类借阅的书籍，看那教室墙壁上学生书写的名言警句，看那张贴的英雄人物或世界名人的画像，看那学生与老师、家长一起亲手制作的创意衍纸作品，看那学生在课外实践活动中留下的精彩瞬间。每个班级精心布置的激发学生探索未知世界的科普长廊，处处彰显着班级的精气神。学生们每天生活在这样优良的育人环境中，潜移默化间获得一种奋发向上的精神力量。

在民族小学，随意走进一间教室，班级目标、班级理念、班级格言、班级标语、班徽、班旗、班训都会悬挂在班级醒目的地方。所有这些标识文化都不是几个班干部或是班主任随意决定的，全部都是由家长、学生、老师共同参与讨论，最后民主决议甄选出来的大家都满意的标识文化。我们全校还进行了班级标识文化的评比，由全校学生、老师、家长投票评选一、二、三等奖。只要抬头，映入眼帘的标识文化都无时无刻不在教育激励影响着每一个人。这些标识文化是班级精神核心和灵魂，对班级文化起到统领的作用。

在民族小学，随意走进一间教室，班级制度文化也在醒目的位置提醒着每一个人。无规矩不成方圆，大至国家，小至学校、家庭，都有其运行的规则，班级也不例外。那么班规如何制定？由谁来制定？在民族小学，班规不是随意制定的，也不是单由老师制定的，而是全班学生根据各班级的具体实际情况一起商讨，共同制定的。每个班制定班规时，由班主任老师组织全班同学先开展讨论，全面分析本班的优缺点，并找到本班存在的、亟待解决的问题。内容既有行为习惯方面的，也有学习方面的。大家一一列举出来，然后找到其中大家认为最重要的几点，提炼出来。经过同学们反复的讨论、修改、完善，量体裁衣制定出班级公约，既体现出了班级的特色，又符合同学们的意愿，执行起来也更加方便。学校倡议每个班制定的班规，一定要张贴在教室明显的位置上，时刻提醒班里的每一个成员。班规的存在并非流于形式，这是大家共同制定、共同执行的，是班级的公约。这样的做法既激发了学生的参与意识，又提高了学生遵守班级制度的自觉性，培养了一个公民从小应该具备的素质。

在民族小学，随意走进一间教室，班级活动剪影让我们目不暇接。班级活动是班级文化建设的有效途径之一，学生的能力在活动中得到培养和锻炼。年级足球联赛和啦啦操展示、家长班级讲堂规划表、年级读书分享交流会、运动会亲子展示、年级的各个戏剧社团、班级外出活动展演、年级义卖活动等，真实地记录了学生们美好的童年生活。所有活动家长、老师和学生共同参与策划，或寓教育于活动之中，或寓娱乐于活动之中，或寓求知于活动之中。在活动中看到学生们一点点学会谦让、友爱、包容，何尝不是一件幸福的事情。每次活动家长都参与其中，亲身见证自己孩子的成长。因为家长的默默帮助、鼎力支持，我们学校的班级活动可谓丰富多彩、精彩纷呈。班级活动锻炼了学生，是增强班级凝聚力的有效手段，同时也是构建良好师生关系的桥梁，家校之间更是其乐融融。

　　师生置身于班级文化的氛围之中，其思想观念就会受到潜移默化的影响，日积月累就会形成一种正确的舆论风气、价值取向、审美观念以及与班级文化相融合的价值观。学生具有自我管理能力、自我教育意识，增强了班级凝聚力，培养了奋发向上的班风，促进了学生全面发展。

王晨阳

自助餐里的学问 >>>>>>>

　　学校从 2015 年开始，开启了学生自助用餐的午餐模式，学生们在不断地摸索着自助餐里面的学问，体验着参与劳动、享受劳动，在劳动中快乐成长的过程，感悟着人与人之间的交流沟通，不断提升自身修养！

自取　自食　自力

　　现在有很多孩子生活在"包办型"的家庭中，过着饭来张口、衣来伸手的生活。家长的溺爱与代劳，导致孩子的生活能力相对较弱。以前，学校的午餐都是由学生志愿者和老师们负责，他们为学生将饭菜搭配好，盛好汤，学生们只管等着吃就好。这样的做法导致学生们的基本生活能力没有得到锻炼，十多岁的孩子还不知道怎样打饭，这与我们培养有担当、有能力的好少年的目标是相违背的。学校领导和老师们深入讨论后一致认为，要即刻改变原有的午餐模式，打造学生自助餐模式，培养学生们的自取、自食、自力的能力。

　　第一次以自助餐模式开饭时，学生们带着好奇又激动的心情认真排队，时不时地向前张望，心里嘀咕着"什么时候才能轮到我，轮到我时该怎么打饭"，学生们期待的眼睛目不转睛地盯着正在打饭的小伙伴。老师在一旁亲身指导学生们学习自助餐打饭。刚开始尝试时，他们的小手颤颤巍巍地握住餐勺，全身都在使劲，但是那调皮的饭菜却怎么也不听话，需要尝试几次才能把饭菜盛到碗里。终于，他们的碗里盛满了饭菜，刚才与餐勺"斗争"时的满脸愁苦烟消云散，学生们的脸上露出了开心的笑，成就感油然而生。尽管打饭慢了一点，但是每个学生都很开心，他们依靠自己的行动吃到了自己想吃的饭菜，看似寻常的饭菜显得尤其美味。

好学生就该做栋梁

从第一次的边学边尝试到后面的不断练习，摸索打饭的要领，学生们独立取餐的本领变得越来越娴熟，自助用餐对他们来说更是得心应手，乐此不疲。

取餐讲规则， 用餐有讲究

自助餐不仅让学生们亲自动手，学会独立，还慢慢培养了学生良好的取餐规则意识和用餐习惯。自助餐刚开始实行的时候不是一帆风顺的，也出现了一些不良现象。比如，有的学生不喜欢吃蔬菜，他的碗里只有主食和肉菜，哪怕碗里有一个菜叶也要挑出去；有的学生不守规矩，直接插队打饭，导致其他同学心里很是不满；还有的学生盛了满满的一碗饭菜却吃不完，半碗都倒掉了……"一粥一饭，当思来之不易；半丝半缕，恒念物力维艰。"作为教师，我们更应该培养学生珍惜粮食、合理搭配、心怀感恩、遵守规则的意识。我们针对学生的这些不良现象，进行了取餐规则、合理安排饮食、用餐礼仪方面的培训。学生们逐渐做到了取餐讲规则，用餐有讲究。

开饭前，学生们会自觉把手洗干净，井然有序地排队，相互谦让，有序取餐盘、勺子，选择自己喜欢的饭菜，荤素搭配，合理饮食。首次取餐，每种饭菜的数量有明确要求，少拿勤取，避免浪费，每种菜都要适当盛一些，即便是自己不喜欢的菜，也要尝试着吃一点，同学之间相互提醒。"昊昊，你还没有盛菠菜呢，尝试着吃一点吧，很好吃的！还能提高免疫力哟！""那我少盛一点吧。"像这样的对话是学生们之间常有的。慢慢地，挑食的学生爱上了自己曾经不喜欢吃的蔬菜，也当上了"小小提示员"，开始提醒大家均衡搭配。学生之间的榜样作用更好地促进他们的成长。据学校食堂统计，学生们剩饭的现象越来越少了，合理搭配饮食习惯有着明显的改善。与此同时，老师携手家长共同培养学生的饮食习惯，特邀每一位学生家长承担"家庭营养师"，督促家人合理搭配饮食，吃得健康有营养。

用餐时，老师叮嘱学生，一手拿勺，一手端碗，细嚼慢咽，安静用餐，随时要保持桌面整洁，用完餐后，将勺子和碗轻轻放到指定位置，整齐摆好。

从排队取餐到安静用餐，再到摆餐具的过程中，学生们知道了营养搭配饮食，学会了自觉自律和遵守秩序。

临近用餐尾声，学生们看着食堂叔叔们收拾餐具的身影，那些没有摆放好餐具的学生难为情地走到跟前，把自己的餐具重新摆放好；有一部分学生自觉地走过来，帮助叔叔们摆放餐具。这是他们本能的反应，他们在不断地摸索生活中的细节，感受到他人无私的付出，作为回报，他们尽可能地做好自己分内的事情，来表达自己的感恩之情：感谢学校为他们精心准备的食材，食堂叔叔们用心准备的美味饭菜，老师的耐心指导，以及同伴的温馨提示。让他们懂得珍惜粮食，合理搭配饮食，文明用餐，懂得感恩……

每个孩子都是一粒花的种子，只不过每个人的花期不同。有的花，一开始就会很灿烂地绽放；有的花，需要漫长的等待。也许有的种子永远不会开花，因为他是参天大树。有的孩子即使是草，也有他的用途，我们需要的是给他们阳光和雨露，站在他们的角度去接纳、理解他们，相信每个孩子都是善良的，让我们带着欣赏的眼光去陪伴他们成长，让他们成就最好的未来！

马校长曾经不止一次说过：教育是一群不完美的人（老师、家长），带着一群不完美的人（孩子），追求完美的过程。学校就是犯错误的地方，要允许学生犯错误，允许老师和家长犯错误，教育是老师、学生、家长共同成长的过程。

李　情

在爱中成长 >>>>>>>

没有人和我用一张桌子

有一天班级有做课任务，课桌椅被搬走了一半，所以中午吃饭就出现了四个学生共用两张桌子的情况。学生们虽然挤在一起吃饭，但是别提多开心了，相互招呼着好朋友来自己的位置吃饭。我刚盛完饭坐下来，一位同学走了过来："老师，小麒自己有桌子，可是非要和我们挤在一起吃，我们都没地方了！"另一位同学紧跟着气哼哼地说："刚才他还和我们挤在一起吃呢，被我们轰走了！"接着，又有一位同学满脸不平："老师，他特别讨厌，吃饭总搞恶作剧！"这时其他同学纷纷补刀："老师，他总打人！""他打过好多同学！""好多同学都不喜欢他！"

听到这里，我转头看向小麒，他无辜地看着我，一句也不辩解。小麒是个平时让老师有点操心的学生，偶尔会和同学有肢体冲突。之前和家长有过几次沟通，

好学生就该做栋梁

家长反映他在家胆子非常小，可是在学校老师和同学的眼里他却并非如此，这到底是怎么回事呢？

面对着学生们的"声讨"，我想起了马校长曾经不止一次和老师们说过的话：学校就是犯错误的地方，我们面对的是有血有肉的孩子，我们学校的教育要着眼孩子一生的幸福！是啊，他如果是我的孩子，每天给他送到了学校，他却被全班同学这样"不待见"，我该是怎样的心情。而且所有事情的发生，背后都是有各种原因的。小麒为什么有自己的桌子却不用？是不是因为他看着别人都有小伙伴，开心地享用着午餐，唯独自己的桌子孤零零的没人"光顾"，觉得自己没有朋友，所以要自己挤到别人那里，证明我也有朋友？

我把小麒叫了过来："你有自己的座位不坐却和同学挤在一起是有原因的，对吗？"他不作声。"是不是因为没有人愿意和你一起吃饭你觉得很不开心啊？"孩子委屈地点点头，说："没有人和我用一张桌子。"这时候人缘最好的小翀正巧打饭进来，我悄悄走到小翀旁边，问："你和他坐在一起，好不好？不愿意也没关系。"小翀很大方地点点头："可以的老师，我俩本来也是邻居。"然后两个人一起吃了午饭。

放学后，我拨通了小麒妈妈的电话，说清了事情的原委后，她表示很感激并且愿意配合我去想一些办法。我主要和小麒妈妈表达了我的几个观点：一是，孩子刚上一年级，被同学不接受甚至排挤，对他今后的学习生涯甚至性格养成都会有很大的影响。小麒若是我的孩子，我会很难受。二是，小麒平时在家的表现是怎样，导致他在学校偶尔和同学有肢体冲突，我们作为家长要反思。家长表示非常赞同与支持，并说孩子很喜欢我，因为我曾经表扬过他，所以他现在每天都要做妈妈给买的语文练习册，我很是惊讶，自己都不记得的表扬居然对孩子有了这么大的影响。

第二天刚上课，我就和全班学生有了这样一段对话："你们知道小麒为什么自己有桌子却非和你们挤在一起吗？"学生们默不作声。"因为他喜欢你们，但是却没有表达，就像他喜欢周老师，却从来没告诉过我，但是他每天都要做语文练习册来表达对我的喜爱。其实小麒有许多优点，只是我们没有看到而已。""他认识很多字，我认字就够多的了，但是他比我认识的还多呢！"一位同学羡慕地说。"他还会弹钢琴呢，我和他是一个幼儿园的。"又有位小同学赶紧介绍。"他语文作业总是全对！"……学生们太可爱了，他们都有着善于发现别人长处的眼睛，一下子说了好几条小麒的优点。"哇，他有那么多优点啊！那你们以后愿意和他做朋友吗？"我卖关子道。学生们异口同声说："愿意！""但是我希望他不要动手。"一个曾经和小麒有过矛盾的同学嘟囔着。"我以后不打人了……"小麒低下了头。

从那以后，同学们只要课间游戏就拉着小麒一起，还不时地有同学跑到我面前："老师，小麒 1 分钟跳绳能到 100 了！都追上我了！""谢谢你教我！"小麒开心地说。"老师，小麒还教我不懂的语文题呢！""小麒也不打人了。"……看着学生们那开心的表情、游戏时你追我赶的身影，真替他们开心！

孩子就是这么单纯，同伴的力量就是如此巨大。试想如果没有有爱的老师和同学，小麒现在会是什么状态？也许他会成为老师学生人人口中的问题生，也许他会因为动手打架而被大家孤立，也许他觉得全班都在和他作对……这样的童年会是什么颜色的呢？

周雪莲

摇散的秋千

一天中午吃完午饭，我在教室听到一个学生大喊："张老师，张老师，德鸿、郝心、赵越把咱们学校的秋千给摇散啦！"听到这个消息的我一下蒙了，下午要开家长会，多少家长要经过那儿啊，多少领导要经过那儿啊！我赶紧跑到楼下，远远地看到一堆木头散落在地，三个孩子在木头旁垂头丧气，不知所措地面面相觑！虽然我很生气，也很着急，可是看到他们惊慌的表情又很心疼。随着我着急忙慌跑下来的还有班里的学生们。这场面也着实把那三个小男孩吓坏了！"老师，我们错了，我们以为它会很坚固，可是怎么摇一摇就散架了呢?!"德鸿一脸蒙地对我说，看着他纯真又疑惑的样子，我是又气又好笑。"老师这可怎么办呀？我们努力了半天怎么也修不上，急死我们了！"一旁的赵越着急懊悔地说，此刻的我只能耐着性子说："我知道你们努力修复了，可是下午开家长会，咱们不能让领导们、家长们看到咱们摇散的秋千吧？这代表学校的形象啊！""那咱们赶紧想办法补救吧！修这个要赶紧去找荀师傅，学校的荀师傅什么都能修好。"站在一旁的同学喊道。

听到这个信息，刚还看着摇散了的秋千的郝心嗖地转身跑走去找荀师傅，德鸿、赵越跟在后面。过了一会儿，荀师傅来了，这三个小男孩也跟在后面，有帮荀师傅背包的，有帮荀师傅拿工具的，还有手上拿了一瓶矿泉水的。看到这一幕，我感受到他们对自己错误的责任和担当，这一幕令人动容！虽然，秋千不大，但是修起来却没有那么容易，三个小男孩有递工具的，有帮忙递材料的，班里的同学看到他们三个的努力都主动伸出援手，帮忙一起抬秋千，大家齐心协力一起修复。虽然是他们仨闯的祸，但大家都帮忙解决，这是一个集体在行动！不一会儿，秋千修好了，三个小男孩站在荀师傅面前，真诚地向荀师傅道歉，诚恳地表达了感谢。我本想这件事就这样结束了，三个小男孩及时对自己的错误进行了弥补，也就没有打算再继续"教育"他们，毕竟从这件事中孩子们学会了为自己的错误承担责任，这是弥足珍贵的！但是，回到教室这三个小男孩对我说一定要跟同学们说点什么，请老师给些时间。我同意了。他们说："首先，感谢老师，没有对我们指责批评，而是帮我们一起想办法，解决问题，帮助我们将秋千修好，特别感谢您！其次，感谢同学们，没有一个同学落井下石，而是纷纷伸出援手帮助我们一起修复，我们真的觉得咱们班太美好了！我们以后会为班集体付出，弥补我们给大家造成的损失！"三个小男孩昂首挺胸、诚恳严正的模样使人敬佩！这时，班里响起了雷鸣般的掌声！

经历这件事时，作为教师的我只单纯地想赶紧把秋千修好，可是却因为我的没有指责，温暖了三个孩子，他们从心底里认识到：犯错不可怕，可怕的是不担当！相互之间没有推卸责任，而是共同修复！也让我意识到，不要仅仅看后果所造成的影响，而要想一想一件"祸事"能不能让孩子学会什么，能不能促进他们成长！我也坚信：当他们长大了，在团队中也会成为有想法、有担当、有胆量的人！

这件事过去后几天，德鸿拿了一个小本本给我看，上边详细地写了中国榫卯结构的特征和内容，也分析了为什么学校的秋千摇一摇就散了。三个小伙伴拿着钉子、锤子去紧实了每一个秋千，为的是别的同学坐的时候秋千不散架、同学不受伤！

张宇燕

三、家校共育建立超级教育社区 >>>>>>>>

著名教育家苏霍姆林斯基曾经指出：没有家庭教育的学校教育和没有学校教育的家庭教育都不可能完成培养人这一极其细致和复杂的任务。这就是说教师和父母都是无可替代的孩子的教育者。

习总书记曾多次强调，家庭是人生的第一所学校，家庭教育在个人的成长过程中发挥着极其重要的作用。家长是孩子的第一任老师，家庭教育的使命是要给孩子讲好"人生第一课"，帮助扣好人生第一粒扣子，夯实孩子成长的起点。

2017年马校长提出了"直面社会关切，构建城市新型学校"的整体设想，提出遵循"和而不同，快乐成长"的办学理念，落实"搭建平台、整合资源、重塑角色、组建圈子"四项基本策略的指导思想。新型学校里，家庭教育和学校教育不是各自独立的两个个体，而是培育孩子成长的共同体，孩子的成长离不开教师，学校的发展离不开家长。要充分调动教师、学生、家长及社会的力量，共同促进学生的成长和进步，努力将学校构建成为一种开放的"超级教育社区"。

搭建平台聚力量 >>>>>>>

在学校"和而不同，快乐成长"理念的指导下，学校积极搭建起一个以育人为核心的平台，形成以学校管理者、教师、学生和家长为主体，相关的各界人士参与的，相互作用、相互影响的育人模式。例如，学校开展讲坛活动，邀请来自各行各业的专家、学者等人士，为学生举办讲坛，为学生了解社会、拓宽视野、增长见识提供资源；成立名师工作室，各个学科聘请名师、教研员、特级教师等成立若干个工作室，每周定期开展研究和学习活动，为教师专业成长提供助力；在原有的家长委员会基础上，成立家长理事会，吸纳积极、热心、有一定能力和资源的家长参与其中。理事会下设科技、艺术、体育、文化、法律等多个部，邀请更多的家长参与。同时，理事会将参与学校的规划、管理，协助学校组织活动，共同为学生的成长和学校的发展贡献力量。

好学生就该做栋梁

"大受欢迎"的文化大讲堂——像办大学那样办小学

马校长常常提道："一个人的眼界的高低、境界的大小可以改变命运。对于学生来说，见识比知识更重要。"近十年来，民族小学一直遵循"像办大学那样办小学"的理念，为给学生搭建一个更加广阔的学习平台而不断探索。

起初，马校长带领老师们每个月邀请一名专家学者到学校来给学生们开展文化讲坛，让学生们在学校就可以近距离地接触到各方面的专家学者，聆听前沿的声音。比如，邀请卢中南、爱新觉罗·启骧等多位著名的书法名家给学生们讲书法的文化；邀请蛟龙号下潜的声学专家杨波讲前沿的科学知识；邀请校友"童话大王"郑渊洁开展创作 40 周年讲座；邀请"歼-10"飞行员讲中国的军事力量，增强学生保家卫国的意识……像这样的讲座学校至今已开展了近百节，这一节节多元、生动的讲座，给学生留下了难忘的记忆，在许多学生的心里播下了一颗"求知"的种子，学生小许就是其中的一名。

在老师和同学的眼中，五年级的小许是一名不太爱学习、特别内向的学生。这次学校的文化大讲堂邀请到了中国现代顶尖的科学家——周琪来做"神奇的干细胞"的专题讲座。"我是一个科学家，今天想讲的是科学家的工作如何治疗人类疾病。我和我的研究团队所做的研究就是要为全人类造福，为解除人们的病痛而不断努力和探索……"在座的小许同学被周院士浅显易懂的话语和触目惊心的数字研究震惊到了，小许同学第一次感受到科学离自己这么近，原来现在所学的知识有一天会有这样的作用，甚至造福人类。小许同学对周院士的敬佩之情油然而生，不觉地挺起腰杆，竖起耳朵认真倾听起来。

不知不觉中讲座结束了，小许同学意犹未尽，在集合的班队中陷入了沉思，眼看班级的队伍就要离开礼堂，他握了握拳头、鼓足勇气一路小跑追向了正被马校长带着离场的周院士。

"马校长好，周院士您好，我是民族小学五年级的学生，刚刚听了您的讲座，我能……向您提一个问题吗？"

"好的，孩子，你说吧。"

"未来的人类可能会克隆人吗？"

…… ……

"谢谢周院士。"

站在旁边的马校长定睛一看，这不是五年级的小许同学吗，平时是个内向、不爱学习、有些淘气的孩子，暗自赞叹小许同学今天的表现真勇敢。于是特别自豪地向周院士介绍小许同学："周院士，这个孩子平时不爱说话，看来是今天您的讲座打动了他，您给他的心里播下了一颗种子呀！"马校长紧接着转向小许同学，拍了拍他的肩膀："只要你心里有目标，努力学习，钻研知识，将来有一天你也可以像周院士一样在自己喜欢的领域贡献自己的力量啊！加油！"马校长亲切的鼓励让小许对自己充满自信，原来马校长相信自己也可以做到像周院士这样！在之后的日子里，小许同学仿佛变了一个人，课堂上有了他认真倾听的模样，有了他积极举手的表现，有了课间积极向老师追问的身影……小升初取得了不错的成绩。毕业离校前马校长特地找到小许同学，将小许同学当时和周院士的合影当作毕业礼物送给了他以作鼓励。

学校里有许许多多像小许一样的学生，也许他们平时表现并不出色，但在这一次次讲座中被知识的魅力所触动，激发出无限的潜能。润物无声，民族小学开设的文化大讲堂就是这样不仅关心如何让学生变好，还关注学生未来走得有多远！

民族小学的文化大讲堂邀请越来越多的专家和家长们走进学校为学生开讲，他们为学生创设了非常真实的学习内容，让学生的学习与现实世界更好地关联起来。这将有助于学生的成长，有助于学校的教育，为国家的未来培养综合的高素质的后备人才。

周 静

打开另一扇成长之窗——民族小学家长理事会助力学生发展

家庭、学校是孩子成长的重要"摇篮"，是教育的两个主阵地。民族小学学生的家长一直是学校教育的一分子。他们从事各行各业的工作，或是企业骨干，或是在教育领域有一技之长，或是为社会贡献卓著的重量级人物。他们具有各自的职业优势、性格特长优势，都希望能为民族小学这个大家庭贡献自己的力量和智慧，助力学生们健康快乐成长。为了更好地开展良好的家校互动，经过不断探索，民族小学家长理事会应运而生。

家长理事会遵循民主监督、社会参与、平等共议、互相尊重的原则，理事会成员以志愿者的形式主动协助学校推进教育教学工作，是代表全体家长参与学校民主管理，支持、监督学校做好教育工作的群众性自治组织，是学校联系广大学生家长的桥梁和纽带。学校家长理事会由十个专委会组成：体质健康、艺术素养、科学技术、志愿服务、规划管理、阅读分享、社会实践、宣传协调、法律教育、心理健康。在理事会的带动下，有更多的家长参与到学校教育工作之中，他们大力支持学校开展的各项工作，并积极参与、投入班级和学校的活动中，与学校一起努力，促进学生更快、更好地发展。家长理事会为学校的发展、为学生们健康快乐地学习成长提供了很多的优质资源。

心理健康专委会由多位经验丰富，具有心理教育经验的家长组成。一直以来，他们关心学生的心理成长和发展，积极组织开展多彩活动，注重培养学生的团队协作精神，提高学生的心理健康水平。在学校德育处统筹安排下，在心理健康专委会成员、教育心理学教授师保国老师的指导下，每学期都有来自首师大心理学院的多名研究生与学校老师一起开展交流活动，研究学生现状，并有针对性地制订心理教育活动课计划和实施方案。通过每一次的心理团体辅导，学生们体验到了乐趣，增进了友谊，提升了相互协作能力，增强了班级凝聚力。体验式的团体心理辅导活动不采用刻板的说教，而是通过学生自己去体会，去感悟，相比传统课堂教学方式有不一样的教学效果，给学生带来的不仅仅是一段难忘的体验，同时也是一笔宝贵的精神财富。

艺术素养专委会的理事们一直助力学校艺术工作的开展，为学生们提供优质资源，寻找机会让学生们站到更高的平台锻炼、展示自己。例如，2019 年 8 月 30 日晚民族小学有 40 余名学生参加了在水立方举行的国际篮联篮球世界杯开幕式，这就是家长理事会努力为学生们争取到的锻炼、展示的机会。

学生代表们在开幕式压轴出场，演唱了一首欢快的《加油！篮球》，表达了对本届篮球世界杯的美好祝福。

从 2019 年 7 月底拿到歌曲演示版本学唱，到从 8 月 9 日开始每天近 12 小时紧锣密鼓地现场排练，学生们非常辛苦。他们按照老师的指导口令，跟着音乐的节奏，一边唱准歌曲，一边熟练动作，虽然汗水湿透衣衫，但他们都一直热情饱满地参与其中。为了保证开幕式的演出效果，在平时训练中，老师对学生们要求十分严格，每一个音都要唱准，每一个动作都要到位，甚至细微之处的表情、眼神都要一一过关。学生们深知自己代表的是中国的少年儿童，他们都力争要以最好的状态在全世界面前亮相，为篮球加油，为中国加油！训练到很晚的时候，学生们累了就在地下停车场临时搭建的休息室里稍稍休息一会儿，然后就又立刻投入训练中。

开幕式上，会有32个身着篮球服的少年儿童带着印有32个参赛国元素的篮球，其中7名男生来自民族小学。他们既要参加合唱团的排练，又要参加32国篮球少年的严格训练，每天都要在群里完成跑动、出球等动作训练打卡，需要付出更多时间和精力，更加辛苦。台前幕后，他们努力奋进的身影是所有民小学子学习的标杆。

最终，在万众瞩目中，在世界观众面前，民族小学的学生们精彩绽放，这个节目深受观众喜爱，被媒体称为"开幕式上最可爱的色彩"。

李 艳

整合资源谋发展 >>>>>>>

学校拥有丰富的教育资源，将这些教育资源调动起来才能谋划更好的发展前途。学校的教师、学生是最基础的人力资源，周边兄弟学校、幼儿园、中学及手拉手学校等相关教育单位也是学校教育资源的组成部分。在校学生的家长为学校的发展、孩子的成长提供丰富的资源。合理调动周边社区、各大单位资源也可以为学校的发展助力。

学校在资源的使用方面整体布局，成立资源中心，建立资源库，目前已成立"高参小项目"资源库、家长资源库、学校发展智囊团。做好挖掘、转化、整合工作，结合学校育人目标和学生成长需求，规划好、使用好这些资源。

 学科融合搞创意　职业体验促成长

民族小学以培养"全面发展的人"为核心，知行合一地开展职业体验教育活动，引导学生体验职业乐趣、展望职业前景、树立职业理想。通过真实的情境感受生活中的场景，参与父母的劳动，学会理解父母、感恩父母。同时，拓宽教育资源，让家长参与学校教育活动，更有效地发挥家校共育的作用。

一年级组的老师们根据学生的年龄特点和发展特点，进行了多学科融合的课程教学，开展了"学科融合搞创意 职业体验促成长"的主题课程活动。为了更全面更深入地将课程实施，老师们邀请了各班家委会的家长协助落实。各班根据家长资源以及一年级学生的年龄特点，确定了相应的职业体验主题：医院、银行、电影院、急救、图书馆、面点、快递、餐厅、游乐场、公交，一共十个项目的职业体验活动。每个班根据家长的职业资源选取一项适合的主题。接着，家长们以自身职业为背景，为学生进行系统可行的培训准备。家长们一次次来到学校，走到学生们当中，为学生们耐心细致地讲解各个职业的工作内容和要求。医院是学生们非常熟悉的，但对于如何看病却不了解。家长志愿者教学生们去医院看病的流程、注意事项，让他们体会到了这个职业对生命的敬畏之情，感受到了医生的无私和伟大使命。电影院是学生们特别感兴趣的地方，家长志愿者给学生们讲电影的历史、看电影的流程以及影院文化，让学生们懂得文明观影需要遵守的规则，让学生们了解看电影期间遇到突发情况如何应对……在培训中，学生们感受到了不同职业的辛劳，小小的培训有了大大的力量。学生们增加了责任感和使命感，懂得了如何做一个守秩序、懂礼貌、有担当、有责任的好公民，对爸爸妈妈们的职业也投去了欣赏、崇敬的目光，他们就是我们的大榜样呀！

活动当天，民族小学北校区热闹非凡，以"小活动，大融合"为主题的多学科综合实践活动拉开了序幕。活动分为游乐场、图书馆、康美医院、民小快递、民小餐厅、民声影院、急救、民小银行、快乐九九厨房、爱心1路公交车十个场景。校园中出现了许多小邮递员、小医生……他们在自己的岗位上忙碌着，为小伙伴们服务；存取款、点餐买单、乘车购票、借阅图书……学生们体验着不同的角色，各个脸上洋溢着笑容。

小杨同学高兴地来到"医院"就诊。他先挂号，然后来到口腔科。小李大夫认真地问："请问你的口腔有什么问题啊？"小杨同学捂着腮帮子，一脸痛苦地说："我长龋齿了，请您帮我看看。"小李大夫说："那请你张开嘴，我来检查一下。你的龋齿很严重，需要拔牙，你可以预约下周一来医院，我帮你来进行治疗，你先去交费吧。"体验结束后，小杨冲着旁边的班主任老师激动地说："老师，我学会看病了。下次我要当医生，为别人治病。"老师对他微笑示意，伸出了大拇哥表示赞赏。

小军扮演的是一名银行职员，他指导同学们操作存取款等业务办理流程。客户一进门，他就要问："您好！请问您办理什么业务？"客户说要取款，他就要用道具来为客户点钱交付。等客户走的时候，他要说："再见！请慢走！"十分钟下来，他已经办理了五位客户的存取款。当有一个客户说要办理转账时，他就慌了神，不会处理了。他对一边的家长志愿者说："我还要学习更多的银行业务知识，帮助更多的人，把工作做得更好。"

小青在餐厅里忙得不亦乐乎，一会儿帮客人点餐，一会儿帮客人端菜递茶，但丝毫没有因为忙乱而降低服务水平，仍旧对每一位进入餐厅的客人彬彬有礼，热情周到。问他："你觉得当餐厅服务员辛苦吗？"他点点头说："很辛苦，但是很有意思。我对他们有礼貌，他们对我也很有礼貌。"

活动开展过程中，老师、家长齐参与，学生们文明、有序地完成各个项目的职业体验活动，还感受到了各个学科的魅力，丰富了自己的体验经历，多种能力得到了提升。学生们可以通过拼音识字、填写单据解决看病、点餐、银行取钱等多个场景中的问题；在公交车上的站点数法、图书的分类查找、厨房的烘焙时间和影院的座次等体现了数学知识的运用；餐厅中的英文歌曲、中英文菜单、面包房的单词拼读，给学生创设了英语实践的语言环境；游乐场的户外小游戏、民族服装 T 台秀完美地融合了音、体、美等学科领域的知识，让学生们体会到了不一样的文化世界。学生们在守秩序、有礼貌的体验活动中培养了规则意识、践行了文明礼仪知识。

这样的活动让学生们不仅能把自己所学的知识运用到生活中，让学生们体验了职业乐趣，还能让学生们切身感悟到各个行业的辛劳，更使学生们体会到了父母上班的辛苦，体会到父母用自己的劳动去服务他人。学生们懂得每一个平凡的岗位都有着不平凡的工作，学生们参与劳动的同时，更懂得珍惜别人的劳动成果，尊重每一位劳动者。通过小小的职业体验活动，父母成为孩子的榜样，教育孩子知荣明耻、立德修行，养成良好的学习、生活习惯。这也正是民族小学培养的具有关爱之心、规范之行、健康之体、聪慧之脑、多才之身的小公民。

赵喜辉

重塑角色促理解 >>>>>>>

将家长、教师、学生的角色定位多元化，重塑角色，有利于家校的相互理解与沟通和学生的全面发展。教师可以转变为家长，在学习、生活、心理等多方面关注学生，促进学生全面发展；教师可以转化为专家，丰富专业知识，深化学习，致力于教育教学研究，总结提炼教育教学经验。家长可以转化为学生，参加家长学校活动、"苗苗成长课程"等，不断学习提升，解决亲子教育中的问题与困惑；家长可以转换为教师，借助学校提供的平台，如通过参加家长讲堂活动，参与教育教学，体验教师工作，在角色转换的过程中增加对彼此工作的理解、尊重与信任。家长可以转化为孩子的大朋友，组织开展各种有意义的班级活动。比如参观博物馆、走进军营、爱心义卖、为武汉捐赠抗疫物品……一项项活动，拉近了孩子和家长的距离。

班级家长大讲堂

学校组织的讲堂在学生中大受欢迎，有很大的影响力，但刚开始时一个学期平均下来每个学生只能听到一节这样的课，这是远远不够的，怎么办呢？在一次招生统计中，马校长发现新一年级学生的家长有 50% 以上具有研究生以上学历，而且大部分已经成为各行各业的中流砥柱、佼佼者。这不就是民族小学现成的"专家"嘛！于是，班级的家长大讲堂应运而生。

家长中真是藏龙卧虎，人才济济，资源丰富。家长有能力也有意愿走进学校，成为孩子们的老师，参与到班级的课堂中来。家长大讲堂通常是在每周五下午的实践课上开展，由家长选择孩子们喜欢的知识教给他们。老师们发现，在课堂上，家长可以看到自己的孩子课堂上的表现，也能站在教师的角度体会老师平时教学的乐趣与不易。由家长承担的文化大讲堂涉及的内容更为丰富了，从生活中的点点滴滴出发，可谓全面生动、丰富多彩。比如，中国高铁、了解太阳系、传染病的预防、领导力的培养、物联网、动画梦工厂、中国传统建筑魅力、爱护自己的身体、给垃圾分类等。有的班还会把讲堂搬到教室外，比如，美术作品赏析与临摹在美术馆举办；老北京文化搬到了北京胡同里举办……每一节课，学生们都会感到非常惊喜。每年，学校各班级举办的家长大讲堂合计达四五百场，不少学生上完课表示："真是太有趣了，我每到周一就开始期盼周五下午的家长大讲堂！"各班开展完家长大讲堂都会撰写新闻稿留下记录，在学校和班级的微信公众平台上进行宣传。

家长们有机会成为孩子的榜样，展示职业或所长领域的知识，这些对学生们产生了积极的影响，甚至改善了亲子关系。有位家长上完讲堂这样说道："能够有机会走进校园给孩子们上一节课，我觉得十分可贵，而且我的孩子非常想让我来参加，所以再忙我也要调好自己的时间来到学校当一回老师！当我走进教室给孩子所在的班级上课时，我看见孩子眼中从未有过的骄傲，那短暂的一瞬间，他真的认为老爸很酷。我的内心感受到教育一体化的重要性，此时此刻我和学校的教育理念如此的心意相通。"

邀请家长们开展文化大讲堂，让家长们感受到自己也是教育的一部分，家长们能够与老师的工作"零距离"接触，彼此惺惺相惜，学生们看到自己和同学的家长来给自己上课，带给自己丰富的知识，树立最亲切的榜样，不仅拓宽了自身的知识面，更重要的是，他们心中有了对真善美的正确理解，有了更加高远的目标。

教育家陶行知先生说过，真正的教育，是心心相印的活动，唯独从心里出发的，才能达到心的深处。家校携手，形成教育合力，贴近学生心灵，关注学生情感，在活动中潜移默化地同频共振，共同教育，这才是育人的最高境界。

李　颖

唱爸爸妈妈小时候的歌曲

当前的社会环境下，大部分孩子从来没有吃过苦，很多孩子娇生惯养，不懂得珍惜当下的幸福生活。老师和家长们直接说教的效果并不理想。民族小学组织开展了"唱爸爸妈妈小时候的歌曲"——弘扬社会主义核心价值观教育活动，就是想要通过孩子和爸爸妈妈一起合唱、一起表演革命歌曲、优秀儿童歌曲等经典老歌，将社会主义核心价值观的教育以生动活泼的形式呈现出来；并在这个过程中，将革命传统教育和社会主义核心价值观教育结合起来，将民族精神与时代精神结合起来，将家庭教育和学校教育结合起来，将流行与经典结合起来，提高学生艺术表现力、创造力和审美能力，促进学生全面发展和校园和谐发展，增强家校之

间的沟通交流，形成教育合力。

2010 级 3 班是民乐班，全班学生从一年级就开始学习民族乐器，所以他们整体的节奏、音准等乐感都非常好。在这次活动的准备过程中，学生、家长和老师一起选歌、学唱、排练、准备服装……都比较顺利，但几次排练下来，大家都发现一个共同的问题：《烛光里的妈妈》这首歌学生们虽然唱得熟练，但听起来总觉得感觉不对，问题在哪呢？音乐老师进行指导后，学生们的演唱技巧得到提升，发声和气息都有所改善，面部表情也足够到位，但听起来仍然显得生硬。会不会是学生们对歌曲背后的故事缺少了解，内在情感并没有被触动，所以演唱就显得不够理想呢？这时候，班里的一位妈妈决定给孩子们讲讲这首歌背后的故事。这首歌的词作者当年因工作不顺，情绪极为焦躁，妈妈拖着病体整宿守护着她。有一天夜里停电，看着床边疲惫的母亲在烛光里的身影，歌词像水一样在作者的心里流淌："妈妈，我想对你说，话到嘴边又咽下……"结合歌曲背景，联想到妈妈每天为自己的操劳、付出，想想自己要对妈妈说些什么？想到这些，很多学生的眼睛湿润了，眼眶里的泪水不由自主地溢出，感同身受，学生们很容易就和这首歌产生共鸣，发自内心的真情在歌曲中流露。

"孩子，小的时候，我的妈妈教给我一首歌，今天妈妈把这首歌也教给你……"2015 年 1 月 27 日至 29 日连续三天上午，民族小学"唱爸爸妈妈小时候的歌曲"——弘扬社会主义核心价值观教育活动如期和大家见面了。

三场节目异彩纷呈！学生、家长和老师一同登台，用动听的老歌深情诉说，传递社会主义核心价值观的正能量。歌唱、舞蹈、武术、演奏等表演形式编排巧妙，融为一体。每一个学生、老师和家长都用最好的精神面貌展现出了各班的创意和特色。《烛光里的妈妈》《北京的金山上》《唱支山歌给党听》《茉莉花》《阿里山的姑娘》《少年少年祖国的春天》《春晓》《精忠报国》……这一首首优美动听的歌曲在崇和馆内回荡，歌颂了伟大的祖国、伟大的中国共产党，歌唱了今天美好的生活，抒发着对父母的感恩……热烈的掌声在崇和馆内不断响起，这些歌曾经深深地烙印在父母这一代人的心中，今天也在我们民族小学的学生中积极传唱着。

教育有道，循道而教，必定事半功倍。通过"唱爸爸妈妈小时候的歌曲"这个活动，学生们跟家长和老师互动交流，一起唱、一起参与，学生们在学唱的过程中，通过聆听那动听的旋律，品味那些具有教育意义的歌词，潜移默化地接受了爸爸妈妈的教诲、感悟到了老歌中的深刻道理，这就是音乐的魅力！很多学生表示，这样的歌唱活动让他们从中收获了很多宝贵的品质，以后有机会还要唱这样的经典歌曲，陶冶自己的情操，提升自己的品位。

民族小学以此次活动为起点，内化于心、外化于行地举办了一系列活动，如"讲爸爸妈妈小时候的故事""玩玩爸爸妈妈小时候的游戏""看看爸爸妈妈小时候的学校""看爸爸妈妈小时候的动画片"。这些活动内容丰富多彩，形式有趣多样，学生喜闻乐见，更有效直观地对学生进行社会主义核心价值观教育。同时通过家校合力，父母共同参与到孩子的成长过程中，见证了孩子的变化与进步。孩子们通过一首首歌曲看到了父母的另一面，感受到了父母对自己深切的爱，更加理解父母、体谅父母，愿意听从父母的教诲。

李　颖

组建成长共同体 >>>>>>>>

现代社会的瞬息万变要求每个人树立终身学习的意识，不论是学生、家长，还是教师，都应该是终身学习者。在学校的平台上，在校方的倡导和监管下，教师、学生、家长根据成长需要、兴趣爱好以及拥有的资源，自由组织，自发形成一个又一个朋友圈、学习圈、健身圈、生活圈等，促进家长与家长、家长与学校、学生与家长的共同学习与交流，形成一个个的学习共同体。在一个个圈子中，学生们快乐游戏，相互学习；家长们相互帮助，为学生提供个性化教育和发展的机会与资源。

 家长参与阅读，打造书香家庭

在书香校园的建设中，学校充分发挥家长作用，一方面，鼓励开展亲子阅读，营造书香家庭。"21天阅读活动"号召全校学生以班级为单位成立阅读打卡群，并将自己阅读或亲子阅读的时刻记录下来。"21天阅读活动"养成的好习惯，至今在很多班级还延续着，并在不断发展中形成了充盈着书香的班级文化氛围。

参与活动的家长们自主建立了阅读群，经常几个家庭共读一本书并进行交流和分享，家长们分享成人对于书的见解和看法，孩子们以孩子的视角进行同一本

书的解读，成人和小朋友之间思维的碰撞，经常迸发出神奇的火花。在这个过程中孩子们看待事物更加成熟稳重，也能够理解爸爸妈妈的想法和工作状态。当然，家长们也通过和孩子的沟通感受到孩子的想法，更懂孩子，在打造书香家庭的过程中，促进了亲子关系的提升。

另一方面，积极挖掘学生家长中的资源，请有专业经验的家长走进图书馆开展家长培训，发展出一批又一批故事妈妈。这些故事妈妈既能走进课堂参与孩子的学习生活，又能优化家庭亲子阅读的效果，使民族小学的每一个家庭都能成为真正的书香家庭。

在"超级教育社区"，家庭教育是根基，学校教育是关键，社会教育不能少。这样立体化的超级教育社区为学生、家长和教师提供了相互学习、相互帮助的机会，使学生丰富了知识，增加了见识，开阔了眼界，综合素养得以提升；家长能够参与教育教学，学习教育常识，展示自己，形成了和谐的家庭关系，养成了良好家风；教师能够更好地投身教学，专业素养得到提升，职业幸福感得以增强。学生与教师、家长与教师、学生与家长、家长与学校的多边关系建立起来，营造了和谐共赢的氛围，学习型成长共同体初步形成。

民族小学的飞速发展、学生们的快乐成长离不开每一位家长的支持与帮助。季羡林读书会，系列心理团体辅导课，多彩丰富的体育、科技、艺术等实践活动都凝聚了家长理事会的力量与付出。他们放弃自己的休息时间，为学生们开办内容丰富的大讲堂，拓宽了学生们的视野；足球赛、运动会、合唱表演等各个活动中，都能看到家长们与老师一起忙前忙后的身影；周末了，还有很多家长帮助老师组织班级的各种外出活动，亲如一家……家长们为孩子们打开了另一扇学习、成长之窗。

"只为播下一颗幸福的种子"，民族小学的老师和家长们都心怀强烈的使命感和责任感，共同努力把学生培养成合格的小公民、幸福的小公民。正是因为家长的力量与学校的愿景聚焦到了一处，形成合力，才使得民族小学的每一个学生都能快乐地学习、快乐地成长。学校衷心感谢每一位家长对学校一直以来的大力支持与理解。

张宇燕

四、同伴互助携手成长 >>>>>>>

马校长曾说："学校就是一个平台，为每一个人成长提供机会。创造相互帮助的氛围，形成学生间相互影响的共同进步。老师帮助学生找到闪光点来提升他的自信，真正实现做最好的我，在我最好的方面。"学校中学生之间的沟通是最容易接受的，也就是"同心之言，其臭如兰"(《周易》)。教师帮助学生，不仅是要给学生方法，更重要的是为学生创造机会来展现他的特长，激发内在的潜能，促进学生的整体发展。人一生的成长会遇到各种问题，免不了有错误发生，有人能指点迷津就成为成长的关键。

我是你的朋友 >>>>>>>

"怎么又是你来劝我?"小勇迷惑地看着小和。

"明德老师在开学的第一天就和大家说过'相识是缘分，同窗共读有情谊才是同学。同学之间要相互帮助，共同进步'。"小和真诚地看着小勇说。

"我什么也不是，没有人喜欢我，都不和我玩。"小勇的眼睛里含着泪水看着远处，一边跺脚一边委屈地说，"刚才我只是想帮她擦黑板。"

小和赶紧挥挥手示意小勇停下来，亲切地说："你有很多的优点，爱劳动、爱帮助人、计算机知识特别丰富，你就是一个计算机高手。刚才你和小丽吵架我看见了。你是好心要去帮她擦黑板。你在小丽身后突然大声说话，让她感觉不舒服或是以为你在做恶作剧，所以她就说了你。你可以小声地解释一下，这样大家就不会越说越激动了。"

"我不想大声说话，可我控制不住自己。她冤枉我，我就更生气了。"声音稍微平和一些的小勇双手一摊看着小和说。

"明德老师说过让你遇到事情一定要控制一下情绪，不要过于激动，不然结果会适得其反。"小和笑着对小勇说道。

小勇瞪大了眼睛不敢相信地说："你怎么知道的? 我和你说过吗?"

好学生就该做栋梁

"我在走廊里听见老师和你说的话了。"小和摇摇头笑着说，"还让你激动的时候要咬三下嘴唇。你要好好用这个方法。"

"你怎么知道这么多？"

"因为我是你的朋友。"

当天晚上小勇就在自己的日记本中写下："当我听见他说是我的朋友的时候，我的眼泪一下子就流了出来，我紧紧地抱住了他。我终于有朋友了，你就是我一辈子的朋友，好朋友，小和！"

第二天，明德老师从小和的口中了解到小勇和同学们格格不入，多数同学都不喜欢他，以及小勇有非常丰富的电脑知识，特别喜欢研究电脑。明德老师就想能不能在计算机课上展示小勇的特长来增强他的自信，或许还能逐渐让同学们喜欢他、接受他。

明德老师找到了小勇问他有没有想在计算机课上讲一节课的想法。小勇的眼睛瞪得很圆说："真的吗？真的吗？什么时间？什么内容？"明德老师又找到计算机课的修身老师说明了小勇的情况。修身老师同意小勇在班级中试一试，课的内容由老师帮助一起准备。

一连几天，在修身老师的指导下，小勇都很兴奋地准备着要讲的内容。课开始了，同学们听得很认真。小勇讲得更认真，旁征博引生动有趣，还给同学们耐心地答疑解惑。

下课前，修身老师站在台前问："同学们，小勇讲得怎么样？"同学们都异口同声地说道："好！"下课了，很多人都围在小勇的身边，"你怎么知道这么多？""你讲得可真棒！""你有时间能再讲一节吗？"小勇露着八颗牙不停地打着招呼和解释着，那一刻他的脸上洋溢着发自内心的笑。

小和和几名同学兴冲冲地拦住刚走进班里的明德老师说："您知道吗？今天小勇上的计算机课，可有意思了。""我特别喜欢他的课。""修身老师还表扬了他！"

明德老师露出惊讶的表情说："是吗？那可真不错，他人呢？"

"还没走出来呢，好多人围着他问问题。"

"看来很多人喜欢他，"明德老师看着围在身边的同学说道，"我也要去见见他。"

走出门的明德老师迎面就遇上了边走边笑的小勇。小勇看见老师就说："老师，我还能再上节课吗？"

"听说你讲得很棒！同学们都很喜欢。你先去上课，你想再讲的和修身老师商量一下。"听见上课铃声的明德老师笑着对小勇说。

"我想让他再讲一节课，甚至可以到其他班级中讲一下。课讲得不错，同学们都很喜欢。您看怎么样？"说完，修身老师很期待地看着明德老师。"这是好事啊！感谢您给小勇机会。您得亲自把这个好消息告诉他。"明德老师兴奋地说道。

班级里和小勇说话的同学渐渐多了起来。小勇在小和的帮助下说话也开始不急躁了。明德老师高兴地对小勇说："有什么事情可以和我说，不好意思和老师说，可以和你的朋友说。""好的，我还要找修身老师和小和说。"小勇边点头边笑着说。

互助学习是学生有效学习活动的重要形式之一，更是培养学生自信心和树立互帮互助良好学风的重要载体。马校长提倡老师要懂得有的放矢、借力使力，让学生们主动学，学生们之间帮着学。班级中的"小老师"不仅能够帮助学习能力较弱的学生，而且能满足优秀生的成就感，提高学生的表达能力和思维能力。同学间的互帮互助可以取长补短，让学生人人有事做，将学生的能量释放到正确的渠道上，形成良性循环。

李　平

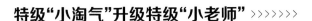

特级"小淘气"升级特级"小老师"

提起楷恩同学，教过他的老师无一例外都会有种"悲喜交加""又爱又恨"的感觉，"喜"与"爱"是因为这个学生有着少有的理科天赋，逻辑思维非常缜密，头脑极其聪明；"悲"与"恨"是因为也许学生智商太高了，情商显得有些不足，已经中高年级的他做事儿有些幼稚，在课堂上还经常扰乱纪律，科任课上老师的教学时不时被迫停下来，整顿因他而起的纪律问题。不遵守课堂纪律、爱顶嘴甚至已经掩盖了他在别人眼中的优点，成了每每谈到楷恩就会提到的词语。

楷恩的班主任杨老师一直对此感到头疼，多次私下里找他谈话。"我没有扰乱课堂纪律！没有随便说话！"这是谈话前他的惯用开头语。"那音乐老师为什么会批评你呢？"杨老师耐心地询问道。"是音乐老师先问的问题，我只是回答而已。"楷恩

把脸扭向一边，不服气地回道。"那你回想一下你有举手回答问题吗?"不像刚才据理力争的样子，很显然楷恩这时神情有了些游离，他小声回答道："我也不记得了。"杨老师看到他这个样子，事情的前因后果也就明白得差不多了，应该是老毛病又犯了：上课接话茬。此外，楷恩的性格非常强势，认定的看法别人很难撼动，因此时常与老师、同学产生冲突。楷恩每天就像是一个能量弹，课上的问题对他而言过于简单，激不起他内心的涟漪，于是他就将这些能量释放到了别的地方。班主任老师多次与楷恩和他家长沟通之后发现收效甚微，楷恩也能意识到自己的问题，并决心改正，但长期养成的习惯并不是说改就改的。于是，杨老师打算尝试新的方案。

世林同学是个非常有礼貌、懂事的学生，但是他具有注意力障碍的问题，他的学习成绩一直不理想，老师和他的家长对此也是非常着急，希望找到有效的方法能够帮助他在学习成绩方面有所提升。对于身在不同班级但都为杨老师学生的世林和楷恩，杨老师想到了一个办法，不知效果如何但决定试一试。一天，杨老师拉着世林来到楷恩的班级把楷恩叫到前边，一脸迷惑的楷恩不知杨老师找他有什么事，边挠着脑袋边往前走，像是在回忆自己是不是又惹了什么祸。"楷恩，我给你介绍一下，这是 5 班的世林同学。世林，这是 7 班的楷恩，你俩互相问好认识一下。"在两个同学互道你好之后，杨老师接着说："世林，楷恩在数学方面非常在行，他很有自己的一套方法，而且能把题讲得特别明白。7 班每每遇到难题大家没思路的时候，楷恩总能带领大家一步一步把难题解出来。"世林不自觉地说了句："太牛了!"楷恩听了杨老师对他的介绍和世林的称赞不好意思地笑了笑。这时，杨老师面对楷恩说："楷恩，世林是 5 班的一位同学，他学习基础比较弱，注意力容易分散，老师希望你能帮助他，你俩结成小师徒，发动你的聪明才智，看看怎么帮世林提高学习成绩，教教他学习方法。"杨老师看了看两个学生，拍了拍他们的肩膀说："我们就以这次期末考试为限，看看楷恩能帮世林提高多少，你们两个需要任何帮助可以随时来找我。"听了杨老师的话，楷恩的脸上散发着光芒，神情坚定地搂住世林的肩膀说："世林，咱俩一起加油! 期末给杨老师一个惊喜!"世林看了看杨老师，然后对着楷恩说："我会努力的!"

自此以后的一个半月，每天中午和自习课都能看见楷恩和世林聚在一起学习，为了不受其他人的打扰，他俩选择搬着小板凳坐在 7 班的后门最把角的地方，两个小脑袋一直低着，就像是在密谋什么似的。班主任杨老师每每走到他俩旁边，这两个学生都不知道，仍旧沉浸在两人的学习世界中。当世林遇到非常简单的问题但频频出错的时候，楷恩总是非常有耐心地一遍一遍给他讲解，更为难得的是，楷恩会找到世林每次的出错点，帮他归纳总结，教给世林怎么避免出错的方法。这对于每位数学老师来说是比较难做到的，因为每位老师要面对的是两个班七八十个学生，如此一对一、不放过任何一道题的细心讲解真的非常难。但是楷恩做到了。而且在这段时间里，各科老师向班主任杨老师反馈楷恩出现纪律问题的频率大大降低。楷恩每天过得也是非常充实，对他而言这件事值得做，也很有挑战，他喜欢！

期末考试结束了，等待成绩的那天，楷恩比以往都要紧张。数学拿好成绩并没有让他兴奋多少，因为这是他的正常水平；这一次他更期待世林的成绩。当杨老师告知楷恩，世林这一次期末考试数学成绩跟以往水平比有了很大的提高！楷恩并没有像杨老师想象的那样激动得跳起来。他只是笑了起来，这个笑容那么满足、那么开心甚至略带些羞涩，他笑了很久。世林后来找到楷恩深深给楷恩鞠了一躬，说："谢谢你，我的楷恩老师，没有你的帮助我不会进步那么大。"楷恩听了这句话，脸上红通通的害羞极了，连忙对世林说："不客气，这段时间我很开心。"

就这样，楷恩帮助世林的事情在年级里传了开来，很多人都认识了这个有水平的小老师楷恩，楷恩就像有了偶像包袱一样，开始关注自己的言行举止，维持住自己"年级名师"的光辉形象。

在这之后，班主任杨老师又交给楷恩一个任务，让他带领班级同学学习魔方。原本班里只有二三个人会魔方，在楷恩的组织、教学下，班级20多人都学会了魔方。一到课间就能看到同学们围住楷恩学习魔方，楷恩的耐心教学让他收获了同学们的尊重。他从之前总与同学发生冲突的"小淘气"升级为同学们佩服的"小老师"。

同伴间是一种平等的关系，他们在一起交流、讨论会更加放松，更容易被接纳。为了更好地利用同伴之间的互助，学校定期开展"学生沙龙"活动，邀请学生们聚在一起，结合一个话题开展讨论，明辨是非，树立正确的价值观。在这个活动中，大家在交流讨论中既发现了自己在某一方面的不足，又能向别人介绍自己擅长的领域。

好学生就该做栋梁

杨 慧

我能向你学习吗? >>>>>>>

学生沙龙活动可以由学校组织、班级组织，也可以由学生自发组织。大家从社会或身边选择一个热点话题，以实际发生的个别现象或典型事例作为案例，引发同学们的思考和热议，并就"如何解决问题"或针对不同的观点展开讨论。在思维碰撞的过程中，学生逐渐形成了正确的价值观。

一次，我们邀请一些学生和老师开展了"安静·有序，从我做起"主题的学生沙龙活动，想帮助更多的学生发现问题、解决问题。在交流中，有的同学说："在楼道里跑特别危险，而且产生噪声，我们都应该靠右行走。"有的同学说："有的同学在楼道里大嚷大叫，其他同学想制止，就只能也大声地说：'别大声嚷嚷，小声说话!'声音小，他听不到，声音大了，也成噪声了。真矛盾!"有的同学发现问题，就在讨论中提出，大家可以共同约定一个手势来制止，所有人都要看得懂这个手势，不就能安静有序地提醒他人了吗? 的确是个好主意，大家最后约定，如果有人大声嚷嚷，其他人就把食指放到自己嘴边，提醒他要放低音量；有的同学在楼道里横冲直撞，其他人就要向他伸出"一"的手指，提醒他，在楼道里跑不对，要重新走一遍，作为提醒。

随后，我们将大家讨论出来的做法在全校集会上进行说明，并普及给了全校每一个老师和同学。就这样，楼道里变得更加安静、有序了。每个人发现做得不对的同学，都会用手指静静地做出提醒。被别人提醒的同学，也就立刻纠正错误做法。大家约定的规则，大家来遵守，而且知错就改，接受大家的帮助。

在一次"我是学校小主人"沙龙活动中，学生们对学校的发展提出了自己的建议。有的同学就说："冬天时，如果学校洗手间里洗手的水是温的就好了!"这时，立刻就有同学说："水凉点没什么吧，如果生活中怕这又怕那，那我们的身体也太弱了，太娇气了!"有的同学就说："其实，我们应该增强体育锻炼的意识，有空就要到操场上跑一跑，这样身体才能强壮啊!"看，他们在自由交流时，相互纠正想法和做法，并提出好的建议。

在居家学习阶段，我们仍然保留了组织学生开展线上沙龙讨论的传统活动，主题就定为"别样的成长"，学生们在视频中相互交流着自己在居家学习阶段如何保持自律的态度，分享学习的好方法。小浩刚刚结束了一年级上半学期的学习，在班级中他总能体会到家一样的温暖和归属感。可是病毒阻碍了他继续在班级中发光发热，在沙龙中他便迫切地和同学们分享着自己的苦恼。在家学习时总是没有效率，不论是看书还是上网课、练字，都是做一会儿就不想继续了，脑海中总是想着"如果在班级里，有小伙伴们一起学习该多好呀"。此时，他听到了小叶同学的分享。在居家学习期间，小叶同学也有着相似的苦恼。但是聪明的她想出一个帮助自己加强行动力的方法，就是每天用画图的形式为自己安排日程表！小叶同学在沙龙中分享了自己的好方法，小浩听完后眼睛立刻亮了起来。沙龙结束后，小浩还在妈妈的帮助下单独和小叶同学交流了"日程表"的制作方法，同时他也分享了自己在体育运动方面的心得体会。别看两位小朋友才上一年级，但是分享起自己的心得来可是头头是道。

通过一次次的沙龙活动，学生们能够主动思考，反思大家做得对或不对的地方，在提出话题的同时，他们有了问题意识。在自由的讨论中，大家平等对待，没有权威、没有限制。而大家在相互交流中，获得建议和帮助，得到了满满的收获。他们相互启发和教育、相互帮助、相互影响，心中逐渐树立起正确的价值观，并携手共同成长！

戴 欣

特殊的视频班委会 >>>>>>>

芷怡是个做事有条理，有计划，行动力很强的孩子，总是能在团队活动中策划执行，独当一面，不管是课堂上的小组展示还是班级学生大讲堂的组织，她总能做到清楚周到，让人放心。

其实，刚刚上五年级的时候，芷怡对于团队活动的组织还糊里糊涂的，后来，在老师的指导和同学们的帮助支持下，她慢慢显现出自己的优势，在工作中大放异彩，这样的变化也改变了她自己的学习状态，渐渐进入自主学习的快车道，让父母越来越放心。

记得刚上五年级，芷怡怯生生地应下了新班主任陈老师的招募，做了语文课代表。当时，她以为当语文课代表只需要靠"狮吼功"，于是每天早读的时候在讲

好学生就该做栋梁

180

台上大叫："所有人安静！开始背诗！谁说话我就记黑板上！"很显然，这样做作用不大。于是，爱琢磨的芷怡每天都在想：怎么样才能让他们每天早读以及作业好好做呢？就在这时，陈老师找到她，亲切地说："孩子，课代表是这门学科的代表，是给同学们打样儿的，光靠嗓门可不行，你需要通过行动让他们服你这个语文课代表。你想让他们好好做作业，你就得做出行动；你想让他们好好上早读，你就要自己先做好自己该做的。你看看我们班的老语文课代表语帆的工作是怎么做的，跟她学，向她请教，你也能做得好。"芷怡听了陈老师的话，思考了很久后，给自己一天的学习工作做了小计划，每天都按照计划认真完成作业，什么事都按照要求完成。最重要的是，她主动向语帆学习，和语帆成了好朋友，两个人互通有无，分工合作，后来的工作越来越顺利，帮助同学们养成了不少的好习惯。

渐渐地，不管是班级布置，或是管理班级纪律，各类班级活动中都可以看到芷怡忙前忙后的身影。芷怡也从一个"职场菜鸟"变成一位"德高望重"的前辈，她也能在团队活动中向"新手"传递经验，帮助别的同学认识问题，改正错误，提高效率。

就拿 2020 年居家学习来说吧，身为组长的芷怡在收到陈老师的一系列通知后就开始了自己小组的工作。编辑通知，给组员线上开会，收集组员作品，还要转发组长群里的各项重要通知。这些事儿大多数芷怡从未做过，所以一开始她就觉得像被一团乱麻缠住了。由于线上工作，不像平时在学校里那么容易把握情况，同学们的配合度也大打折扣。这对于一向做事有条有理的芷怡来说是个很大的挑战，工作遇到了问题，秩序感被打乱了，好像一切都没有以前美好了。

陈老师隔一段时间就会给组长们开会，小结这段时间的工作情况，为组长们解决困难，讨论接下来的工作安排。真巧，就在芷怡想要辞掉组长工作的时候，陈老师开会了。这天的会很有意思，陈老师说后面一段时间没有大的工作安排，这个会就让组长们随便聊聊，说说这段时间有趣的事情、有意义的事情，自己的、同学的、爸爸妈妈的，干得好的或者干得有遗憾、有苦恼的，都可以，只是一次闲话会，不做评价。这下，大家打开了话匣子，陈老师却什么都不多说，只是微笑地看着叽叽喳喳的组长们。这段时间备受折磨的芷怡也特别安静地听着大家的家常，听着听着，她发现同学们有和自己一样的烦恼，在吐槽声中，她也听到了几位组长自觉得意的处理方法，忽然间，她觉得自己的麻烦似乎没那么棘手了，而且有些好方法还跟自己平时的思考不谋而合，自己有些思考在同学们的七嘴八舌中似乎有茅塞顿开的感觉。慢慢地，芷怡也开始发言了，说出自己的困惑、自己的想法，没想到，竟然引起了同学们一波又一波的讨论，同学们聊天的内容也开始慢慢从吐槽变成有建设性的商讨了，特别是当一位组长在跟大家咨询怎么和父母交涉使用网络的问题时，芷怡和其他组长们有劝她和父母好好沟通的，有劝她合理安排学习娱乐的，有帮她分析怎么看待网络小说的，芷怡更是拿出了自己的学习计划表和大家分享，告诉她怎么调节自己的心态。

　　看着屏幕上学生们互相帮助，互相答疑解惑的样子，陈老师微笑着打断了大家："同学们，差不多了，今天我们开了一节特殊的班委会。刚进入居家学习的状态不久，大家还有些手忙脚乱，这很正常，陈老师跟你们一样，也很忙乱。我们班的成长目标就是自主管理，精彩人生，所以，哪怕乱套，我们也要在网上实行学习小组合作制，这不仅对班级管理有帮助，更对你们每个人的成长有帮助。其实，从一开始，大家就已经进入我们的会议议程里了，我很欣慰，我的宝贝们长大了，会干活儿，会思考，会互相分享、互相帮助了，你们在帮助别人的同时也在帮助你们自己，相信大家对于后面的工作思路更清晰了，心里的情绪垃圾也都倒干净了，那就撸起袖子加油干吧，你们都很优秀。接下来，我们来商量商量后面线上清明节的活动怎么开展吧……"就这样，平时一小时的视频会议那天开了两小时，大家一点儿也不累，还个个儿都很开心，三下五除二把线上清明节的活动也讨论出了大概。

　　果然如陈老师所说，后来的工作越来越顺，芷怡他们又找回了以前的效率感，那位和父母有矛盾的组长也主动调整了自己，工作学习状态也恢复了正常。后来陈老师也总是在很巧的时间用一些特殊的方式给学生们加油，教他们方法，芷怡也经常会因为陈老师或是同学们的一句夸奖暗暗自喜，从而把工作做得更好，因为在她看来这是她的责任，既然做了那就要做好。

　　几个月的居家学习，芷怡不仅出色地完成了组长工作，自己的学习成果也经常被作为优秀作品在班级或年级甚至学校公众号中展示出来。虽然辛苦，虽然有打退堂鼓的时候，但她都没有放弃。复课后，当陈老师总结居家学习情况表彰优秀同学的时候，芷怡自豪地站在领奖台上，这份成就感算是对自己最好的奖励吧。

　　英国教育学家洛克说过，没有什么事情能像榜样那样能够温柔而又深刻地进

好学生就该做栋梁

入人们的心中。学生成长的过程离不开同伴，同伴中良好的竞争意识、规范行为会潜移默化地渗透到学生日常生活的点点滴滴。

公平友好的竞争是治疗嫉妒的特效药，民族小学正是这样充分地创设条件，鼓励同学们之间和谐共处，互帮互助，共同进步，把嫉妒引起的恶性竞争扼杀在摇篮里，并积极转化成同辈互助的良性竞争，让竞争的较量最终内化为学生成长的助力。在老师们的激励下，每个学生都找到自己的长处，并努力做到最好。

陈　坤

管乐团里的"较量" >>>>>>>

六年级的小翔同学是班级的学习委员，在班里一直是同学们的榜样，一旦同学们学习上有不会的问题都会找到他请教。小翔在英语和科学方面取得了优异的成绩，两年前通过了剑桥英语初级考试(KET)；前一年还在金鹏科技论坛中获得金奖，当年全海淀区只有 10 个金奖啊！2020 年，小翔还被同学们推选成为海淀区红领巾奖章的候选人，这些成绩让同学们非常羡慕小翔同学。小翔不禁感到从未有过的自信，甚至还有一点骄傲。

但没过多久，小翔遇到了一件事让他的自信心受到了打击。小翔报名参加了学校鼓号队，经过一个月的训练后，需要通过一系列的选拔选出一位长号手代表学校参加比赛。

公布结果的那天，小翔同学发现乐团的赵老师叫自己和另外一名同学一起谈话："这次考试你和小祺的表现都非常优秀，你们一起通过了考试！但是长号手只需要一位，所以乐团决定一周后在你们之间增加一场现场表演，将由专家进行现场评分选出长号手。"小翔听到结果感到非常意外，参加长号声部训练的包括小翔在内有 9 个同学，小翔觉得考核对自己来说是小事一桩啊，根据自己以往的表现肯定能入围！现在这个结果让小翔心情顿时跌落谷底，他看了眼身边的小祺，心想这不就是那个平常内向不爱说话的女生吗？平时也没注意到她吹小号多么厉害啊，为什么老师不直接选我？还要我们再竞争一次？赵老师看出了小翔有些沮丧又有些不服气的神情，拍了拍小翔的肩膀说："这不还有一周的时间吗？不要过于担心，你们可以试试一起结伴学习，这个训练厅你们俩想来练习随时过来，加油吧!"

之后的一周时间里,小翔开始格外关注身边这位看似"默默无闻"的女孩。

第一天:小祺吹起号来可真厉害,但小翔感觉自己也不错啊,同学们夸小祺是"长号神童",小翔还是有些不服气。

第二天:她吹起号来可真投入啊,小翔发现小祺不仅在课上认真学,每天还把六七千克重的乐器背回家练习,每次训练时,不管有多累,手臂有多酸,她一定能按照老师要求把乐器抬到最标准的位置。甚至在课间休息的时候,小翔惊讶地看见小祺居然还在练习,她独自一人坐在墙角徒手模拟拉杆在练习把位!小翔心里产生了一些变化,但说不清楚到底是什么。小翔看着小祺的侧影,陷入了沉思,自己平时老是觉得自己学习能力强,学什么都快,反而做什么都没有那么用心了。看到小祺同学的努力真让人佩服,她能做到的事,我作为队干部为什么做不到呢?!小翔同学暗下决心,开始在心里悄悄跟她比赛,争取超过她。

第三天:今天在和小祺一起练习的时候,小翔吹到几个地方的节奏有些不稳,小祺同学立刻停下自己的练习,主动走过来帮小翔调整。这个举动让小翔很惊讶,于是问小祺:"我们是竞争对手啊,你为什么要来帮我啊?"小祺笑着说:"我们不仅是竞争对手,更是一起学习的伙伴啊!最后结果如何都没关系,至少我们现在都在尽力地练习了。"听了小祺的一番话,小翔对自己之前的想法感到有些羞愧,自己居然还心存侥幸希望小祺生病参加不了比赛。

接下来的几天,小翔把小祺当作学习的榜样,每次的练习更加心无旁骛了,吹号的技能有了很大的提升。

一周后,虽然专家评定小祺胜出了,但小翔这次一点也没有感到失落,反而为拥有这位出色的伙伴感到开心。

这一切,赵老师都看在了眼里。比赛结束后,赵老师找到了小翔:"马校长说过,良好的竞争是人类社会发展的动力和源泉。学校也是一个小社会,当你遇到比自己好的人你是如何处理的,就会将你引向不同的方向。这件事情你做到了把竞争的压力变成你成长的动力,非常好。机会总会留给准备好的人,相信你继续努力,一定能得到属于自己的平台!"小翔心领神会地点点头:"谢谢老师,我明白您的意思,当我知道身边有一个同学比我强的时候,我真的有些嫉妒了,有点接纳不了。但在和小祺一起训练的时候,我真的发现她的好多优点值得我学习,我感受到了榜样的力量。"

六年级的日子短暂而又灿烂，小翔成为唯一一个即将毕业还在参加训练的学生，经过一个学期的坚持训练，小翔在毕业前如愿实现了代表学校参加比赛的愿望。最终他和小祺都出色地完成了属于自己的"比赛"。

赵老师在比赛结束的时候找到了小翔和小祺："我为乐团有你们两位学生感到骄傲，希望你们以后无论到了哪里，到了什么时候，都能做到谦虚内敛，向身边的每一个同学学习，认真对待每一件事，不断进步。"

每个学生都是一颗闪耀的星星，他们在民族小学"和"的氛围中，快乐地成长，懂得尊重他人、欣赏他人，体验良性竞争、和谐共生的快乐。

周　静

第四章　接受帮助　琢玉成器

第五章　总　结

一、民族小学培育和践行社会主义核心价值观的实施路径和方法 >>>>>>>

2014 年 5 月 30 日，习总书记在民族小学主持召开座谈会时的讲话提出了针对少年儿童培育和践行社会主义核心价值观的十六字要求。多年来学校从记住要求、心有榜样、从小做起、接受帮助四个方面扎实推进社会主义核心价值观教育的长效机制，做到育人的常态化、制度化、规范化。学校发生了巨大的变化，由关注学习成绩变成更加重视学生的全面发展，由关注当前社会需要变成重视未来社会合格公民的需要。理念的转变带动了学校各个方面工作的改变。学校努力将社会主义核心价值观深深地植根于师生的心中，为实现中华民族伟大复兴培养合格的社会主义接班人。

记住要求，社会主义核心价值观铭记于心 >>>>>>>

"记住"是社会主义核心价值观入脑入心的首要环节。社会主义核心价值观内容的字数很少，很容易记忆，但从三个层面来理解社会主义核心价值观的含义对于小学生来说还是相当困难的。学生只能停留在对二十四个字的字面记忆，不能达到深入理解的记忆。如何落实学生在学习和生活中记住并践行社会主义核心价值观的要求？教育者不仅要让学生们在背诵的基础上对社会主义核心价值观的内容有初步的了解和认识，而且还要让学生们在外部环境和学习生活与实践活动中不断重复感受、理解，以达到熟记并不断内化。

学校发挥少年先锋队组织的核心功能，通过少年先锋队活动来加强学生对社会主义核心价值观的理解和记忆。少年先锋队是学生的组织，是学生思想教育的

好学生就该做栋梁

核心阵地。大队利用全校升旗仪式的时间回顾了习总书记来学校时的场景，与学生们一起回顾党中央向少年学生提出的各项要求。各中队纷纷召开主题队会畅谈对习总书记来学校的感受和怎样在学校与班级落实党中央提出的要求，同时通过写信的形式向习总书记汇报每一年的成长与进步。少先队红通社的小记者们采访学生们的感受和见闻，以及通过红领巾广播站向全校学生播发学生们践行社会主义核心价值观的做法。少先队大队倡议全体少先队员争当好队员，相约中国梦，砥砺信念。

学校利用各种契机开展了一系列校内外活动，让社会主义核心价值观和学生的生活紧密融合在一起。例如，学校和贵州水族中心小学、青海玉树藏族师生建立了手拉手联系，与新疆和田墨玉二小等学校成为对口支援单位，学生在书信中向少数民族的小伙伴介绍自己亲历习总书记参加学校活动的兴奋心情，见面时还把十六字要求讲给少数民族小伙伴听。大家共同在天安门广场参加升旗仪式，参观国旗班，参加主题班队等活动，把社会主义核心价值观传递给少数民族的小伙伴们。中华人民共和国成立 70 周年时，学校组织了系列活动让学生全面了解祖国的发展历程。同时，利用参与庆典游行活动的契机，让学生通过每一个精细的动作、每一滴汗水、每一次演练将自己对国家的热爱烙在心头。学校利用"诚信考场"的形式将诚信体现在学生的考试之中。学校在五年级实行为期五天的国防教育项目，通过开展军训、军歌拉练和汇报表演等形式增强学生组织纪律性，更锤炼学生保家卫国的意志。学校利用升旗仪式向"国之重器"致敬，呼唤学生内心对自己作为中国人的自豪与骄傲。2020 年年初，马校长分别给学生、家长和教师写了信，信中希望大家能够遵守国家要求各尽其职，共克时艰。校长及时地利用突发事件，让大家对生命、对自然、对国家有了不一样的认识，把自己和生活密切结合在一起，以更加深入地认识社会主义核心价值观在特殊时期的呈现。

学校在学生学习中加强课程建设，积极渗透社会主义核心价值观教育。学校充分发挥课堂主渠道的育人功能，不仅将社会主义核心价值观内容带入每周两节的道德与法治课程中，而且通过找到契合点融入各学科教学内容之中，将社会主义核心价值观细化落实到各学科的教学目标之中，融入校本教材编写、教学研究、课堂教学中，积极推进社会主义核心价值观进教材、进课堂、进学生头脑，丰富教学内容，创新教学方式，不断增强课程的吸引力和感染力，时时处处强化社会主义核心价值观对学生们的潜移默化的作用，让学生们能结合所学不断地感知、理解，以达到熟记于心的目的。为了展现学生们对社会主义核心价值观的理解，教师们带领学生们绘制了以社会主义核心价值观为主题的手抄报，开展了以社会主义核心价值观为主题的绘画活动，编写了以社会主义核心价值观为主题的童谣，进行了以社会主义核心价值观为主题的宣讲活动。学生们通过绘画、文字和语言表达了自己在学习和生活中对社会主义核心价值观的记忆和理解。这些学科活动的组织进一步强化了学生对社会主义核心价值观的理解，并产生了许多贴近学生生活实际的、有教育意义的作品。例如，学校组织编写的《快乐童心·七彩梦》中收录了姜欣雨同学在二年级时创作的歌谣《生日树》，其中写道："鸟儿花儿俏，我的生日已来到。讲节约，要勤劳，不再宴请买蛋糕。爸爸忙，妈妈笑，帮我一起种树苗。"学校也从传统启蒙读物《弟子规》中借鉴适合当代学生的行为规范，让他们逐句学习，将这些行为逐渐融入自己的血脉之中，用日常生活中的细节来展现自己的价值观念。

心有榜样，做志向远大的新时代好少年 >>>>>>>

榜样的力量是无穷的。学习榜样树立远大志向是培育和践行社会主义核心价值观的重要途径。学校引导学生们从历史名人、社会杰出人士、身边楷模和同学榜样等不同层面、不同方面树立自己心仪和向往的榜样，鼓励学生"做最好的我，在我最好的方面"。学生既可以有远大志向，向历史名人和社会杰出人士学习，又可以脚踏实地向身边人学习，不断激励自己成为新时代好少年。

子曰"见贤思齐焉，见不贤而内自省也"。中国历史上涌现出无数的英雄人物和时代楷模，构成了五千年一脉传承的中华文化。戚继光、左宗棠、钱学森、程开甲等承继着爱国精神，希冀国家能够繁荣富强；杨震、包拯、牛玉儒、任长霞等树立了公平公正的清廉形象，盼四海清平；张衡、詹天佑、黄大年、南仁东等彰显了孜孜不倦的科学探索精神。神州大地上无数历史人物的思想和作为犹如一滴滴甘霖汇成中华精神之浩海，值得后辈去继承和发扬，成为有中国魂的人。

学校组织开展了历史百名榜样征集活动，学生们了解到岳飞、江姐、雷锋、焦裕禄、袁隆平、黄旭华等英雄榜样可歌可泣的故事。他们对国家的忠诚、对人民的热爱、对信仰的坚守，深深地感染着每一位学生，也成为学生们成长旅途上的指路明灯。学校还通过展板的形式举办了少数民族科技文化杰出人物事迹展，展现了各民族对科学不断追求的精神。北京民间文艺家协会的艺术家们走进校园，与面塑社团的学生一起创作，并举办了抗日英雄面塑作品展，英雄人物的故事和革命精神感染教育了每一位学生。

《宋史》言"人不率则不从，身不先则不信"，党和国家号召小学生学习社会主义核心价值观，还要树立当下社会榜样来引领社会风尚和时代风气。小学生最善于模仿，社会的舆论在哪里，学生们的思考和仿效就在哪里。当下的榜样人物都是在为国家的建设努力做自己的贡献的模范，这是整个社会认同的价值观念。学生们在电视和广播中听说了他们的事迹并进行了整理和记录：脱贫攻坚战中不怕牺牲勇挑重担的黄文秀，把公正视为生命的宋鱼水，一棵稻谷中透出爱国情的袁隆平，危险发生时逆行的钟南山等。这些人身上蕴含着不怕牺牲、不畏艰难、无私奉献的爱国精神，坚强不屈、鞠躬尽瘁的敬业精神，激励着学生们向时代的英雄们学习。学校还邀请蛟龙号下潜员、"歼-10"飞行员、科学家、童话大王、书法家等各界杰出人物走进校园开展宣讲活动。学生们真切地见到社会榜样，聆听他们克服困难的心路历程，既开阔了视野，又感受到了他们的人格魅力。学生们见贤思齐也会树立正确的英雄观和模范观，向当下的社会榜样学习，成为对社会有贡献的人，争做未来的时代英雄。

"以身教者从，以言教者讼。"小学生接触最多、最亲近的人就是老师、家人和小伙伴。这些人的言行将深刻影响学生们的态度和行为，我们有必要为学生在这些群体中树立榜样，让学生去效仿，去学习。学生们可以通过日常的观察与模仿潜移默化地将身边优秀人物的言行逐渐变成自己的行为准则。学校依据学生的心理特点和生活特点在老师、家人和小伙伴三个层面树立了不同的榜样。

全校师生在党总支的带领下寻找身边的榜样，老师们推选出"感动民小的人"。这里有立志让学校脱胎换骨的马万成校长，有为学校足球发展冬练三九夏练三伏的邢立刚老师，有为乐队发展疯狂工作的赵志敏老师，有严中有爱的李颖老师……在师生及家长的共同参与下，学校综合"学生喜欢、家长满意、同行佩服、领导赏识和自我认同"组织开展"明星教师"评选活动。每年教师节期间举办隆重的"明星教师"颁奖典礼，学生们激动地看着自己的老师走过红毯，他们心中也就有了学习的榜样。

家长是学生的第一任老师，更是言传身教的榜样。学校开展"好家长"的评比，通过学校平台给家长展示自我的机会，利用网站和广播来宣传家长的事迹。学生能够看到博学多识的父母、勇冲一线的父母、敬老爱亲的父母、言行一致的父母、爱岗敬业的父母，通过学校的宣传让学生们懂得了忠于职守、爱岗敬业、诚信友善、为国家为人民奉献自己力量的父母，同样值得我们尊敬和学习。

少先队组织在学生层面开展了"最美少年"评选活动。队员们推选出了孝亲的榜样孙昊辰；坚持志愿活动、热心为集体付出的吴俊毅；家离学校远，但从未迟到过的石泽雨……学校在校园宣传栏、校报网站对这些身边的榜样进行报道。海淀区少工委还在学校开展了"最美少年"事迹宣讲活动，让师生在身边榜样力量的引领下不断努力"在自己最好的方面，做最好的我"。除此之外，"民小最高荣誉奖""小达人""小博士""奋起直追好少年"等评选活动发挥了示范和激励作用，为学生们树立了从小事做起的小榜样，在学校中营造了向身边同伴学习的良好氛围。

别人是我学习的榜样，我亦能成为别人的榜样。随着学生年级的增高，小伙伴之间的交往越来越多，相互影响越来越深。为突出班级中的榜样作用，各班级开展了各项技能的评比，只要你有一技之长就能成为其他同学某方面的榜样，这样就形成了班级中有各方面的榜样让每一名学生学习。"为别人点一盏灯，照亮别人，也照亮了自己。"成为榜样的人越做越好，并不断扩展其他方面来带动自己的全面发展。通过榜样的评比，所有的学生在自信中不断成长，所有的学生不断修正自己的行为，以榜样为标准，以榜样的言行为准绳，不断地锻造自己，让自己更加优秀，使自己未来成为祖国的栋梁之材。正如我们的校歌《好学生就该做栋梁》唱的那样："小孩子也有大志向，好学生就该做栋梁！"

从小做起，践行社会主义核心价值观 >>>>>>>

人类学习有一个非常重要的途径就是直接经验，亲力亲为。对于小学生来说，从生活小事做起，从小时候做起是培育和践行社会主义核心价值观的突破口和实效点。学校力求用具体的目标聚沙成塔，将培育和践行社会主义核心价值观落小、落细、落实。

好学生就该做栋梁

社会主义核心价值观的培养要从学生的日常生活和学习中通过各种容易的、细小的、切实可行的身边活动来潜移默化地将社会主义核心价值观内化于心，外化于行，逐渐形成自己的价值观念和行为习惯。

社会主义核心价值观的理想信念要从小就立下，因为学生们肩负着实现中华民族伟大复兴的中国梦的重任。学校利用首都的爱国教育基地和各类纪念日来推动学生爱国主义意识的树立。少先队组织大手拉小手的高年级帮扶活动向低年级学生传递正确的价值观念，努力培养学生精神不"缺钙"。只有坚定的理想才会有为梦想坚定地付出的行动。从小就培养学生们成为有中国魂的人，关注社会的变化，承担社会的责任，思考社会的现象。

作为国家的未来建设者和接班人，学生从小就要有担当，有责任心。"天下难事必作于易，天下大事必作于细。"(《道德经》)学校推行志愿者制一事设一岗，以实现人人有岗位、事事有人做。少先队设置了礼仪示范岗、图书管理员、环保小卫士等几十个岗位，门窗、黑板、电灯，甚至每一块地砖都有专人负责。在校园里处处活跃着红领巾志愿者的身影，他们承担的事虽小，但在做事中学会了劳动，懂得了责任与担当。他们在为同学们服务的过程中也感受到了友善互助的快乐，产生了以校为家的主人翁的自豪感。学校倡导学生进行家务劳动，承担家中责任，使学生不仅能够参与家庭生活感受父母的艰辛，也能够珍惜劳动成果，热爱自己的家。一个人只有爱家、爱校，才能扩展到爱国家。

学校大力传承中华优秀传统文化，通过升旗仪式、主题活动以及课堂教学等渠道在学生心中深深地埋下热爱祖国文化的种子；成立"立人书院"，开展"乐诵经典"古诗考级活动；成立"艺和工作坊"，向非遗传承人学习优秀传统技艺；开设了民乐、武术等诸多传统文化社团。学生从小浸润在浓浓的传统文化氛围中，培养了文化认同感，增强了文化自信。

学生身处校园，也关注社会。当学生们得知手拉手学校处于困难之中时，在学生倡议下学校多次组织义卖捐赠以及捐物的活动，学校将这些活动逐渐固定在二年级进行，成为学生善举的集中体现。从保护名胜古迹到家乡土特产的售卖，从行走在祖国大地到走进养老院，学生不仅参与到具体的社会实践中，还对社会热点新闻进行评论，增强是非观，增强社会责任感。新冠疫情发生期间，学生们积极关注情况的发展，当得知武汉前线缺少防护用品的时候，积极组织捐赠防护服，体现了他们的社会责任感，真正践行了"万众一心，众志成城"的抗疫精神。

"君子以成德为行，日可见之行也。"（《周易》）儿童期正是培养习惯的关键时期，学校要求针对不同年级的特点，针对学生们身上存在的不足，设定行为习惯养成目标，并开展培养方法的研讨，力求把有意义的事情做得有意思。我们始终坚信品行在于修养，修养在于日常的学习生活中，加强学生品德修养、规则意识和文明礼貌。校园中，学生见到老师、同学还有客人都会主动微笑打招呼；在七彩乐园中，学生懂得学会游戏规则、安全使用规则和礼仪要求方能玩耍；自助餐形式让学生在自我服务的过程中，学会排队，学会选择，学会营养搭配，学会节约粮食，学会自理。每日的服饰、早晨入校礼仪、升旗仪式、课间休息、物品的摆放、同学之间的交往等，学校对学生们日常中所有的细小的动作和行为都进行了梳理与规范。

言之易，行之难。学校倡导并巧花心思，鼓励学生从自身做起，从点滴开始。学校开展"小干部""小讲师""小记者""小研究员""小国旗守护者""小音乐使者""小天使"等活动让学生结合自身的条件，在班级中凝聚人心，报道感人事迹鼓舞人心，敬老孝亲温暖人心，科研助力社会激励人心。学生们认真准备，精心策划，努力实施，事后总结，他们从活动中感悟着科学精神、助人快乐和责任与担当，社会主义核心价值观在一个个小活动中融入学生们心中。

接受帮助，在越改越好的氛围中健康成长 >>>>>>>

"人非圣贤，孰能无过，过而改之，善莫大焉。"人的成长就是一个过程，是在不断犯错误中积累经验再不断改进而螺旋上升的过程。学校是允许学生犯错的地方，更是学生学习和接受帮助改正错误的场所。学生应懂得要不断地进步，就要不断参与各种活动，就要虚心听取别人的意见，要认真对待别人的批评教育，并努力在行动中改正。学生自己要认识到一切挫折和问题都是对自己的锻炼和考验。学校要创造各种条件为学生的成长提供机会，为学生有可能的错误提供改正的平台，并形成改进机制，以利于学生在做中学，学中做。教师要遵循学生成长规律、教育的规律，形成科学的育人观，营造一种包容、信任、有爱的教育氛围。家长要学习正确的育儿观，直面孩子的优缺点，与教师共同携手帮助孩子不断成长。

同伴之间形成正确的帮扶观，以达到共同进步的目标。

民族小学努力加强环境建设，积极营造社会主义核心价值观教育氛围。学校在习总书记参观的路线上，树立了纪念宣传栏，让学生亲身感受这一有纪念意义的事件就曾经发生在身边；学校布置了文化长廊，展出了习总书记对少年儿童提出的具体要求和学校开展教育活动的影像，让学生真切地了解自己应该做什么和学校做了哪些；学校建成了"习思堂"纪念展厅，把习总书记在民族小学参加活动时留下的物品、视频、影像、纸质资料陈列其中，学生们可以置身全天开放的纪念展厅中，感受到党和国家对少年儿童的关怀与殷切希望；学校在教室和楼道张贴了宣传海报，使社会主义核心价值观的二十四字内容和十六字要求处处可见、人人知晓，做到"二十四字上墙，十六字铭记于心"，让学生能够处处感受到社会主义核心价值观就在我们身边，就在我们的头脑之中。同时，以小手拉大手的形式让社会主义核心价值观教育走进每个家庭，做到家喻户晓。学校还充分利用板报、橱窗、电子屏、广播电视台等校园传统媒体与学校网站、微信等新媒体，帮助师生进一步理解和把握社会主义核心价值观的丰富内涵和实践要求，使之成为全体师生的精神追求和自觉行动。

学校为学生的成长提供各种类型的平台，利用各种资源和活动来提高学生的综合素养，达到以环境和活动潜移默化地促进他们快乐成长的目的。学校利用校园中的每一个台阶、花园中的每一块条石上的名言警句帮助学生思考古人对人生价值的看法；利用校园中的花草树木、小动物帮助学生理解人与自然和谐共生的关系；利用职业体验和研学刺激学生理解社会的结构；利用古诗考级和文化节等让学生学习中华传统文化蕴底气，知晓少数民族文化铸和气，了解世界多元文化成大气；利用"六个一"育人工程让学生能够习得好习惯、练就好品格；利用自助餐和民小24小时让学生感受规则与感恩；利用足球等运动让学生体会坚持和荣誉；利用营造书香校园的契机，着重成立项目组，规划时间，扎实有效开展阅读活动，让学生从书籍中得到人生的指引和内省的帮助；利用班级文化的创设行立德树人之本。总之，利用一切可利用之物、利用一切可利用之事来让学生在环境的滋养下成长，在参与中成长，在活动中成长。

教师树立"和而不同"的理念，肯定学生之间是存在个体差异的，相同的要求不同的学生在完成时会存在差异，这就需要教师能够给予学生成长的空间，给学生更多的信任、理解和包容。学生的问题是他成长路上的基石，教师给予他们的不全是批评和指责，而是分析产生问题的原因，倾听学生内心的想法，找寻解决问题的办法，引导学生正视问题的所在，激励学生不断进行改进，以达到不断成长的目的。对待价值观念发生偏差的学生就要严肃地批评，和家长共同商讨对策，矫正孩子的思想认识，让他们能够拥有正确的世界观、人生观和价值观。

学校定期开展家长学校课程，转变家长的教育观念。时代发生了变化，学生的成长环境也发生了变化，希望家长能成为民主式的家长，积极和孩子进行沟通和交流，倾听孩子的内心呼唤。学校倡导与家庭共同培养阳光乐观有幸福感的孩子，能够平等尊重，提出合理化的建议来指导他们未来的成长。面对孩子的缺点不要过于急躁，可以借助学校或是校外机构的力量来共同弥补他们的缺失。学校帮助家长认识到良好的家风对于孩子成长的重要性。在学校倡导下，家长还与学生共同商议，制定家规，张贴在家中，共同遵守、相互监督。

"众人拾柴火焰高"，学校组建家长理事会，汇聚各行各业中的人才参与到学校的教育中来，为学校的发展和学生的成长建言献策。家长理事会下设多个分支机构，像心理、阅读等多个部门为特殊儿童的成长提供帮助。每周五下午，各班还会邀请家长们走进大课堂担任讲师，每年各班合计举办讲座多达四五百场，这样的活动不仅带学生们了解了社会，开阔了眼界，还找到了学生们的兴趣点。家长们走进社团提供专业知识帮助有兴趣的学生来学习，让他们"做最好的我，在我最好的方面"有实现的帮扶机制。学校与国家市场监督管理总局、知识产权局等单位合作，开展法律、安全、诚信等主题的教育活动，学生在实践活动中受到教育，并进一步辐射到了学生的家庭之中。学校在"直面社会关切，构建新型城市学校"的思想下，落实"搭建平台、整合资源、重塑角色、组建圈子"的基本策略，如今学校与家庭、社区构建起了一个教育超级社区，努力实现协同育人。

同伴之间的帮助是学生学习生活中的重要内容，是促进成长的重要手段，随着年级的升高作用影响愈大。学校和教师组织多种活动来促进同伴之间的交流，如帮扶结对，自评互评的沙龙活动。学生在班会中学习怎样建议更利于别人接受，在什么情况下建议，别人不接受应该怎么办等内容。学生定期查找自己的不足之处，虚心听取他人的意见，勇敢地认识自己的不足，并提出自己的改进计划和目标。学生学会了责任与担当、竞争与协作、分享和学习。学生养成了严格要求自己、虚心接受他人建议和批评的好习惯。学校建立三级评价体制，每月开展"荣誉小公民"的评选活动，关注学生课堂、课下的常规表现，关注学生的言行举止，使学生时时得到关注，处处获得同学们的监督与评价，为养成良好的品行修养打下了坚实的基础。有的学生在日记中写道："'过能改，归于无，倘掩饰，增一辜。'我们应该面对自己的问题，并尽快改正，争做最好的我。"

二、民族小学取得的成绩和未来的思考 >>>>>>>>

在 2014 年的座谈会上，习总书记在听了学生汇报网球比赛成绩不理想后说道，有求胜的这种心态很好。但是不可能常胜，也不可能全胜。一个人能力毕竟是有限的，希望你们能集中自己的特长，在某一方面去集中发展。于是，我们将校训由原来的"做最好的我"，丰富为"做最好的我，在我最好的方面"。这句校训鼓励学生结合自己的专长，树立奋斗目标，通过不懈的努力取得进步。

几年来学校中涌现出许多小古诗达人、小小书法家、运动健将、优秀志愿者，同时也有一批敢于担当、不懈奋斗的优秀个人和团体在市级比赛中崭露头角。例如，三年级时就成为中原棋后的曹若水、北京市青少年滑雪队队员熊楚明，连续多次获得北京市中小学艺术节金奖的民乐团、勇于拼搏获得北京市中小学足球联赛男子乙组冠军的足球队。学校先后荣获"全国教育系统先进集体""全国青少年足球特色学校""全国民族团结进步创建示范单位""全国优秀少先队集体""全国中小学书法教育实验学校"等多项荣誉。

习总书记的到来为民族小学的发展搭建了更加广阔的平台，对学校的发展是机遇。作为百年老校，我们将牢记习总书记的嘱托，进一步增强责任感、使命感和紧迫感，凝心聚力、扎扎实实做好新时代的人才培养工作，把民族小学办成落实立德树人根本任务、培育和践行社会主义核心价值观的示范窗口，让社会主义核心价值观成为每一名学生努力向上的生命力。

"知者行之始，行者知之成。"（《传习录》）学校以社会主义核心价值观为价值取向，以十六字要求为实现路径，沿着这条路继续前进，巩固之前的成果，并不断创新，"把有意义的事情做得有意思，把有意思的事情做得有意义"。学校未来将进一步推动培育和践行社会主义核心价值观长效机制建设，发挥课堂主渠道的育人功能和学校文化的熏陶浸润作用，弘扬民族精神，传承民族文化，强化实践育人；加强实践体验活动载体和平台建设，使社会主义核心价值观真正内化为学生的精神追求，外化为学生的自觉行动；充分发挥示范作用，培养学生成为未来德才兼备担当重任的社会主义建设者和接班人。

李　平

好学生就该做栋梁